Joschka Fischer

# Regieren geht über Studieren

Ein politisches Tagebuch

Joschka Fischer

# Regieren geht über Studieren

## Ein politisches Tagebuch

athenäum

Ein herzliches Dankeschön geht an Bernd Messinger,
der die Idee für den Buchtitel hatte.

CIP-Kurztitelaufnahme der Deutschen Bibliothek

**Fischer, Joschka:**
Regieren geht über studieren:
e. polit. Tagebuch
Joschka Fischer. – Frankfurt am Main:
Athenäum, 1987.
ISBN 3-610-08443-X
ISBN 3-610-08442-1 (Kassette mit 10 Ex.)


Umschlaggestaltung: Lochmann's Studio, Frankfurt am Main
Umschlagfoto: dpa/Frankfurt am Main
Fotos: S. 16, 35, 38, 54, 99, 139 © dpa/Frankfurt am Main;
S. 203 © Keystone; S. 182 © Karin Hill, Frankfurt am Main;
S. 138 © Udo Weitz, Frankfurt am Main; S. 114, Privatbesitz des Autors;
S. 36, fotografiert von Gerhard Weitkamp
Lithos: Völkl, Frankfurt am Main
Satz: TypoBach, Frankfurt am Main
Druck und Bindung: Ebner Ulm
Printed in West-Germany
ISBN 3-610-08443-X

# IM NAMEN DES LANDES HESSEN

ernenne ich

Herrn Joseph F i s c h e r
geb. am 12. April 1948

auf Grund des Artikels 101 Absatz 2 der Verfassung
des Landes Hessen

zum

Hessischen Minister für Umwelt und Energie

WIESBADEN, DEN 12. Dezember 1985

DER HESSISCHE MINISTERPRÄSIDENT

*Mittwoch, 16. Oktober 1985*

Beim Abendessen in meiner Bonner Stammkneipe, der „Provinz", ereilt mich bei Pfälzer Wurstsalat und Bratkartoffeln die Nachricht von der Einigung der Kontrahenten in Wiesbaden. Die Koalition ist perfekt! Messinger und Börner gemeinsam vor der Presse, ein Ministerium für uns Grüne – das Ministerium für Umwelt und Energie mit Minister und Staatssekretär. Hinzu noch eine weitere Staatssekretärin für Frauenfragen als Kompromiß gegenüber unserer Forderung nach einem Frauenministerium. Die Namen werden genannt: Fischer, Kerschgens, Haibach. Mulm zieht auf in der Magengegend, denn nun wird es ernst. Selbstzweifel und Optimismus liegen sich gewaltig in den Haaren. Zu später Stunde Telefonate mit Tom Koenigs und Georg Dick (Angehörige der Frankfurter „Fischer-Gang", dazu noch Roland Schaeffer). Mit Tom und Georg bespreche ich das weitere Vorgehen, Treffen am nächsten Tag in der Landesgruppe zur Organisierung der praktischen Schritte und vor allem, öffentlich keinerlei Stellungnahmen, bis die Landesversammlung die Nominierung zu einem politischen Faktum und damit offiziell gemacht hat. Lange sinniere ich mit beiden über die Motive von Börner und der SPD.

Die einzige Erklärung finden wir in den stabilen „hessischen Verhältnissen", die die Grünen als Mehrheitsbeschaffer bis auf weiteres unverzichtbar für die Sozialdemokratie machen. Die letzten Kommunalwahlen haben dies erneut eindrucksvoll bestätigt. Viele Landkreise und Städte wurden den Schwarzen mit rot-grünen Bündnissen wieder abgenommen, die absolute Mehrheit ist landesweit für die SPD aber nicht in Sicht. Und im übrigen: Packen wir das Regieren, bleibt es eben bei den „hessischen Verhältnissen" – packen wir es nicht, so hat die SPD den Nachweis, den sie für eine absolute Mehrheit im Lande unbedingt braucht. Und auch Persönliches wird vermutet: Börner ging es um die Jahreswende körperlich mies, er konnte den permanenten Tolerierungsstreß offensichtlich nicht länger hinnehmen, wohl weil dies ein zu hohes, sehr persönliches Risiko für ihn darstellte. Klare Verhältnisse, wenn schon denn schon. Mit solchen Gedanken gehe ich schlafen.

*Donnerstag/Freitag, 17./18. Oktober 1985*

Das obligatorische „Knautschfrühstück" im IC schmeckt – ganz entgegen sonstiger Erfahrung – hervorragend, denn die Lektüre der Morgenzeitungen gestaltet sich als äußerst vergnüglich. Die gestrige Einigung in Wiesbaden macht Schlagzeilen und füllt die Kommentare. Viel Ablehnung, reichlich Skepsis – selbst bei linken und liberalen Blättern – und nur ganz wenig Zustimmung und Zuversicht. Eine rot-grüne Koalition scheint ein allseits ungewolltes, ungeliebtes Kind zu sein, welches allenthalben weniger zu segensreichen Zukunftswünschen denn zum energischen Messerwetzen einlädt. Die Fundis mit Kuhnert vorneweg schreien Verrat, eine Dame aus dem Bundesvorstand ist mehr als skeptisch, unsere Bundestagsfraktion will sich raushalten (wie lieb!), die SPD im Bund schweigt betreten, denn es paßt ihr überhaupt nicht ins Konzept, die hessische CDU ist durch den erlauchten Mund ihres Landesvorsitzenden Walter Wallmann entsetzt, die CDU in Bonn empört, und der CSU-Generalsekretär Tandler fordert gar die Intervention des SPD-Kanzlerkandidaten Rau in Hessen!

Einer meiner drei gleichberechtigten Parteivorsitzenden – oder sagen wir ehrlicherweise: der gleichberechtigteste –, nämlich Rainer Trampert, hat in der „taz" in einem Leserbrief den Takt zu einer Kampagne gegen meine Person vorgegeben. Tenor: Fischer ist ein sachlich unbeleckter „Polittyp", der von Ökologie keine Ahnung hat, denn sonst würde er ein solches Amt niemals übernehmen. Ein herzliches Dankeschön dem Vorsitzenden, mit grünen solidarischen Grüßen, die CDU in Wiesbaden wird es unserem Rainer zu danken wissen. Aber durch so etwas muß ich durch.

Konkret heißt das für mich: Keine Kompetenz vorspielen, wo noch keine ist und sein kann, und gleichzeitig muß ich alles tun, um mir schnellstmöglich eine allgemein ökologische und spezifisch landespolitische Kompetenz in der Umweltpolitik draufzuschaffen. Also, Zähne zusammenhalten und büffeln.

Nach der Fraktion sitze ich mit Kerschgens und der „Gang" zusammen. Ich warne vor irgendwelchen Maßnahmen und Schritten, die die Entscheidung von der Landesversammlung von Isenburg als vorweggenommen erscheinen lassen. Ich selbst bin abergläubisch: Solange der Bär nicht seinen letzten Brummer getan hat, ist er noch nicht erlegt.

Die neue Unbekannte heißt nun Wiesbaden. Ich werde bei diesem Gedanken richtig sentimental. Ich habe mich in Bonn, in die „Bannmeile“, in das Hohe Haus, die Fraktion, die Freunde in der „Provinz“, ja in die Stadt selbst vernarrt.

*Montag, 21. Oktober 1985*

Auf die Reaktion ist in Deutschland allemal Verlaß, und zu den größten politischen Nasenbären darf man wohl getrost den „deutschen Unternehmer“ rechnen. Wie anders soll man sich ansonsten jene bodenlose Torheit erklären, die meine erfreuten Augen seit Samstag den Zeitungen entnehmen dürfen? Die hessische Industrie droht mit Abwanderung! Meine Güte, Fischer hat noch nicht einmal die Mehrheit auf seiner Landesversammlung, und die wollen ab ins Exil, Hoechst vorneweg. Unsere armen Fundis! Wenn die sogenannte „Wirtschaft“ wüßte, welchen Gefallen sie uns hiermit tut. Soviel Dummheit. Seit Samstag dröhnt nun die Reaktion durch den Blätterwald: Die Industrie verläßt Hessen! Va bene. Und selbst der Kanzler und der IG-Chemie-Chef Rappe sehen Gefahren durch die rot-grüne Koalition. Eben beginnt die Sache Spaß zu machen, und noch gibt es die erste sozial-ökologische Koalition gar nicht, da zeichnet sich bereits ihr historischer Auftrag ab – die politische Reformalternative zur konservativ-liberalen Mehrheit und zu einer großen Koalition. Am Geheul der Meute wird dies überdeutlich.

*Dienstag, 22. Oktober 1985*

Die bisher ausstehende frohe Kunde aus der Colmantstraße zu Bonn erreicht uns nun endlich (durch die Presse). Der Bundesvorstand „widerspricht heftig“ der Koalitionsvereinbarung, er „hält nichts davon“ und ergeht sich in Mahnungen an die Hessen. Zudem noch eine frohe Kunde: Vorstandssprecherin Jutta v. Ditfurth wird auf der Landesversammlung in Neu-Isenburg den Bundesvorstand vertreten. Sehr gut, denn Jutta ist auf hessischen Landesmitgliederversammlungen ein beständiges Pfund der Realos, wenn auch wider Willen. Der Herr ist eben mit den Seinen, wenn es darauf ankommt. Überhaupt fällt mir dabei ein, daß seit jener historischen Landesversammlung der hessischen Grünen in Usingen, wo mit großer Mehrheit die Tolerierung in einem ersten entscheidenden Schritt in die Gänge gebracht wurde, der Bundesvorstand bei seinen Hessen nicht mehr aufgetaucht ist. In Usingen selbst trat er dann mit allem an, was in diesem Vorstand drinsteckte, Trampert mit einer heftigen Rede gegen die Tolerierung vorneweg. Und seitdem - die Basis nahm diese Intervention von außen alles andere als freundlich auf - fühlen wir uns als Hessen verwaist. Nun hat die Bundesversammlung in Hamburg uns Jutta als Sprecherin beschert, und damit hat sich dieses Problem ganz wie von selbst erledigt, auch gut. Aber im Ernst, gerade jetzt, bei diesem vor uns liegenden „Ritt über den Bodensee" bräuchten wir die Unterstützung von Buvo und Bundespartei, aber nichts da. Schlimmer noch, die ärgste Kritik, bisweilen sogar die Taktvorgaben für den politischen Gegner kommen aus der Colmantstraße in Bonn. Am Anfang hat mich diese politische Isolierung in der Bundespartei noch psychisch mitgenommen. Einsamer Höhepunkt war dabei der Parteitag in Hamburg, zumindest bis zu jenem Zeitpunkt, als ich mich dann für fünf erbärmliche Minuten zur Wehr setzen durfte, nach stundenlangem (auch ganz persönlichem) Gehämmere gegen Schily und mich. Mittlerweile ist man das ja gewöhnt. Es bleibt aber eine Wunde, die schmerzt, und dies gilt in Hessen nicht nur für mich allein.

Der öffentliche Zank und Hader um den unternehmerischen Exodus aus Hessen hält an, ja, erreicht neue, ungeahnte, kabarettistische Dimensionen. Der Mainzer Wirtschaftsminister Rudi Geil (CDU) macht seinem Namen alle Ehre und ist ganz scharf aufs hessische Fluchtkapital. Öffentlich bittet er die hessischen Unternehmer, nach Rheinland-Pfalz zu kommen. Sachen gibt's! Wenn man es in den Zeitungen nicht selbst nachlesen könnte, so würde man das alles für schlechten Agitprop aus der sozialistischen Klamottenkiste halten.

*Donnerstag, 24. Oktober 1985*

Neu-Isenburg, die Landesmitgliederversammlung und mithin der Tag der Entscheidung rückt zugleich bedrohlich und Gott sei Dank näher. Seit Tagen schlafe ich schlecht und bin zunehmend nervöser. Es geht für uns Grüne, nicht nur in Hessen, um viel auf dieser Versammlung am nächsten Sonntag, ja, es geht fast um alles. Deshalb ist mir um ein beeindruckendes Ja zur Koalition ohne Wenn und Aber auch nicht bange. Der Landesvorstand und auch wir in Wiesbaden rechnen mit einer enormen Mobilisierung der Mitgliederschaft, und je größer die Versammlung, desto besser für uns. Es ist seltsam, denn früher, über lange Jahre hinweg, sind wir Realos entschieden und zugleich aussichtslos für die Einführung von Delegiertenversammlungen auf Landesebene eingetreten. Mittlerweile wird diese nur noch in Hessen dank der hessischen fundamentalistischen Variante erhaltene Urversammlung zur Geißel der Fundis. Sie bekommen hierzulande keine Mehrheiten mehr, während sie überall dort, wo Delegierte gewählt werden (Landeshauptausschuß, Bundeshauptausschuß, Bundesdelegiertenkonferenzen), oft noch über Mehrheit und Mandat verfügen.

Wie gesagt, das Ja zur Koalition sehe ich ohne Sorge. Der weiche Angriffspunkt liegt meines Erachtens in der Personalentscheidung. Die Fundis werden die einzige Ministerkandidatur zum Anlaß nehmen, die Koalition über die Person doch noch zu knacken. Oder zumindest den Beschluß soweit zu ramponieren, bis die Koalition in Lächerlichkeit und Hader versinkt. Ich rede mit Koenigs und Hubert Kleinert am Telefon über meine Sorgen, aber beide halten dies für eine Ausgeburt überreizter Nerven und schlichter Angst. Ist ja auch was Wahres dran!

Was geschieht denn, wenn die Versammlung Ja zur Koalition sagt, anschließend den Personalvorschlag aber zerredet? Es wäre nicht das erste Mal, daß solch eine Filibusterei erfolgreich eingesetzt würde. Was soll's, ich nehme mir fest vor, mich auf keinen Fall von denen zu politischem Mus verarbeiten zu lassen. Wenn es mir reicht, dann werfe ich den Bettel hin und steige in den Ring zum offenen Schlagabtausch. Mit vornehmer Kandidatenzurückhaltung wird es dann vorbei sein, und in der Ecke eingekeilt, laufe ich erfahrungsgemäß zu Hochform auf.

Etwas anderes bekümmert mich noch mehr, nämlich ein eventueller Tritt von hinten. Bisher verlief die gesamte Personalfrage ruhig, viel zu ruhig! Es gab zwar einige Gespräche mit Skeptikern in der Landtagsgruppe, aber offene Ablehnung hat sich nicht gezeigt. Mein Instinkt, mein angeborenes Mißtrauen lassen mir keine Ruhe. Und siehe da, am heutigen Tage zeigen sich merkwürdige Erscheinungen. Wir, d. h. die Realos aus der Landtagsgruppe, dem Landesvorstand und dem kommenden Ministerium und Staatssekretariat, treffen uns zu einer letzten internen Abklärung vor Sonntag. Und plötzlich geht's los. Ja, meint da ein Abgeordneter aus Gießen, seine Basis habe diese und jene Bedenken, vor allem, ob der Joschka denn dies könne und ob es nicht geeignetere Kandidaten gebe, zwei weitere nehmen dies auf und erheben ähnliche Bedenken. Die anderen versuchen die Einwände zu entkräften mit oft diskutierten Argumenten, aber dies trifft die Einwände eigentlich nicht, denn hinter diesen steht offensichtlich mehr. Hier und heute ist die letzte Gelegenheit, den Kandidaten zu kippen, eine andere Entscheidung herbeizuführen. Das Ganze spitzt sich zu bis zu dem Punkt, wo ich ernsthaft sage: „Sucht euch einen anderen." Ich war und bin zu diesem Amt nur bereit, solange ich die Realos und besonders die Realos der Landtagsgruppe geschlossen hinter mir weiß. Alles andere betrachte ich als politischen Selbstmord.

Wir unterbrechen die Sitzung, gehen in verschiedenen Gruppen im Wald umher und diskutieren. Mich hat die schlichte Angst gepackt, am Sonntag als Person verheizt zu werden, ich will nicht mehr. Es ist Tom Koenigs, der mir in harten Worten klarmacht, daß es für mich jetzt kein unbegründetes Zurück mehr gebe. Neue Gründe lägen nicht vor, politisch hinge zuviel daran, und ich müßte jetzt meine Aufgabe für alle hier wahrnehmen. Er hat recht. Andererseits ist durch meine Rückzugsdrohung allen klargeworden, wirklich allen, daß es keine benennbare Alternative und daher auch keinen Rückzieher in der Person mehr geben kann. Die Rollen für die Landesversammlung werden erörtert und weise festgelegt. Die Diskussion um unser Vorgehen zum Tode von Günter Sare, dem zweiten, sehr wichtigen Punkt in Neu-

Isenburg, läuft allerdings an mir vorbei, denn ich bin zu sehr mit mir selbst beschäftigt.

*Freitag, 25. Oktober 1985*

Börner hat gestern im Landtag einen Mißtrauensantrag der Opposition mit allen Stimmen von Sozialdemokraten und Grünen bis auf eine glatt überstanden. Allein der Abgeordnete Kuhnert (DIE GRÜNEN) hat sich der Stimme enthalten und dies damit begründet, daß er kein Vertrauen in diese Landesregierung habe, andererseits wolle er sich aber auch nicht „von der CDU für Konzern- und Profitinteressen instrumentalisieren lassen". Für die Vertrauensabstimmung über die kommende Koalitionsregierung kündigt er bereits sein donnerndes Nein an. Es ist schon putzig mit den Fundis, jetzt sind sie also auf die von ihnen in der Vergangenheit mit Klauen und Zähnen bekämpfte Tolerierung eingeschwenkt. Deshalb Kuhnerts Enthaltung und die Ankündigung seines Neins zur Koalition. Neu-Isenburg wirft also bereits seine langen Schatten. Ansonsten hat der grüne MdB Udo Tischer in den Medien eine volle Breitseite gegen den Bundesvorstand abgefeuert. Er nennt sie „Betonköpfe", wirft ihnen „heimtückisches Verhalten" und „unsolidarische Gehässigkeiten" vor. Starker Tobak - aber ob solcher in der Partei der Nichtraucher genossen wird?

*Samstag, 26. Oktober 1985*

Stehe zunehmend unter Strom, ein furchtbares Gefühl. Trotz aller Aufgeregtheit gehe ich (wie seit vierzehn Jahren) zum obligatorischen Samstagskick. Die Bolzerei lenkt mich hervorragend ab, auch wenn so mancher grau oder kahlköpfig gewordene Altsponti des Hänselns nicht genug bekommen kann. Aber bitte, wer hat schon die Möglichkeit, demnächst vielleicht einem leibhaftigen Minister in die Knochen zu treten?

Abends setze ich mich hin und konzentriere mich auf eine mögliche Kandidatenrede, die ich zwar für unwahrscheinlich halte, aber Kerschgens meinte, ich solle mich darauf vorbereiten. Ich lege mir zwei Varianten zurecht: eine für den Fall, daß eine Niederlage droht und ich kämpfen muß; die andere für den Fall, daß alles im Rahmen bleibt und eine mehr analytische Rede angesagt ist. Morgen abend weiß man mehr.

*Sonntag, 27. Oktober 1985*

Eintrag in meinem Terminkalender unter diesem Datum: „LMV - Unglück nimm deinen Lauf!“ Es wird die größte Landesmitgliederversammlung der hessischen Grünen, 1300 Mitglieder (von etwas über 3000) holen sich ihre Stimmkarten ab. Bei einer Delegiertenversammlung hätten sich niemals so viele bei der Wahl der Delegierten in den Kreisverbänden beteiligt! Die Halle quillt über vor Menschen, Grüne, Gäste, Journalisten. Die Stimmung siedet und vibriert vor Spannung in den entscheidenden Abstimmungs- und Debattenphasen.

Dennoch bekomme ich wenig von den Ereignissen mit, da ich mich ganz in mich selbst zurückziehe, zudem mehr und mehr herumlaufe, ja, zu fortgeschrittener Stunde immer wieder vor die Halle gehe, denn anders halte ich diese Verurteilung zum vollständigen Schweigen, zur totalen Passivität, zum bloßen Objektsein einfach nicht länger aus. Die lange Sare-Debatte hat meine Wahrnehmung nur gestreift.

Eine Kuriosität am Rande, die allerdings ein bezeichnendes Licht auf die Verfassung der Bundespartei und ihrer allerhöchsten Gremien, wie Bundesvorstand (Buvo) und Bundeshauptausschuß (BHA), wirft. Bereits während der Anfahrt nach Neu-Isenburg ist den Rundfunknachrichten Sensationelles zu entnehmen. In einer Nachtsitzung habe der BHA auf Antrag einer der drei Sprecher des Bundesvorstandes, Lukas Beckmann, und eines hessischen Delegierten, von dem hier in Neu-Isenburg niemand weiß, die Hessen aufgefordert, heute nicht die Koalition mit der SPD, sondern Neuwahlen zu beschließen. Um hernach dann, nach erfolgten Neuwahlen, mit der SPD über eine Koalition zu verhandeln. Was ein Schmarrn! Da fordert das höchste Beschlußgremium der Partei zwischen den Parteitagen - ja was eigentlich? Gewinnt man die Neuwahlen (was einem Wunder gleich käme, denn wie sollte man einen solchen Schritt jenseits grüninterner Befindlichkeit eigentlich begründen?!), so wäre man in einem halben Jahr da, wo man sich eben heute bereits befindet. Verliert man hingegen, worauf ich mein edles Haupt unbesehen verwette, dann war das die gelungene Anstiftung zum politischen Selbstmord der Grünen! Ein wahrhaft von Weisheit überfließender Beschluß also, den Beckmann da hat fabrizieren lassen. Der Himmel allein weiß, weshalb sich ausgerechnet in dieser gewaltfreien Partei der Hang zum politischen Selbstmord so ausgeprägt entwickelt hat und erhält. Fundis und Realos sind sich an diesem Tag nur in dieser einen Frage unterschiedslos einig - der Antrag stürzt mit 99,6% Neinstimmen in den Orkus. Eigentlich zum Erbarmen, wie sich wichtige Parteigremien der Lächerlichkeit preisgeben und zunehmend selbst entwerten, indem sie sich als Instrumente des innergrünen Strömungskonfliktes mißbrauchen lassen. Wer soll die eigentlich noch ernst nehmen mit solchen Beschlüssen? Andererseits liegt darin überhaupt kein Anlaß zur Freude, sondern eher zu großem Jammer. Die Zerrüttung der Partei von oben her wird uns alle gleichermaßen schwer treffen.

Zurück zum Wesentlichen, zur Koalitionsentscheidung selbst. Bereits die ersten Geschäftsordnungsabstimmungen zeigen eine satte Mehrheit für die Realos, na also. Ich unterhalte mich mit Manfred Zieran am Rande, und er bestärkt meinen Eindruck, daß die Fundis gar nicht gewinnen wollen, ja sogar Angst vor den politischen Konsequenzen eines Abstimmungssieges haben. Viele von ihnen realisieren den gewaltigen Scherbenhaufen, der dann auf die Partei zurasen wird, und sie haben außer dem Nein zur Politik der Realo-Mehrheit eh keine praktische Alternative. Das wortradikale Gerede reicht - zumindest in Hessen - nicht einmal mehr bis vor die Saaltür, geschweige denn, daß den Grünen vor Ort, den Gemeinderäten, Kreistagsabgeordneten und Leuten, die in praktischen Projekten arbeiten, damit zu helfen wäre. Man erlebt es ja bei allen Haushaltsverhandlungen in Wiesbaden, daß selbst die hartgesottensten Krachfundis anmarschieren und reformistischste Interessenvertretung betreiben, bisweilen grenzt das an Schizophrenie.

Dennoch läßt die Spannung im Saal und in mir selbst kei-

neswegs nach. Daß Jutta von Ditfurth sich zur glühenden Verfechterin der Tolerierung erklärt, macht sie und ihre Position vor der Versammlung nicht glaubwürdiger. Die Personenvorschläge werden nicht angerührt, auch wenn unser Paket vom Ja zur Koalition zu Personen und Haushalt erwartungsgemäß an der ersten Nahtstelle von den Fundis attackiert wird. Unsere Konter und Gegenanträge werden schlecht vorgebracht, sauschlecht sogar, die Mehrheiten bei den Geschäftsordnungsanträgen taumeln hin und her, und schließlich kriegen sich auch noch Realo- und Realahäupter in die Wolle, wer nun die letzten drei Beiträge pro Koalition halten soll, und ausgerechnet mich suchen sie sich dann auch noch als Schlichter aus. Meine Güte! Und ich selbst darf und kann nicht ins Geschehen eingreifen.

Am Ende des Tages bin ich zum ersten und einzigen grünen Minister auf diesem Planeten nominiert worden, ohne auch nur ein einziges Wort an die Versammlung gerichtet zu haben, ein wahrhaft erschwiegener Erfolg. Die Schwerstarbeit verrichteten an diesem Tag andere. Koenigs und Kleinert bringen das wogende Hick-Hack um formale Abstimmungsfragen schließlich zu einem glorreichen Ende, und dann wird abgestimmt. Zwei Abstimmungen: zuerst über die Koalition, anschließend über den Personalvorschlag insgesamt. Ja, und dann ist es passiert, zweimal eine sehr große, eindeutige Mehrheit von über 70% – und ich bin nur noch fertig. Hektische Gratulationen, Medienchaos allüberall, der eine oder andere Fluch oder gar eine Verwünschung auf dem Weg zur ersten improvisierten Pressekonferenz. Nach soviel Schweigen fällt mir das Sprechen plötzlich schwer. Kerschgens redet von der Zuverlässigkeit der hessischen Grünen in ihren Beschlüssen seit nunmehr drei Jahren, Marita Haibach bewertet den Kompromiß in der Frauenfrage als gute Chance für ein Frauenministerium 1987, und ich warne vor übertriebenem Optimismus und überzogenen Erwartungen an die Zukunft. Der schwierigere Teil des Weges beginnt nun erst, und es ist und bleibt bis auf absehbare Zeit eine Gratwanderung mit erheblichem Absturzrisiko.

War das ein historischer Tag oder lediglich ein Ereignis von regionaler Bedeutung? Ein Tag, der die politische Landschaft dieser Republik tatsächlich verändert hat, oder nur eine weitere Episode des sattsam bekannten Stückes von Muttern Sozialdemokratie, welches da den abgegriffenen Titel trägt: „Wie integriere ich eine unbotmäßige Linke?“ Zur genaueren Analyse bin ich zu kaputt – jetzt geht es um den praktischen Erfolg, und der wird schwer genug werden. Gelingt dieser, so war der 27. Oktober 1985 in Neu-Isenburg gewiß ein historischer Tag, aber das bleibt mehr als abzuwarten. Mit Sicherheit lassen sich die innerparteilichen Folgen des heutigen Tages absehen: Die Fundis in der Bundespartei und vor allem im Bundesvorstand werden nun die Sturmriemen endgültig fester anziehen, denn nach der Koalitionsentscheidung in Hessen ist klar, in welche Richtung die Partei insgesamt weitergehen wird. Der realpolitische Durchbruch ist allein eine Frage der Zeit, d. h. nicht mehr des Ob, sondern lediglich des Wann, das wissen auch Trampert und Ditfurth. Die Debatte Koalition oder Tolerierung hat sich erledigt, die Frage Reform oder Fundamentalopposition ebenfalls. Die Fundis erhalten nach wie vor viel Beifall, aber das ändert nichts an der Tatsache, daß sie lediglich Rückzugsgefechte liefern. Es mangelt ihnen einfach an einer gangbaren politischen Alternative, die nicht nur Anleitung zum Schimpfen und Wettern gegen das System, sondern vor allem Anleitung zum Handeln als parlamentarische Partei ist. Die entscheidende Frage nach diesem Tag aber bleibt: Gehen die Uhren der politischen Realität einerseits und unserer innerparteilichen Entwicklung andererseits synchron oder läuft uns Grünen am Ende nicht die Zeit davon? Haben wir die Zeit, die wir als Partei brauchen, um überhaupt erst zu einer solchen zu werden?

Seltsam, man erhofft sich von entscheidenden Ereignissen oder Tagen immer mehr an Antworten auf offene Fragen und an Entscheidungen, als diese zu geben offensichtlich bereit oder in der Lage sind. Von Wahltagen etwa oder auch vom heutigen Tag. Auch er hat mehr Fragen aufgeworfen als Antworten gebracht.

*Montag, 28. Oktober 1985*

In unziemlicher Frühe angesichts des angegriffenen Zustandes durch den gestrigen Tag und den langen Abend nebst

Kneiperei nach Wiesbaden zur Pressekonferenz. BILD vermeldet mit donnernder Schlagzeile: „Koalition! Grüne mit Joschka an die Macht." Wolle mers hoffe, wie der Hesse zu sagen pflegt, daß sie wenigstens diesmal nicht übertreiben. Wenn überhaupt, so zeichnet sich eher so etwas wie ein „Mächtle" ab, wie der Schwabe zu sagen pflegt. Der Herr verschone mich aber vor dem Ohnmächtle!

Im Landtag erste Pressekonferenz vor vollem Hause, die gesamte Landespressekonferenz ist vollzählig erschienen. Ein in den letzten Jahren durch die „hessischen Verhältnisse" durchaus verwöhntes Auditorium, denn unter journalistischen Auspizien dürfte keine Landeshauptstadt seit 1982 so aufgeregt auf die ersten Seiten der jeweiligen Heimatblätter gedrängt haben wie Wiesbaden. Es war halt immer etwas los, und nun soll ich ihnen ein Stück Normalität und damit auch Langeweile bringen. Keine gute Ausgangsposition also. Neue Rolle, neue Inhalte und damit Darstellung fallen mir schwer. Zudem muß ich mich erst noch daran gewöhnen, daß es nicht mehr Kerschgens ist, der für die Landespolitik spricht. In der Vergangenheit habe ich stets penibelst auf unsere Rollenteilung in Bund und Land geachtet, und es hat sich als äußerst segensreich erwiesen, denn Konkurrenzen sind dadurch nicht aufgekommen. Dies gilt jetzt nicht mehr, und wir werden uns in den neuen Rollen erst wieder finden müssen.

Politisch müssen wir davon ausgehen, daß wir in der Mitte der Legislaturperiode stehen, daß wesentliche neue Gesetzesvorhaben nicht mehr auf den Weg gebracht werden (das Abfallgesetz soll demnächst verabschiedet werden), daß die Haushalte mehr oder weniger bis 1987 verhandelt sind – der Haushalt für 1987 wird vor allem eine Fortschreibung werden, so stillschweigende Übereinkunft bei den Koalitionsverhandlungen –, daß also vor allem das Ministerium aufgebaut und die eingeleitete Politik erfolgreich umgesetzt werden soll. Wenig glanzvoll dieses. Für mich persönlich ergibt sich noch die weitere Erschwernis, daß ich selbst nicht mitverhandelt habe. „Befindlichkeitsprobleme" von Landtagsgruppe und Verhandlungskommission – verstehbare allerdings, denn es ist wohl die letzte große Tat dieser Fraktion, das ist allen Beteiligten klar – als auch eine wohlüberlegte Vorsicht meinerseits angesichts der noch ausstehenden Nominierung haben mich zur äußersten Zurückhaltung veranlaßt. Daher also die Lage, daß ich mich in fremdgenähte politische Kleider zwängen muß, für deren Paßform man mich gleichwohl und zurecht haftbar machen wird.

Ich konzentriere mich in der Pressekonferenz auf drei wesentliche Aussagen: die Beschreibung der eigenen Rolle in der neuen Koalitionsregierung, das Aufzeigen des bleibenden grundsätzlichen Widerspruchs in dieser Koalition in der Atomfrage und schließlich ein Dialogangebot an die Industrie. Genauer: In der Atomfrage, vor allem bezüglich der Atomreaktoren Biblis A und B und der Hanauer Nuklearfabriken wird der grundsätzliche Dissens zwischen beiden Koalitionsparteien bestehen bleiben. Wir werden unsere Möglichkeiten als Ministerium im Rahmen von Gesetz und Koalitionsvereinbarung zwar zu nutzen versuchen, aber ich mache mir über deren zwergenhaftes Ausmaß wenig Illusionen. Andererseits verweise ich nachdrücklich darauf, daß bereits die Tolerierung an dieser Frage zerbrochen ist. Wir fürchten, daß uns der Wirtschaftsminister Steger in seiner unsteten Art wieder vor vollendete Genehmigungstatsachen stellt und so ein weiteres Mal eine unselige politische Dynamik lostritt – die schnell nicht mehr beherrschbar sein wird.

Dann die Selbstdefinition der eigenen Rolle im neuen Kabinett Börner/Fischer, nämlich „Anwalt der Umwelt" zu sein, d. h. mit dem ganzen Gewicht eines eigenständigen Koalitionspartners – der zudem noch einer Umweltpartei angehört – innerhalb der Regierung die Umweltinteressen gegen das dort versammelte Schwergewicht der industrialistischen Tradition durchzukämpfen. Der politische Schwerpunkt liegt eigentlich in einer rechtsstaatlichen Banalität, nämlich in der Gleichheit vor dem Gesetz. Im deprimierenden Alltag der Umweltpolitik ist dies alles andere als banal, im Gegenteil, denn Umsatz und Arbeitsplatzangst dominieren hier auf fast absolutistische Weise, und in der konsequenten Anwendung der bestehenden Umweltgesetze gegen jedermann, egal wie viele Milliarden der jeweilige Jahresumsatz auch betragen mag, liegt die Hauptangst der Industrie vor einem grünen Umweltminister begründet.

Schließlich dann das Dialogangebot an die Industrie, die Aufforderung, so viel wie irgend möglich an Umweltproblemen im Einvernehmen, im Konsens zu lösen, allerdings auf klarer ökologischer Interessengrundlage, denn ich habe die Interessen der Umwelt zu vertreten und nicht die der Industrie. Dieses Angebot zu Gesprächen und meine Bereitschaft zum Konsens, dann aber auch zum harten Konflikt in der Sache, wenn dieser nicht herstellbar ist, soll eine bewußte Entgegnung auf die Klassenkampfidiotie der Unternehmer gegenüber der rot-grünen Koalition sein. Es war vor allem Otto Schily, der mich noch vor wenigen Tagen bei einem Gespräch in Bonn in dieser Haltung bestärkt hat, auch und gerade gegenüber dem Denken in bequemen Feindbildern im eigenen Laden. Die Fundis werden mir diese Sentenz gewiß noch nachhaltigst um die Ohren hauen, aber mir geht die galoppierende Dogmatisierung in der Partei eh zunehmend auf die Nerven. Je mehr die inhaltlichen Diskurse zum Erliegen kommen, je weniger sich die Partei intellektuell fortentwickelt, desto mehr greift sie vollkommen unkritisch auf die alten Klassenkampfparolen von links zurück. Und dies alles nur, um sich die schöne Illusion eines leeren Wortradikalismus auf Parteitagen und in Programmen erhalten zu können!

Nach der Pressekonferenz den ganzen Tag praktische Organisationsfragen: Wir schlüpfen in der Landtagsfraktion unter, ein Aufbaustab muß gebildet werden, Abstimmungen mit den alten Ministerien, die Abteilungen abzugeben haben, müssen vorgenommen, die praktischen Details, in denen der Teufel begraben liegt, müssen geregelt, unser Domizil überhaupt erst gefunden und eine Vielzahl von Personalentscheidungen angegangen werden. Hinzu gesellen sich forciertes Aktenstudium meinerseits und erste definitive Personalentscheidungen: Koenigs wird Leiter des Ministerbüros, Schaeffer persönlicher Referent, Dick Pressesprecher – die eigentliche „Fischer-Gang“ also oder auch die „Frankfurter Vier“. Ich fühle mich elend wie ein kranker Hund nach all dem Streß der letzten Tage. Dick will unbedingt, daß ich live in die „Hessenschau“ zum Interview gehe, ich will aber nicht. Erstens ist es für konkrete Antworten noch zu früh, zweitens bin ich fix und fertig, aber Georg läßt mir keine Ruhe, nervt und gibt den Druck der Fuzzis vom Hessischen Rundfunk voll an mich weiter. Also lande ich schließlich im Studio, und es kommt, wie es angesichts der Umstände kommen muß, Frank „Äppelwoi" Lehmann, der Moderator, stellt saudumme Fragen, und ich nöle saudumm zurück. Ein wahrhaft mißlungener Abend!

*Dienstag, 5. November 1985*

In den vergangenen Tagen machte sich zusehends die Routine kommender administrativer Tätigkeit breit: Akten, Organisation, Personalfragen, und Akten und nochmals Akten. Vorbei die Zeiten, da wir in verschworener Runde in den Bahnhofsrestaurants von Frankfurt und Wiesbaden die Koalition nebst Ministerium zusammengebastelt haben. Jetzt tagt man im Landtag oder in Privatwohnungen, denn unser Kränzchen würde nach dem vergangenen Öffentlichkeitsrummel zuviel Aufmerksamkeit in diesen Etablissements erregen. Abends kommt es in der hessischen Landesvertretung zu dem ersten Zusammentreffen mit Holger Börner, seitdem ich nominiert bin. Die heutige Begegnung ist auf Vermittlung von Schily zustande gekommen, der an dem Gespräch auch teilnimmt. Börner versichert uns seiner ernsthaften Absicht, eine funktionierende Regierung, ein funktionierendes Umweltministerium zu errichten, berichtet von einem Aufbaustab der Landesregierung unter der Führung des Staatssekretärs in der Staatskanzlei, Giani, und prophezeit mir schwere Wochen.

Ich erfahre so nebenbei, daß mich nicht nur die hessische Landesregierung gründlichst hat überprüfen lassen durch des Staates Sicherheit, sondern daß nämliches auch die allerchristlichste Opposition im Hessenland, die CDU, vornehmen ließ. Ich möge mich auf einen Regen von Schlamm gefaßt machen, so Börner. Man vereinbart, sich vor der Vereidigung nochmals zu treffen. Ich würde lügen, wenn ich behauptete, daß mir dieser Abend ein Mehr an Klarheit über den Ernst der Motive von Börner gebracht hätte. Ich rätsele noch lange mit Schily darüber, und uns kommen wieder Zweifel, bundespolitisch begründete. Warum macht Börner gerade jetzt die Koalition mit uns, wo man nach NRW und dem Saarland bereits anfängt, uns die Totengesänge zu schreiben? Lafontaine hat uns mit einem Koalitionsangebot im Saarland erledigt und allein die absolute Mehrheit gewonnen. Will Börner uns jetzt in die Regierung holen, vorführen und dann über die Klippe springen lassen? Wenn die SPD uns parlamentarisch nicht ausschalten kann, werden die Spielräume der Sozialdemokratie in Richtung Mitte enorm verringert, denn links von ihr lauern dann beständig die Grünen auf frustrierte linke und ökologische SPD-Wähler. Wenn sie uns zum bloßen Integrationsproblem zurückgestuft haben, können sie wieder getrost in Richtung Mitte marschieren. Warum Trampert, Ebermann und Ditfurth nicht realisieren, wie sehr sie mit ihrem Bewegungsmythos genau dieser Integration zuarbeiten? Setzen sie sich durch, so werden sie die Grünen wieder ghettoisieren und zum bloßen Ausgrenzungs- oder Integrationsproblem für Mutter SPD machen. Und wiederum: Meint es Börner wirklich ernst? Kann man mit Regierungen und Koalitionen so einfach taktisch hantieren, ohne nicht den Machtverlust überhaupt zu riskieren? Schily und ich rätseln noch lange herum. Die kommenden Monate werden uns klüger machen.

*Dienstag, 12. November 1985*

Die Tage wiederholen sich monoton: Fachgespräche, Organisation, Personal, Akten, und dann das Ganze erneut vor und zurück, rauf und runter. Heute treffen sich Kerschgens und ich mit dem amtierenden Umweltminister in Hessen, Armin Clauss. Wir schmausen gemeinsam zu Abend, und der kommende Vorgänger überfällt uns mit heftiger Jovialität, er redet und redet. Dennoch bleibt mir ein gutes Gefühl, denn zum ersten Mal wird einer konkret, ist hilfsbereit. Er hat mir zwei voluminöse Aktenordner vorbereitet, in denen akurat die amtlichen Vorgänge zu den wichtigsten umweltpolitischen Problemen zusammengefaßt sind. Endlich einmal etwas zum Reinziehen, nicht dieses labrig schwammige Hin und Her meiner alternativen Experten. Mit einem „Macht's gut, Männer!" werden wir entlassen. Während ich guter Dinge mit Kerschgens zum Bahnhof stapfe, mahnt dieser zur Vorsicht. Er habe da so seine Erfahrungen. Na gut, Kerschgens kennt die Szene und die Akteure in Wiesbaden besser, aber dennoch kann ich seine skeptische Stimmung nicht nachvollziehen.

*Dienstag, 19. November 1985*

Wie baut man eigentlich ein Ministerium als Grüne aus dem Nichts auf? Einerseits muß dies die amtierende Landesregierung tun, andererseits marschieren bei uns leitende und weniger leitende Ministerialräte, Ministerialdirigenten und andere Besoldungsgruppen ein und aus. So langsam lerne ich BAT IIA von der Besoldungsgruppe B3 zu unterscheiden, erlebe die bleierne Schwere des öffentlichen Dienstrechts, an denen sich meine meisten Personalvorstellungen zerschlagen. Zum Haare raufen. Dagegen ist die Fraktion in Bonn von einer Freihändigkeit und materiellen Großzügigkeit, daß man sich als kommender Landesminister gegenüber den Bonner MdBs richtig schäbig fühlt! Kerschgens exekutiert die Zwänge von Beamten-, Besoldungs- und Dienstrecht mit alttestamentarischer Strenge gegenüber den zahlreichen Bewerbern in den Hallen der Landtagsfraktion. Weia, worauf ich mich da eingelassen habe!? Fischer als Dienstherr, an diese Rolle muß ich mich erst noch gewöhnen, aber sie wirft bereits ihren mächtigen Schlagschatten. Koenigs sitzt im Aufbaustab und berichtet Deprimierendes. Vieles, was in zähen Verhandlungen zwischen den Koalitionsparteien auf höchster Ebene ausgehandelt worden ist, zerbröselt an der Trivialität bürokratischer Praxis und am hinhaltenden Widerstand der alten Ressorts. Wo wird unser geschichtsträchtiges Ministerium eigentlich das Licht der Welt erblicken? Bisher gibt es noch nicht einmal einen Stall. Koenigs berichtet von Industriegebieten, Finanzämtern und ähnlich erbaulichen Örtlichkeiten als Standorten zur Auswahl. Hinzu gesellt sich eine rechtliche Originalität. Am 12. 12., 12 Uhr 12 wird es zwar einen grünen Minister, eine grüne Staatssekretärin und einen grünen Staatssekretär geben, bis zum 31. 12., 00.00 Uhr aus haushaltsrechtlichen Gründen aber keine Beamten! Selbst als hoher Würdenträger dieser Republik werde ich den Freak einfach nicht los.

Abends gehe ich mit Kerschgens zum Landwirtschaftsminister Willi Görlach ins Ministerium. Die Stimmung ist gespannt, denn der Landwirtschaftsminister verliert sein liebstes Kind, den Naturschutz. Immerhin bleiben ihm noch die Staatsweingüter, aber dennoch gibt man sich süß-säuerlich. Kein gutes Omen also, und in den Gesprächen bewegt sich nichts. Nichts will man herausrücken, Irrtum unsererseits allüberall und im übrigen: Guten Abend und auf Wiedersehen.

*Montag, 2. Dezember 1985*

Unser Domizil ist endgültig gefunden, nämlich hoch über dem Finanzamt der Landeshauptstadt, 9. bis 12. Stockwerk, Dostojewskistraße 8. Ein häßlicher Zweckbau der siebziger Jahre, aber immerhin grün angestrichen. Also wer sagt's denn, es geht voran, wenn man auch besser nicht genau hinschaut. Bisher war ich der Meinung, daß die Ästhetik des Häßlichen bei bürokratischen Zweckbauten mit dem Bonner Abgeordnetenhochhaus Im Tulpenfeld seinen grausligen Höhepunkt erreicht hatte, aber mitnichten. Angesichts meiner neuen Diensträume - oben Kunststoff, unten Kunststoff, dazwischen etwas Glas und viel Beton - bekomme ich warme Sehnsucht nach meiner Bonner Wegrückerbox mit ihren 3,5 Quadratmetern.

Spätnachmittags bin ich mit dem Wirtschaftsminister verabredet. Endlich ein Ministerium! Wilhelminisch säulenbewehrt, ein sandsteinfarbener preußischer Protzbau, zum herrschaftlichen Regieren also wie geschaffen. An der Pforte werde ich abgefangen, man verlangt mein Begehr. Zum Minister, so, so. Mißtrauisch beäugt der zweitmächtigste Mann im Amte, der Pförtner, mein Äußeres. Ich möge warten, und der Amtswächter telefoniert. Ein Herr Fischer wolle zum Herrn Minister. Ich bekomme den Weg gewiesen. Der Wirtschaftsminister hat es herrschaftlich und herrschaftlich gedämpft. Es beginnt erneut der mittlerweile sattsam bekannte Pferdehandel. Stellen, Kompetenzen und Akten. Jawohl, Akten! Der Wirtschaftsminister geht seiner Energieabteilung zu Teilen verlustig, und nun will man uns die notwendigen Akten nicht herausgeben! Mich laust der Affe, aber ich, Joschka Fischer, feilsche mit einem leibhaftigen Minister in dessen

Ministerium um alte Akten, und dies im Zeitalter des Fotokopierers! Wenn sich die Macht, von innen besehen, weiter in lauter solche Trivialitäten auflöst, dann gute Nacht.

Im übrigen hält mich der kommende Kollege für einen ausgemachten Deppen, denn er macht mir ein Angebot, das selbst mein Hund Dagobert freudig mit dem Schwanze wedelnd ablehnen würde. Er schlägt mir vor, das Eichwesen nebst Eichamt, welches zufälligerweise mit der Energieabteilung bei uns gestrandet ist und etwa 80 Stellen umfaßt, gegen eine aus dem Wirtschaftsministerium abgeordnete Sachbearbeiterin einzutauschen, um deren Verbleib ich ihn ergebenst bitte. Ich beschließe, die Rolle des Tropfes für ihn zu Ende zu spielen, bedanke mich daher artig für das großzügige Angebot, finde es sehr bedenkenswert, und bitte um Zeit bis morgen nachmittag. In der S-Bahn nach Frankfurt frage ich mich, wo ich da eigentlich gelandet bin.

Steger ist eigentlich kein Minister, er spielt ihn. Ehemaliger Fallschirmjäger, gelehrter Doktor der Volkswirtschaft und ewiger Konfirmand, der er ist, verfügt er über die Sensibilität eines Nashorns bei der Attacke, zigarilloqualmenderweise. Börner hat ihn nach Wiesbaden geholt, es war eine jener einsamen Entscheidungen des „Dicken", um die Zahlreiches geraunt wird, da keiner sie vernünftig erklären kann. War es ein Vortrag vor der Friedrich-Ebert-Stiftung gewesen oder aber Stegers Einsatz für die Atomenergie auf dem Hamburger Parteitag der SPD? Nobody knows.

Ich erinnere mich noch gut an unser erstes Zusammentreffen in der hessischen Landesvertretung zu Bonn, morgens um 8.00 Uhr zum Frühstück, bei Mett und Servelatwurst nebst Tee. Es ging damals um die erste Teilerrichtungsgenehmigung für die Hanauer Atomfirma Nukem, um das Schicksal der Tolerierung der sozialdemokratischen Minderheitsregierung Börner durch die Grünen also, und ich sagte ihm, daß er mit seiner Genehmigung die Tolerierung platzen lassen würde. Steger spielte den Minister, sprach getragene Worte vom pflichtgemäßen Ermessen und steuerte fröhlich auf den Bruch zu. Der Herr verstehe seine politische Vernunft, mir fällt dies schwer, zumindest wenn man keine fremdgesteuerten Interessen zugrunde legt. Erstaunlich bleibt: Börner scheint ihn gewähren zu lassen.

*Dienstag, 3. Dezember 1985*

Der Wirtschaftsminister ruft mich tatsächlich im Landtag an und verlangt nach meiner Entscheidung. Ich sage nein mit ausdrücklichem Bedauern und vorzüglicher Hochachtung, leider, leider und so weiter...

Marita, die Tränenreiche und kommende Staatssekretärin für Frauenfragen, schluchzt völlig aufgelöst über den Flur der Fraktion in Wiesbaden. Katastrophisches droht von dieser emotionalen Erschütterung, und mir fährt der Schreck in die Glieder - für eine lange halbe Minute. Die Kenntnis der Ursache läßt mich erleichtert durchatmen: Die CDU droht mit einer Verzögerung der parlamentarischen Verabschiedung des Haushalts um circa eine Woche. Die neue Regierung wird es aber erst nach der Haushaltsverabschiedung geben, und daher geraten Maritas lange gehegten Urlaubspläne in ernste Gefahr. Solche Sorgen wünsche ich mir auch. Alte parlamentarische Fahrensleute bezweifeln jedoch die Durchsetzbarkeit solch teuflischer Attentatspläne der christlichen Fraktionsspitze auf die wohlverdiente Reise in ferne Länder, denn der Weihnachtsurlaub ist auch den Christlichen heilig, und deren Parlamentarier haben ebenfalls bereits zahlreich gebucht. An solchen Banalitäten scheitern also kühne Strategen und Strategien.

*Freitag, 6. Dezember 1985*

Nikolaustag - um die Mittagszeit komme ich in eine wochenendlich verwaiste Fraktion und werde bereits auf dem Flur von zwei aufgeregten Journalisten angegangen. Clauss habe eine Pressekonferenz abgehalten, auf der er einen Kabinettsbeschluß zum Sonderabfall präsentiert habe. Ob ich davon Kenntnis habe? Ich antworte nebulös, in Wirklichkeit weiß ich von nichts, im übrigen bin ich in Eile, denn gemeinsam mit Koenigs und Kerschgens bin ich in der Staatskanzlei zu einem ersten Treffen mit dem Personalrat des neuen Ministeriums verabredet, ein bedeutsamer Termin. Und in der Tat treffen wir auf einen wirklichen Rat, eine Versammlung von über dreißig Köpfen, denn das neue Ministerium verfügt ja noch über keinen eigenen gewählten Personalrat, und also setzt sich dieser aus den Personalräten der drei abgebenden alten Ressorts zusammen. Die frühestmögliche Wahl eines eigenen Personalrates steht im Vordergrund, ein Zeitplan wird vereinbart, hinzu kommen die ersten Auseinandersetzungen um Stellen, Stellenbesetzungen, Räume, zu erstellende Dienstvereinbarung etc. Dennoch eine insgesamt positive Sitzung, die ich vor der Zeit verlasse, Koenigs und Kerschgens werden sie zu Ende bringen und auch weiterhin die Verhandlungen mit den Räten führen.

Ich bin innerlich während der ganzen Sitzung bei den Ereignissen im Landtag. Dick hatte den Auftrag, sich um die Materialien und die Aussagen von Clauss auf der Pressekonferenz zu kümmern. Zurück in der Fraktion bekomme ich beides vorgelegt, und es ist einfach phantastisch. Da sitzt man wenige Tage zuvor mit dem Mann zusammen, bespricht alle Einzelheiten, vereinbart das Offenhalten eben dieser Entscheidungen, verbleibt auf beste Zusammenarbeit, und nun dies. Jemand verwechselt hier Politik offensichtlich mit Mogeln, einem Kartenspiel für Kinder. In den letzten Wochen wurden bereits Umwelt- und Naturschutzberichte von den scheidenden Ministern in den buntesten Farben im Schnellgang vorgelegt, sie glichen sich zudem wortwörtlich über zig Seiten und viele Graphiken hinweg, sei's drum. Dies aber geht zu weit, sowohl was Form als auch den Inhalt betrifft. Von der Form her gesehen war es eine schlichte Unverschämtheit, einen zentralen Bereich der Umweltpolitik in letzter Sekunde per Kabinettsbeschluß festnageln zu wollen, und zudem ist es eine enorme Belastung der neuen Koalition von Anbeginn an. Denn Clauss muß doch wissen, daß ich dies niemals hinnehmen werde und es daher wieder Krach und einen Gesichtsverlust geben wird, allerdings nicht bei mir. Genau diesen fatalen, zerrissenen Eindruck der Tolerierungsphase sollte doch die Koalition beenden. Wollen wir mit diesem gewagten Unternehmen politischen Erfolg haben, so muß diese Regierung einen geschlossenen, vernünftig handelnden Eindruck machen, denn die Kompromisse, auf denen das ganze Gebäude steht, sind dermaßen brüchig, die gesamten Rahmenbedingungen für diese erste rot-grüne Koalition so extrem widrig, daß wir uns hier in Wiesbaden persönliche und politische Affentänze wie in Bonn nicht erlauben können. Die Wende in Bonn steht auf stabilen Beinen, deswegen dürfen deren Häupter auch munter rumspinnen. Für Wiesbaden gilt das genaue Gegenteil, und nun geht das Bonnern hier schon los, bevor es die neue Regierung überhaupt gibt. Herzige Aussichten!

Die eigentliche Wut kam mir jedoch wegen der Konsequenzen in der Sache. Zu der fast fertigen Giftmülldeponie Mainhausen nimmt Clauss das Ergebnis einer unabhängigen Expertenkommission vorweg, und hoffentlich wirft von denen jetzt keiner das Handtuch! Die Koalition würde dann erheblich wackeln. Zur Verbrennungsanlage in Biebesheim hatten wir intern eine sehr vorsichtige Herangehensweise diskutiert, da die Erweiterung der Giftmüllverbrennungskapazität für Hessen auch von uns bejaht wird. In der Vergangenheit wurde die Bevölkerung vor Ort so oft von verantwortlichen Politikern enttäuscht, daß wir den Versuch machen wollten, vor einer Entscheidung zur Erweiterung der SVA Biebesheim dieses Vertrauen wieder aufzubauen, auf keinen Fall aber gegen eine respektable Mehrheit im Kreis und vor Ort eine solche Entscheidung durchzudrücken. Sollte das Vertrauen nicht mehr herstellbar sein, dann heißt das eben einen neuen Standort suchen. Clauss hat diese vorsichtige Strategie definitiv zunichte gemacht, denn sein Kabinettsbeschluß, ein Blitz aus dem Dunkel der Landesexekutive, bestätigt allein schon durch das Verfahren die gewachsenen Ängste in der Region. Da ist also ein Elefant nicht nur durch den Biebesheimer Porzellanladen gelatscht, sondern er hat sich auch noch genüßlich darin gewälzt. Bleibt allein die Frage, ob dies aus Eitelkeit oder politischer Absicht erfolgt ist. Sollte politische Absicht dahinter stecken, was ich nicht hoffe, dann wird es die erste heftige Regierungskrise der Koalition noch vor der Koalitionsregierung selbst geben, eine weitere logische Merkwürdigkeit.

Um dies zu erkunden, rufe ich bei Giani in der Staatskanzlei an. Es kommt zu einem ernsten, eindringlichen und langen Telefonat. Ich werde öffentlich klarstellen, sage ich Giani, daß mich dieser Beschluß in nichts binden wird, und zu dem Verfahren werde ich nicht schweigen. Giani behauptet, Clauss habe darauf hingewiesen, dies sei alles mit uns abgesprochen. Kerschgens, der mittlerweile dazugekommen ist, und mir selbst verschlägt es darob die Sprache, bevor ich dann zu brüllen beginne. Giani, Paul Leo getauft und auch genannt, ist die allerkatholischste Eminenz der Wiesbadener Sozialdemokratie und würde eigentlich besser zur päpstlichen Kurialbürokratie des Heiligen Vaters in Rom passen denn zu den hessischen Genossen. Giani ist einer der wenigen originellen Köpfe in der SPD, durch und durch politisch denkend, wenn auch dem Götzen der Taktik bisweilen zu sehr erliegend. Es mag vielleicht daran liegen, daß er seit seinem Rheinübertritt von Rheinland-Pfalz nach Hessen im wesentlichen Defensivgefechte für die skandalgebeutelte hessische SPD als Landesgeschäftsführer durchzustehen hatte. Er gilt nicht nur als einer der Architekten der ersten rot-grünen Zusammenarbeit, er ist es tatsächlich auch gewesen. Finster von Erscheinung und undurchsichtig vom Naturell her wirkend, trifft dieses zu und doch wieder nicht. Man kann sich Paul Leo ohne Schwierigkeiten in einer Dominikanerkutte vorstellen. Trefflich läßt es sich mit ihm trinken und diskutieren und diskutieren und trinken, aber selbst nach der zehnten Stunde und dem zwanzigsten Glas Bier weiß er noch genau, was er einem politisch abzunehmen gedenkt. Er umkreist mit seiner spitzfindigen Juristenlogik die politischen Probleme wie die Katze den heißen Brei, und wehe dem, der sich seiner bestechenden Logik, die niemals ermüdet, anschließt: Der Unglückliche ist verloren und wird – zumindest für eine Entscheidung – zum Sozialdemokraten gemacht! Obacht also.

Aber so wird das mit mir nichts werden im Kabinett, da ist die Sache schnell zu Ende. Entweder wollen wir den gemeinsamen Erfolg, wollen also ein ehrliches Umgehen miteinander, oder wir legen uns gegenseitig je einmal rein, öfter geht das selten in der Politik, haben dann das gegenseitige Vertrauen ruiniert und beerdigen anschließend die ganze Veranstaltung in einem politischen Desaster. Giani verspricht, sich um die Angelegenheit mit dem gebotenen Ernst zu kümmern. Meine Stellungnahme gegenüber den Medien, die nach dem ersten Koalitionskrach geiern, fällt der Ankündigung entsprechend aus. Intern bedauere ich es aber zutiefst, daß das Verhältnis zu meinem Vorgänger so mutwillig ruiniert wurde. Es ist einfach irre, aber diese Koalition ist noch nicht geboren, da hämmert bereits der erste Sargschreiner lärmend durch den Wiesbadener Landtag. Wie recht hatte doch Kerschgens mit seiner Skepsis gegenüber dieser dröhnenden Jovialität, die einem erst mächtig auf die Schultern klopft, und hinterher vermißt man dann die Brieftasche! Wenn Börner bei diesem Beschluß im Kabinett nicht einfach nur Clauss geglaubt hat, sondern wenn er dieses Vorgehen bewußt billigt und deckt, dann gute Nacht rot-grüne Koalition.

*Mittwoch, 11. Dezember 1985*

Mit der Inbetriebnahme des Steinkohlekraftwerks Ibbenbüren in Westfalen löst sich die von den Sozialdemokraten und ihrem Hoffnungsträger verkündete Versöhnung von Arbeit und Umwelt in Tonnen von Stickoxiden auf. „Nach Angaben der nordrhein-westfälischen Landesregierung stößt das Kohlekraftwerk Ibbenbüren jährlich rund 17000 Tonnen Stickoxid aus. Das ist gut die Hälfte der Stickoxidmenge, die sich nach den Berechnungen des TÜV bei Tempo 100 auf Autobahnen jährlich einsparen läßt." So die FRANKFURTER RUNDSCHAU.

In der Öffentlichkeit beginnt die Debatte um die Neueinstellungen im kommenden Ministerium, um den „Fischer-Verschiebebahnhof" (taz). Einige grüne Frauen erheben gegen die „Fischer-Gang", alles Männer, protestierend ihre Stimme, zur „Haibach-Bande", alles Frauen, schweigt Mann und Frau vornehm. Es wird wohl noch einige Zeit aus dieser Ecke Krach geben, auch wenn Koenigs und ich intern wild entschlossen sind, bei Neueinstellungen die Parität quantitativ und qualitativ (vor allem im gehobenen und höheren Dienst) durchzusetzen. Wir wollen keine Qualitätsverluste dafür in Kauf nehmen, keine Gefälligkeitseinstellungen also. Ich bin sicher, daß wir dieses hinbekommen werden, es wird allerdings Zeit brauchen, denn des Personalrats Mühlen mahlen langsam.

Die kommende Bundesversammlung in Offenburg treibt ihre ersten publizistischen Blüten. Lukas Beckmann sieht die Partei vor der Spaltung, wenn Jutta von Ditfurth abgewählt wird (Abwahlanträge aus NRW liegen vor), und ich fordere in der SÜDDEUTSCHEN zur Umbildung des Bundesvorstandes auf. Tja, so sind wir Grüne eben. Ansonsten bin ich nicht in der

Lage, mich auf die Bundesversammlung einzustellen und beteilige mich auch nicht an den Vorbereitungen der Realos. Jetzt sind Kleinert, Müller, Schily und all die anderen gefragt.

Mittagessen mit Börner, Giani und Kerschgens, verfolgt und belagert von galoppierenden Reportern mit Fernsehkameras. Das kann ja heiter werden. Wir gehen den Ablauf des morgigen Tages durch, vor allem Protokollfragen, wie die Aushändigung der Ernennungsurkunde durch den Ministerpräsidenten, Vereidigung und erste Kabinettssitzung noch im Landtag. Börner drückt mir die getippte Eidesformel in die Hand, ein wahrhaft zungenbrecherisches Satzgebilde, was die hessischen Verfassungsväter und -mütter da verfaßt haben. Ich beschließe, mir dieses eckige Ding einzuprägen. Börner erzählt mir in diesem Zusammenhang die launige Geschichte, wie ihn ein Landtagspräsident einmal reingelegt hatte. Der Mann verlangte trocken von ihm: „Sprechen Sie mir nach!“ und las dann die ganze ewig lange Eidesformel ohne Unterbrechung vor. Ich fürchte morgen vor allem vorhersehbare Peinlichkeiten bei der Zeremonie. Ich hasse die erzwungene Form wie Pest und Cholera zusammengenommen.

Zurück im Landtag lausche ich nur mit halbem Ohr der tobenden Haushaltsdebatte. Es bleibt mir an diesem Nachmittag angesichts der öffentlichen Debatte um die Kleiderordnung des ersten grünen Ministers noch das wichtigste Problem zu lösen: Turnschuhe müssen her, denn meine alten sind hinüber. Gesagt, gekauft. Mit prächtigem Weiß beschuht werde ich also morgen den Eid ableisten im Landtag zu Wiesbaden und dann: Nie wieder Turnschuhe!

*Donnerstag, 12. Dezember 1985*

Ich treffe bereits morgens im Landtag ein und verkrieche mich vor der Presse in den Fraktionsräumen. Von dort aus verfolge ich die Debatte um den Nachtragshaushalt für das neue Ministerium, den „Fischerhaushalt“ und die Frauenbeauftragte. „Apanage für einen Revoluzzer“, knurrt es von den Oppositionsbänken in schäumender Ohnmacht. Und dann spricht der Fraktionsvorsitzender der CDU, Gottfried (der) Milde, ein verhinderter Prediger des Herrn. Salbungsvoll salbadernd und mit wachsender Strenge nähert er sich Mensch und Werk von Joseph oder wechselweise Joschka Fischer. Der Mann hat all meine Schriften und Reden tatsächlich gründlichst gelesen, ein Fischerologe sozusagen. Er redet und zitiert und zitiert und redet und entfaltet das Bild eines schlitzohrigen, ehrlichen Staatsfeindes von äußerster Entschlossenheit und Durchschlagskraft. Ich kann meinen Stolz kaum mehr bremsen: Fundis, hört zu, das bin ich! Nur leider sagt es der Milde Gottfried, und so trägt dies zur Erbauung nur äußerst bedingt bei und hält nicht lange vor. Mein Gott, Gottfried! Der grüne Vizepräsident des Hessischen Landtags, Bernd Messinger, findet den Satz des Tages in seiner Rede: „1968 sind wir zum langen Marsch durch die Institutionen angetreten. Der erste ist durchgekommen, weitere werden folgen."

Nach der Mittagspause nimmt mich das Protokoll in die Pflicht. Im barocken Zimmer des Landtagspräsidenten treffe ich mit Börner und dem grünen Fraktionsvorsitzenden Vielhauer zusammen. Börner sieht elend aus. Die Debatte, die harten persönlichen Attacken der Opposition gegen ihn, daß er den Nachkriegskonsens der Demokraten aufkündige und Hessen mit meiner Ernennung den Antidemokraten auszuliefern drohe, dies alles und vieles mehr trifft Börner wohl in seinem ureigensten Staatsverständnis. Zudem peinigt ihn mein Aufzug, es ist ihm richtiggehend anzusehen. Andererseits kann ich ihm dies einfach nicht ersparen, denn jeder von uns steht hier aus politischen Gründen für seine jeweilige Konvention. Eine steife, unwirkliche Atmosphäre lastet in dem Raum und entrückt die ganze Szenerie, Akteure, Anlaß, Handlung. Nach kurzer, gedämpft verlegener Begrüßung verliest der Ministerpräsident die Verleihungsurkunde. Bei ihrer Aushändigung zögert Börner kaum merklich, dann gibt er sich einen Ruck, die Urkunde wird überreicht, man murmelt einige Worte auf Gegenseitigkeit, aber allen ist das große Fragezeichen ins Gesicht geschrieben: Halten die das durch, halten wir das durch?

Der kommende Pressesprecher des Ministers, Georg Dick, steckt geschäftig den Kopf zur Tür herein und bricht den Bann, draußen „summt" es bereits heftig. Börner und ich gehen in Richtung Plenarsaal durch ein Gewitter von Blitzlichtern.

Ich sitze im Landtag und mache mir meine Gedanken über die hessische CDU. Sie haßt uns Grüne, sie haßt mich bis aufs Blut, und dies keineswegs allein und vor allem aus ideologisch-programmatischen Gründen. Wir Grüne haben ihr, gemeinsam, jawohl, mit Helmut Schmidt, die Regierungsmacht wieder aus der Hand geschlagen, die sie bereits fest und sicher dort verwahrt glaubte. Das Besondere, ja im Falle des Erfolges dieser Koalition Historische an der hessischen Entwicklung ist, daß zum ersten Mal in der Geschichte der Bundesrepublik auf eine tiefe Krise einer Regierungsmehrheit der linken Mitte nicht eine machtpolitische Verschiebung nach rechts erfolgt ist, sondern nach links. Ohne die Grünen hätte es spätestens 1982 eine rechte Mehrheit in Hessen gegeben, und wir Realos und die Landtagsgruppe können angesichts dieser politischen Leistung zurecht Genugtuung, ja Stolz empfinden. Zweimal hatten die Konservativen das Maul bereits aufgesperrt und zum Biß in die Regierungswurst angesetzt – zweimal haben sie sich dank grüner Hilfe kräftig in die eigene Zunge gebissen. Diese Enttäuschung, diesen Schmerz, diese Wut, das werden sie uns nicht vergessen.

Die hessische CDU leidet unter zweierlei: Zum ersten machte Dregger sie zum nationalkonservativen, hochideologisierten Kampfverband, der damals anscheinend historisch richtig lag. In der Zeit der sozialliberalen Reformära und ihres Niedergangs konnte die hessische CDU große Mobilisierungs- und Wahlerfolge erzielen, die letztlich jedoch zu Lasten der eigenen Mehrheitsfähigkeit gingen. Hinzu kommt, daß inzwischen in Gestalt der Grünen eine vierte Partei als Alternative zu der sozialliberalen Koalition links davon entstanden war. Zum dritten hat die nationalkonservative Durchideologisierung der hessischen CDU den Stahlhelm dermaßen fest auf die Nase gedrückt, daß sich die Köpfe darunter endgültig politisch und intellektuell verfinstert haben. Dies alles wird noch personell untermauert von führenden Funktionären im Lande, wie Milde, dem Fraktionsvorsitzenden, und Kanther, dem Generalsekretär, die sich bis auf den heutigen Tag als überzeugte Heimatvertriebene verstehen. Da paßt dann Alfred Dreggers Brief an den amerikanischen Senat während der Bitburgdebatte mit seinem stolzen Bekenntnis zur Verteidigung

Schlesiens gegen die rote Flut und bis zur letzten Patrone des Großdeutschen Reiches so recht in die Gesinnungslandschaft der hessischen Christdemokraten. Nachdenklichkeit, Reformansätze in der Umwelt- oder Sicherheitspolitik, in der Innen- oder Deutschlandpolitik, wie man sie in anderen christdemokratischen Landesverbänden durchaus findet, kennt die hessische CDU kaum. Entsprechend trübe ist daher auch der personelle und intellektuelle Zuschnitt dieses hart am Rechtsradikalismus entlangschrammenden Haufens.

Die Debatte ist beendet, es erfolgt die offene Vertrauensabstimmung für das neue Kabinett und anschließend der bewußte Staatsakt. Die Abstimmung verläuft erwartungsgemäß glatt, allein unser Fundi Jan Kuhnert stimmt mit CDU und FDP. Hätte er sich doch wenigstens enthalten, ich hätte es ihm nicht verübeln können. Aber Kuhnert hat auch die reale Perspektive der Fundis an diesem Tag auf den Begriff gebracht, und insofern war es ein ehrliches Abstimmungsverhalten.

Dann die Vereidigung. Ich nehme die Umwelt kaum noch wahr, jetzt nicht stolpern, jetzt bloß keinen Versprecher oder Aussetzer! Also aufstehen, gemessenen Schrittes die wenigen Stufen hoch, dann der Eid, ohne Versprecher und ohne Gottvater als Notar für diese nichtigen irdischen Dinge zu bemühen. Gratulation vom Ministerpräsidenten. Wir wissen wohl beide wie schwer die Zukunft werden wird. Es ist 16.02 Uhr. Nun darf regiert werden.

Gesagt, getan. Nachdem ich mich durch das Medienmeer und die Gratulantenschar gekämpft habe, findet im Landtag die erste Kabinettssitzung statt. Förmliches wird abgehakt bei Kaffee und Weihnachtsgebäck, dann ernennt der Ministerpräsident die Staatssekretärin und Staatsekretäre, weitere Formfragen werden entschieden und schon ist meine erste Kabinettssitzung vorbei. Jetzt wird gefeiert. Morgen beginnt die Arbeit.

Am späten Abend tuckere ich mit dem Dienstwagen des alternativen Maler- und Anstreicherunternehmens „Rote Rolle“ nach Frankfurt zurück, eingeklemmt zwischen Farbtöpfen, Pinseln und einem deutschen Schäferhund. Es scheint sich nichts geändert zu haben durch das hohe Amt, zumindest bis heute Nacht nicht. Vielleicht ist die Laune deshalb so prächtig.

*Freitag, 13. Dezember 1985*

Ausgerechnet an einem Freitag, dem 13., das Amt anzutreten ist typisch für unser ganzes Unternehmen. Clauss wollte mir seine Abteilungen, die er an das neue Ministerium abzugeben hat, in einer frühmorgendlichen Feierstunde übergeben, aber ich lasse absagen. Unser Verhältnis ist gegenwärtig nicht für Feierstunden geeignet.

Wir sind in der S-Bahn von Frankfurt nach Wiesbaden eine fröhlich unausgeschlafene Gesellschaft, Dick, Schaeffer, Koenigs und ich. Im Wiesbadener Bahnhof treffen wir noch auf Kerschgens und fahren gemeinsam mit zwei Taxis zu unse-

rem Ministerium. Empfangen werden wir von einer Schar von Pressemenschen, und Dick, dieser Schuft, hat es so organisiert, daß ich ein Metallschild mit dem neuen Namen des Umweltministeriums darauf anschrauben soll, einfach gräßlich. Demnächst wird man mir noch fremder Menschen Säuglinge zum Herzen und Küssen andienen!

Die Leiterin des Finanzamts begrüßt uns und bringt uns in unser Domizil im zehnten Stockwerk. Es ist einfach nur deprimierend. Leere Räume mit einem häßlichen Plastikfußboden, Möbel aus den Kellern anderer Ministerien, alles leer und kahl, mit Ausnahme grüner Monumentalgewächse, die man in die Ecken drapiert hat. Schließlich kommt ja ein Grüner als Minister daher!

Die erste Amtshandlung. Erlasse werden unterzeichnet unter dem neugierigen Auge der anwesenden Öffentlichkeit. Gerade zücke ich die Feder, da klingelt das Telefon, ein Exemplar aus dem vergangenen Jahrzehnt, laut und schrill dazwischen. Es ist die Zentrale, sie möchte einen nachgeordneten Beamten sprechen. Plötzlich sitze ich allein im Zimmer, alles ist so leer und still. Vergeblich versuche ich später, einige Telefongespräche zu tätigen, entweder komme ich erst gar nicht durch, oder die Gespräche sind nach spätestens zehn Sätzen zusammengebrochen. Das darf doch alles nicht wahr sein, nur nicht aufregen. Ich gehe von Zimmer zu Zimmer, alle leer. Ich rufe, aber keine Antwort. Resigniert setze ich mich wieder in mein absurdes Ministerbüro und sinniere über die Innenausstattung der Macht, sie entpuppt sich zumindest hier und heute als guter Witz.

Am Abend geht es ab nach Wackersdorf, sofern Schaeffer einen Mietwagen auftreiben kann. Er schafft es tatsächlich, wenn auch nach erheblichen Mühen, allerdings ohne Katalysator. Gegen 19.00 Uhr brechen wir auf, Claudi, Dagobert, Dick, Schaeffer, Koenigs und ich. In den Nachrichten verwahrt sich bereits die bayerische Staatsregierung und namentlich mein Amtskollege Dick gegen den demonstrativen Staatsbesuch des hessischen Kollegen am Bauplatz der WAA in Wackersdorf. So ist's recht.

*Samstag, 14. Dezember 1985*

Gleich nach dem Frühstück beginnt die Politik-Pressekonferenz im Wirtshaus. Die Wackersdorfer Bürgerinitiative (BI) gegen die Wiederaufbereitungsanlage hat darauf bestanden, wenn man schon mal einen leibhaftigen Minister hier hat... Ich werde nach dem grimmigen Protest der bayerischen Staatsregierung gefragt, und ich entgegne mit dem Verweis auf das grundgesetzlich geschützte Demonstrationsrecht, welches auch in Bayern immer noch gelte, selbst wenn die CSU weiland im parlamentarischen Rat dagegen gestimmt hatte.

Dann fahren wir zum Bauplatz. Halt. Polizeikontrolle! Längst vergangene Erinnerungen an Brokdorf werden wach, wir müssen aussteigen, die Bereitschaftspolizisten erkennen mich, aber trotzdem werden wir schulmäßig gefilzt. Minister hin, Minister her, aussehen tut er wie ein Krawallbruder bei den Übungen in der Polizeikaserne. Ein Kamerateam des Südwestfunks filmt das Einmalige: gefilzter Minister statt wie üblich Ministerfilz! Irgendwie kann ich es den Burschen in Uniform nicht verübeln. Es hätte mir richtig gefehlt, wenn das übliche Großdemonstrationsritual der Leibesvisitation unterblieben wäre. Etwas ganz anderes irritiert mich an der bayerischen Bereitschaftspolizei: die Systemkonvergenz im Outfit. Mit ihren Pelztschakos kann man sie fast mit der ostzonalen Volkspolizei verwechseln, wirklich. Noch lange streiten wir uns, ob dies wohl ein Ergebnis der Reise von Franz Joseph Strauß in die DDR und der damit einhergehenden Kredite gewesen ist. Am Ende liefert die DDR Polizeimützen gegen harte Devisen in den Freistaat, wer weiß?

An der nächsten Polizeisperre parken wir den Wagen, da spricht mich ein Polizist an und meint, der Minister, also ich, dürfe ruhig weiter bis zum Bauplatz fahren. Ja mei, das verstehe einer! Wir entscheiden uns für den Fußmarsch, Dagobert immer voraus mit der Nase im Wind. Andere Uniformierte winken mir zu, sagen freundlich Guten Tag. Dies ist die eigentümlichste Anti-Atom-Demo, an der ich jemals teilgenommen habe. Was das hohe Amt so alles mit sich bringt...

Für mich hat die Entscheidung schon seit längerem festgestanden: Der erste grüne Umweltminister muß ganz einfach gegen dieses atomare Wahnsinnsprojekt mitdemonstrieren, diese gefährlichste Speerspitze menschlich verursachter Umweltgefährdung. Zudem galt es, bloß nicht dem „Leineneffekt" zu unterliegen, das heißt gestriegelter und gekämmter und in Anzug nebst Krawatte gezwängter Umweltprotest, wie der saarländische SPD-Minister, Brrrrr! Solcherlei Domestikation will ich mir ersparen. Die Last des Symbolischen beginnt mir auf den Keks zu gehen, dauernd die Medien um einem herum, dann Gruß und Kuß mit Gott und der Welt, bei der Begrüßung Beifall und Pfiffe – Idioten! Als dann alle miteinander aufbrechen zur Bauplatzbesetzung, zur illegalen, da schlurft der Minister wehmütig von dannen. Das ist nun vorbei. Und auf der Fahrt zurück, als uns Hundertschaft um Hundertschaft, Wasserwerfer um Wasserwerfer mit zuckendem Blaulicht durch den Nebel entgegenkommen, da fühle ich mich wie ein alter Hund, der das Jagdhorn hört, aber nicht mehr zur Jagd darf, wir fahren weg, schnell weg, bevor wir in unseren Gefühlen rückfällig werden. Mir ist elend, aber ich wollte es ja so.

Wenige Kilometer hinter dem Bauplatz machen wir in einer Dorfschänke Rast. Draußen fährt erneut Hundertschaft um Hundertschaft durch den dichter werdenden Nebel, nichts Gutes verheißend für die Leute am Bauplatz. Die Wirtin begrüßt mich, verlangt eine Widmung ins Gästebuch – meine Gedanken gehen Jahre zurück: Was hätten wir uns über eine solche Resonanz unter der Bevölkerung etwa im Jahre 1974 gefreut. Heute ist dieser Rückhalt in der Bevölkerung eine Selbstverständlichkeit. Es geht also doch voran, wenn auch sehr viel langsamer und anders als wir uns dies immer vorgestellt hatten.

*Sonntag, 15. Dezember 1985*

Parteitag in Offenburg. Nicht nur das Hotel ist schlecht und mies, das Frühstück auch, und zudem laufen mir morgens als erstes Trampert und Ebermann über die Füße. Oh, Mann, und dies auf nüchternen Magen. Die gesamten Hamburger GAL-Fundis (Grüne Alternative Liste) füllen das Frühstückszimmer. „Hotel und Frühstück sind so, als ob die Ökosozialisten bereits die Macht übernommen hätten", knurre ich. Das kann nichts werden mit dem Offenburger Parteitag. Und in der Tat: Hubsi Kleinert ist bereits abgereist, mit dem Haushaltsausschuß des Deutschen Bundestages in ferne Kontinente. Ich bin stinksauer auf ihn, denn er hatte versprochen, sich um diesen Parteitag zu kümmern.

Jutta von Ditfurth läuft immer dann zur Hochform auf, wenn die Weihe des Märtyrertums droht. Ihre ganze moralische und politische Maßlosigkeit erhält durch vermeintliche oder reale Verfolgung plötzlich den Grund in der Sache. Man lasse sie machen, und Jutta wird sich selbst zur ärgsten Feindin. Ihr kalkulierter Auftritt gegen einen realpolitischen Entlassungsantrag trifft die grüne Seelenlage im Saal auf den Punkt, auch wenn mir diese Komödie die Tränen in die Augen treibt. Zudem hatten die Realos bereits vor Offenburg verloren, als ihre Kandidaten gegen Jutta, Waltraud Schoppe, wegen Krankheit nicht mehr zur Verfügung stand. Ein schlichtes Deasaster also für uns Realos.

Frustriert fahren wir gen Frankfurt, immer wieder die alte Sentenz aus dem Bauernkrieg variierend: „Geschlagen ziehen wir nach Haus, unsere Enkel fechten's besser aus!"

Am nächsten Morgen erwartet mich die erste Personalversammlung. Schaeffer sollte eine Rede entwerfen, verfügt aber lediglich über handschriftliche Notizen, unbrauchbar. Nachts um zwei Uhr sitzt der Minister immer noch an der Schreibmaschine und tippt eine Rede, während die engsten Mitarbeiter bereits in der Falle liegen. Eine wahre Lust, das Regieren!

*Montag, 16. Dezember 1985*

Der erste richtige Arbeitstag. Morgens sammelt Schaeffer uns Frankfurter mit dem Leihwagen ein, und wir fahren in korrekter Geschwindigkeit (100 km/h) mit dem gut gefüllten Kleinwagen gen Wiesbaden. Unterwegs rauscht im Morgengrauen des heraufziehenden Tages der Kollege Clauss in seiner Limousine an uns vorbei, zeitunglesenderweise im Fond. Die Begegnung zweier Landesminister auf der Autobahn.

Seit dem 5. Dezember wächst der erste ernstzunehmende Sachzwang auf uns zu: Frankreich weigert sich, die Filterstäube der hessischen Mülldeponie in Lothringen beseitigen zu lassen. Eine Bürgerinitiative in Lothringen hat gegen die hessischen Filterstäube geklagt und in erster Instanz recht bekommen. Nunmehr ruht das Verfahren beim Verwaltungsgerichtshof in Straßburg. Bis Mitte Januar werden die Zwischenlagermöglichkeiten bei den Müllverbrennungsanlagen noch ausreichen, danach wird es ernst. Ein Jahrzehnt der ökologischen Unterlassungssünden beginnt uns in den Würgegriff zu nehmen. Hoffentlich kommt bald Weihnachten, die Ruhe habe ich bitter nötig. Ich brauche Zeit zum Nachdenken, denn die letzten Tage waren mehr als verwirrend. Erschöpft fahre ich mit Dick spätabends in der S-Bahn zurück nach Frankfurt.

*Dienstag, 17. Dezember 1985*

Nachmittags erste Kabinettssitzung. Mich erinnert die ganze Atmosphäre sehr an die Ausschußarbeit im Bundestag, jedoch geschäftsmäßiger im Ablauf, entscheidungsorientierter, und es fehlt die Opposition. Die kontroversen Themen werden entweder in der am Vormittag stattfindenden Konferenz der Staatssekretäre ausgeräumt oder im Falle der Nichteinigung nochmals zurückverwiesen. Erst bei Entscheidungsreife werden sie wieder ins Kabinett geholt. Und dort wird dann entschieden, das heißt, in den allermeisten Fällen wird lediglich notifiziert: Gesetze, Verordnungen, Personal, Finanzen, Grenzänderungen von Gemeinden und Landkreisen und noch andere weltbewegende Dinge. Der Ministerpräsident bemüht sich um eine kooperative Atmosphäre im Kabinett. Es ist ein befremdliches Gefühl, gemeinsam mit Kerschgens und Marita Haibach der breiten Riege altgedienter sozialdemokratischer Minister und Staatssekretäre gegenüberzusitzen. Das Seil ist doch sehr dünn, auf dem ich tanze. Ob es überhaupt befestigt ist oder ob ich mich bereits samt Seil im freien Sturz befinde, läßt sich zur Stunde noch nicht ausmachen.

Abends treffen sich Kerschgens und ich im Landratsamt in Darmstadt zu einem ersten Gespräch mit den hauptamtlichen grünen Dezernenten in den Städten und Landkreisen Hessens. Die Hessische Landesanstalt für Umwelt, eine – oder besser die wichtigste – nachgeordnete Behörde des Umweltministeriums hat uns einen Wagen nebst Fahrer zur Verfügung gestellt, ihrem Präsidenten sei Dank.

*Donnerstag, 19. Dezember 1985*

Erst der gestrige Schreikrampf nach dem einhundertsten zusammengebrochenen Telefongespräch hat mir heute einen zeitgemäßen Telefonapparat verschafft. Es handelt sich jedoch dabei um ein einsames Ministerprivileg, denn vom Staatssekretär abwärts entsprechen die Kommunikationsmöglichkeiten neapolitanischem Standard, das heißt, man muß viel, viel Geduld beim Telefonieren mitbringen. Der technische Zustand des neuen Ministeriums ist einfach umwerfend. Hoffentlich taucht jetzt kein ernstes Umweltproblem oder gar eine Krise auf!

Termine, Termine. Antrittsgespräche, Interviews, Organisation, Personal, Probleme – hinten und vorne. Joschka, dies ist nicht da, jenes klappt nicht, da haben sie uns reingelegt, dort lassen sie uns hängen ... Ach, wenn uns die liebe Basis so miterleben dürfte, sie würde sich wohl totlachen. Schaeffer nennt dieses Ministerium zu Recht eine „Frittenbude".

Abends besuche ich den Kollegen Clauss in seinem Haus vis-à-vis. Es kommt zu einer offenen und freimütigen Aussprache, und ich verabschiede mich in der Gewißheit, daß der Streit zwischen uns begraben ist.

*Samstag, 21. Dezember 1985*

Winteranfang. Ich gehe in Frankfurt zum Notar, die Eigentümerschaft der „Karl Marx Buchhandlung" ist zu ändern, einer der ältesten Frankfurter Alternativbetriebe ohne Chef. Ich habe die Anteile der GmbH seit ihrer Gründung treuhänderisch verwaltet, nun heißt es Abschied nehmen, nach weit über einem Jahrzehnt. Drei Unterschriften, und eine alte Beziehung ist zu Ende gegangen. Ich verspüre so etwas wie Wehmut, denn was verbindet sich nicht alles mit dieser Buchhandlung: Erinnerungen, Freunde, das eigenhändig aus dem Nichts geschaffene Antiquariat - die Früchte meiner zehnjährigen bibliophilen Leidenschaft, reingesteckt zu dessen Gründung -, die harten Auseinandersetzungen im Kollektiv um Sanierung und Zukunft der Buchhandlung, schon damals Fundis gegen Realos, Ideologie gegen rote Zahlen und die Begrenztheit einer Mark, die Schenkung des Antiquariats und jetzt die letzte Unterschrift. Von Karl Marx zu Gottfried Milde, welch eine Perspektive.

*Montag, 30. Dezember 1985*

Nachmittags treffe ich mich in der Staatskanzlei mit Börner zu einem Gespräch unter vier Augen. Börner ist ein Mensch der „praktischen Vernunft", ein von der Politik Gezeichneter. Es ist mir bereits im Landtag aufgefallen: Börner wirkt weniger durch seine Art zu reden als vielmehr durch den ganzen Menschen, der da spricht oder schweigt. Wenn er in dem Gespräch mit müdem Gesicht darauf verweist, daß ihm „nichts Menschliches fremd ist", so klingt dies mitnichten banal, sondern ist randvoll von erlittenen und erlebten Enttäuschungen, erinnert an die Resignationen eines Moralisten an der menschlichen Realität. Und Börner kann erzählen! Ein wandelndes Geschichtsbuch, eine wahre Fundgrube über die Geschichte Hessens, seiner Partei und der Ära der sozialliberalen Koalition in Bonn. Diese hessische Koalition ist wirklich voller Widersprüche und Mirakel.

Börner verkörpert nachgerade jene Sozialdemokratie, gegen die sich seit der Großen Koalition 1966 die Geschichte der Neuen Linken in Hessen entwickelt hat, meine Geschichte also, bis hin zum bitteren Ende an der Startbahn West. Die politischen Kulturen, das Staatsverständnis und die Traditionen unterscheiden sich wesentlich, und nun sitzt man da zusammen und versucht, sich gegenseitig zu verstehen. Das Schlagwort von der Zusammenarbeit der alten und neuen Reformbewegung erhält hier in Börners Arbeitszimmer Konturen. Sie wird nicht einfach werden, kann aber funktionieren, vielleicht.

Man darf jedoch niemals den Machtpolitiker Holger Börner vergessen oder gar unterschätzen. Als „der Dicke" damals aus Bonn nach Wiesbaden geschickt wurde, hieß es nach dem Helaba-Skandal, der Gebietsreform und dem Chaos im Frankfurter Westend „Land unter!" für die hessische Sozialdemokratie. Er hat die Stellung bis auf den heutigen Tag gehalten, ohne Rücksicht auf die eigene Person und das eigene Ansehen. Die Erhaltung der Regierungsmacht in Wiesbaden für die SPD ist sein oberstes und erstes Ziel, die Person Holger Börner steht da weit hintan. Aus diesem Bild des unerschütterlichen Parteisoldaten erwächst Börners Aura, ja Charisma, dies macht ihn zu einem schwierigen Partner, zu einem gefährlichen Gegner, aber er ist in dieser Grundüberzeugung berechenbar.

Zumindest bisher hat die rot-grüne Geschichte der letzten drei Jahre in Hessen dies Zug um Zug bestätigt. Die gegenwärtige Koalition ist keine Liebes-, ja nicht einmal eine Überzeugungsheirat – paradoxerweise wurde sie genau deshalb möglich. Ein linker Sozialdemokrat hätte dies innerparteilich kaum durchgehalten. Wir verabreden den allerengsten Kontakt, um mögliche Konflikte sich nicht verselbständigen zu lassen. Der Eindruck verstärkt sich, daß unser persönliches Verhältnis funktionieren wird.

*Freitag, 3. Januar 1986*

Der politische Dreisatz hessischer Politik läßt sich schnell lernen: In Bonn wird falsche Politik gemacht, in Wiesbaden die Gegengewichtspolitik, und der Frankfurter Oberbürgermeister Wallmann (CDU) und sein Magistrat machen wiederum Gegengewichtspolitik gegenüber Wiesbaden. Der Magistrat unter Verantwortung des zuständigen Umweltdezernenten Daum (CDU) hat ein buntes Faltblatt über die Smogsperrgebiete noch im alten Jahr an alle Haushaltungen in der Stadt verteilen lassen - auch in meinem Briefkasten war es, und so habe ich mit Interesse die Verkehrssperrgebiete im Falle eines Smogalarms Stufe II studiert. Das Kleingedruckte habe ich dabei überlesen, nämlich die selbstherrlichen Änderungen der Stadt Frankfurt, „vorbehaltlich der Zustimmung des hessischen Umweltministers". Keine unwesentlichen Änderungen, da im Osten der Großmarkt und im Westen die Messe mit angebunden werden sollten. Geld geht also vor Gesundheit, und so wurde diese Änderung intern auch begründet. Ich schreibe Daum einen höflich bestimmten Brief, daß es so nicht ginge und daß er die Bürger irreführen würde. Nachdem dies in den Zeitungen steht, ist sie da, „Joschkas erste Kraftprobe mit dem Römer". Die Rechtslage ist eindeutig: Das Land kann auf Antrag ändern, muß aber nicht, erlassen werden die Sperrbezirksgrenzen jedoch allein vom Land, niemals von der Stadt. Alsdann.

Abends kommen die grünen Frauen aus Landesvorstand und Landesverband ins Ministerium. Heftige Angriffe und tiefes Mißtrauen gegenüber meiner Einstellungspolitik wurden bereits zuvor in einem offenen Brief artikuliert. Koenigs und ich fühlen uns untergepflügt, da wir intern genau das, was die Frauen wollten, durchgesetzt und zur „Linie des Hauses" gemacht haben. Die grünen Frauen verlangen Unmögliches: Sie würden am liebsten selbst Einstellungen vornehmen, und wir sagen da ein klares Nein. Schließlich vereinbaren wir eine beständige Information durch Koenigs, und zwar allein über Art der Stellen, Ausschreibungsmodus und ihre Besetzung. Personaldaten bleiben strikt unter Verschluß. Einstellungsgespräche erfolgen allein von den dazu berechtigten Beamten, entschieden wird allein von mir und dem Staatssekretär oder dem zuständigen Personalreferenten. Die Basis hat bisweilen drollige Vorstellungen: Das gäbe ein tolles Schlachtfest in Öffentlichkeit und Landtag, wenn ich mich an das Verlangen der Frauen halten würde, und die Opposition, ÖTV und Beamtenbund würden mich mit Genuß in alle Einzelteile zerlegen, von den Gerichten ganz zu schweigen! Solcherlei Einwände werden von den Frauen mit tiefem Mißtrauen zur Kenntnis genommen, sie wittern dahinter Verrat an dem hehren Ziel der Parität. Koenigs und ich wiederum sind sauer über ihren „offenen Brief", in dem sie uns des Verrats an der grünen Geschlechterparität bezichtigen. Vor Wut mit den Zähnen knirschend schwöre ich ihnen, wir würden uns im Herbst nach der endgültigen Besetzung wieder sprechen. Aber wie ich sie kennen würde, wäre dann bei erfolgreicher Parität maximal ein Schulterzucken zu erwarten. Andererseits haben sie ja vollkommen recht: Ohne eine knallharte Interessenvertretung läuft bei der Gleichstellung praktisch so gut wie nichts.

*Samstag, 10. Januar 1986*

Die Woche hat vor allem viel Routine gebracht. Am Horizont erhebt sich eine Wolke von Filterstaub, die dringender Entscheidungen bedarf. Die Fachabteilung wird beauftragt, gemeinsam mit der HIM (Hessische Industriemüll GmbH) geeignete Zwischenlager in Hessen zu suchen und auszuweisen, bis das Verwaltungsgericht in Straßburg entschieden hat.

Das Ereignis des Tages ist der Neujahrsempfang des Frankfurter DGB im Gewerkschaftshaus. Ich habe dazu eine Einladung erhalten. Als ich dort eintreffe, herrscht im Foyer ein erhebliches Tohuwabohu. Durch ein eng gedrängtes Spalier von schimpfenden Gewerkschaftsmitgliedern zwänge ich mich in den Saal, begrüßt vom DGB-Kreisvorsitzenden Kiesewetter. Ich bin erheblich irritiert. Was maulen die mich an? Im Saal klärt sich mein Fragezeichen schnell. Kurz vor mir war der allseits beliebte „Oberbürgermeister aller Frankfurter", Herr Walter Wallmann, eingetroffen, und ich war sozusagen noch ein spätes Opfer des Bebens, welches sein Erscheinen ausgelöst hatte. Trotzdem verzichtet Wallmann keineswegs auf sein traditionelles Grußwort. Ein ohrenbetäubendes Spektakel beginnt. Da sitze ich nun als Minister und ehemaliger sogenannter Chaot eingeklemmt zwischen dem Präsidenten des Oberlandesgerichts und meinem Staatssekretär unter lauter hochwohllöblichen Honoratioren und fürchte um mein Trommelfell.

Erinnerungen tauchen auf an diesen Saal, Frühsommer 1969 – Notstandsgesetze und Kampf gegen ihre Verabschiedung im Bundesparlament. Damals waren wir von der Uni hierher ins Gewerkschaftshaus gezogen, „Generalstreik! Generalstreik!“ skandierend und fordernd. Damals hat uns hier der unvergeßliche Philipp Pleß, damals noch Vorsitzender des Frankfurter DGB, in einer wahrhaft donnernd revolutionären Rede ohne Konsequenzen die Luft abgelassen, wie es klassischer nicht geht. Nix war da mit Generalstreik! Die Uni wurde bestreikt, und nach wenigen Tagen studentischer Selbstregierung wurde sie von der Polizei geräumt. Und heute also Wallmann und eine schäumende Gewerkschaftsbasis.

Wallmann wirkt keineswegs verängstigt, er verliest seine Rede, die er bei dem Krach wohl selbst nicht versteht, aber was soll's? Die Kameras laufen, die Journalisten schreiben und fotografieren. Walter Wallmann, der Märtyrer für Redefreiheit und Demokratie, der Held ohne Furcht und Tadel, allein gegen den fanatischen Mob der verführten Gewerkschaftsbasis. Hei, das wird lustige Schlagzeilen in BILD und FAZ geben. Ein echter Profi, mein Oberbürgermeister, das muß man ihm neidlos lassen. Der Kreisvorsitzende schützt mit bleichem Gesicht seinen verehrten Gast eigenhändig, jetzt fehlen nur noch die Eierwürfe, dann geht es hier zu wie beim teach-in an der Frankfurter Uni nach dem Tod von Günter Sare. Nur diesmal verfüge ich über den Status eines geladenen Beobachters. Erst die Rede von Franz Steinkühler läßt die Massen verstummen und in geordnete Beifallsstürme übergehen, ihren Franz verehren sie in fast gläubiger Weise. Wallmann verläßt als Sieger das DGB-Haus, umrahmt von seinen akurat gescheitelten, dunkelblau gekleideten Gefolgsleuten aus dem Rathaus. Ich hingegen ziehe mich zum Fußballspielen in den Frankfurter Ostpark zurück, dort wird streng nach Regeln getreten. Die Medienverarbeitung in den Abendnachrichten vom armen vermöbelten Wallmann bestätigt meine kühnsten Phantasien, und das Opfer fordert sogar zum Verständnis und zur Milde mit den verführten Tätern auf – während der DGB sich entschuldigt. Alle Achtung!

*Dienstag, 14. Januar 1986*

Ein hundsnormaler Dienstag. Er beginnt mit dem Fraktionsvorstand, der Fraktionssitzung und dann dem Antrittsbesuch beim Vorsitzenden des Umweltausschusses, unter dem Dach des hessischen Landtags. Der Arme haust in noch schlimmerer räumlicher Beengung als der geringste der Nach- bzw. Wegrücker in der Bonner Fraktion der Grünen. Anschließend die erste Viererrunde mit dem Ministerpräsidenten und den beiden Staatssekretären, schließlich die Kabinettssitzung. Das Vierergespräch erweist sich als sehr produktiv, da sämtliche Kabinett-Stolpersteine vorher weggeräumt werden. Sollte diese Viererrunde ihren produktiven Charakter behalten, so wird in ihr neben der Koalitionsrunde wohl das entscheidende Steuerungsinstrument der Koalition liegen.

Am östlichen Horizont erhebt sich ein neues brisantes Problem über dem Wiesbadener Umweltministerium: Die Hoechst AG will ein neues „Totalherbizid" mit dem sinnigen Namen „Basta" in ihrem Frankfurter Stammwerk produzieren. Bürger und Bürgerinitiativen erheben gegen die beantragte Genehmigung der Anlage Einwendungen, aber die zuständige Genehmigungsbehörde, der Regierungspräsident in Darmstadt, hat zehn Tage nach meiner Vereidigung die Genehmigung erteilt. Daraus ziehe ich die Konsequenz, mich über ähnliche Verfahren künftig vorab unterrichten zu lassen. Es wird hier wohl um eine grundsätzliche Auseinandersetzung zwischen Roten und Grünen und zwischen den Bürgerinitiativen der IG Chemie und der Hoechst AG gehen, denn es steht eine erhebliche Investition, Arbeitsplätze, und die neue Umweltpolitik gegenüber der Hoechst AG auf dem Spiel. Ein an Prestige und Symbolik mehr als überquellender Grunsatzkonflikt also, und die „taz" hat das Thema in ihrer heutigen Ausgabe und Bedeutung voll erkannt. Damit der vom Namen „Basta" so recht angegruselte Leser endgültig das Fürchten lernt, greift sie voll in die Tiefen ökologischer

Urängste: „Nach bisher unbestätigten Meldungen... soll es im Ostblock (aha!) - bei Versuchen mit einem Basta-ähnlichen Produkt bei Ratten (oho!!) zu krankhaften Veränderungen gekommen sein." (Igittigitt!!! Der Säzzer). Na, wer sagt es denn? Fakten keine, Stimmung bombig. „Basta" verspricht zumindest politisch zum Totalherbizid zu werden, und hoffentlich heißt das Kräutlein am Ende nicht Fischer. Mit Filterstäuben gepudert und mit Basta besegnet verspricht das anrollende Jahr 1986 alles andere als Langeweile.

*Mittwoch, 15. Januar 1986*

Unheil, nimm deinen Lauf! Gestern hat das Bundesverfassungsgericht in der Frage der Geheimdienstkontrolle durch den Haushaltsausschuß des Deutschen Bundestages entschieden (eine schlichte Katastrophe dieser Spruch!). Eine einzige kontrollierende Oppositionspartei reicht in unserer Demokratie aus, so der hohe Gerichtshof, und die Regierung darf sie sich auch noch aussuchen. Wir Grüne hatten geklagt, weil die Regierungskoalition in Bonn die dollsten Winkelzüge veranstaltete, um unseren Mann im Haushaltsausschuß, „Hubsi" Kleinert, aus der Haushaltskontrolle der Dunkelmänner herauszuhalten. Nun bekommen diese Halunken auch noch recht! Das Urteil geht schlichtweg an die Substanz demokratischer Minderheitenrechte im Parlement, ein Urteil, ausgerichtet ausschließlich an einer autoritär verstandenen Staatsraison. Dadurch entsteht die groteske Situation, daß eine demokratisch gewählte und legitimierte Partei in der Bundesrepublik, die in Hessen bereits in der Regierung ist und morgen noch in ganz anderen Regierungen in der Bundesrepublik sitzen könnte, über die dunklen Machenschaften unserer geheimen Dienste nichts weiß. Erich und sein Politbüro hingegen wissen (fast) alles oder vielleicht auch schon etwas mehr als alles. Aber so sind wir halt, wir Bundesrepublikaner, unerschütterlich prinzipienfest, selbst wenn es leicht verrückt zu werden droht. Andererseits erinnere ich mich nur zu gut an den ersten Auftritt des ersten Fraktionsvorstands vor der Bundespressekonferenz in Bonn. Jedes Geheimnis werde sie verraten, so Petra Karin Kelly, und prächtig gerieten die Schlagzeilen. Welch eine Lust! Welche Radikalität des Wortes! Nichts wurde dann verraten, was auch? In Bonn bleibt nichts geheim, ob mit oder ohne uns Grüne. Für harte militärische Informationen interessieren sich die unzählbaren Agenten der fünfundzwanzig östlichen und westlichen Geheimdienste, ein Grüner versteht davon eh nichts. Für die als Politik getarnten parteipolitischen Kabalen und Lieben sind die Medienprofis zuständig, und für die grünen Erkenntnisse über die Verkommenheit des Systems (fundamentalische Variante) oder aber konkrete Reformnotwendigkeiten in Gestalt ausgefeilter Gesetzentwürfe (realistische Variante) gibt es einfach nicht genug Interessenten in Ost und West. Die Bonner Geheimhaltung und die Grünen: niemand von uns war etwa in der parlamentarischen Kontrollkommission, und dennoch wußte man zwei Stunden nach dem Ende der Sitzungen dieses ominösen Gremiums (etwa während der Tiedge-Affäre), was da bekakelt worden war. Arme Petra, aber wenigstens in Karlsruhe hat man uns ernst genommen, als mögliche Vaterlandsverräter, ja Staatsfeinde sogar. Bleibt allein die Frage: Wem nützt es?

Abends nehme ich aus Neugier und zur Erbauung am Neujahrsempfang der Industrie- und Handelskammer Wiesbaden teil. Erneut stelle ich tiefsinnige Betrachtungen über patriarchale Subkulturen an, während die jeweiligen Redner mit fast sadistisch zu nennender Langweilerei ihr hochmögendes Publikum quälen. Erschien mir schon der Bundestag bei meiner ersten Begegnung mit dem Hohen Hause als ein Relikt der fünfziger Jahre, so kann man bei dieser nahezu ausschließlichen Herrenversammlung ruhig nochmals ein Jahrzehnt abziehen. Große Heiterkeit des mittelständischen Unternehmertums des Kammerbezirkes Wiesbaden, als sich der Vorsteher der Kammer über die „Nullemissionen“ echauffiert. Bei Karl Marx in den blauen Bänden macht die Bourgeoisie wenigsten noch was her! Bin ich vielleicht heute abend einem weiteren Irrtum des alten Marx auf die Schliche gekommen?

*Donnerstag, 16. Januar 1986*

Der „Erkelbericht“ liegt vor, das Werk des unabhängigen Untersuchungsbeauftragten des hessischen Innenministers zum Tode von Günter Sare. Ein Unding, dieser Bericht. Er bezeichnet den Polizeieinsatz als rechtens und als übliche Frankfurter Härte, allerdings minus der zehn Minuten vor und nach dem Tod von Günter Sare! Alleinige Sache der Staatsanwaltschaft, so die lapidare Erklärung für diese entscheidende Lücke. Wozu es dann einer solchen polizeiinternen Untersuchung durch Herrn Erkel bedurfte? Ich weiß es nicht. Seit Tagen diskutiert die Landtagsgruppe über diesen Bericht, und für den Parteitag am kommenden Sonntag verheißt dies wenig Gutes.

Die Personalquerelen im Haus nehmen überhand. Unter der Beamtenschaft ist mit einiger Verspätung eine richtige Bonanzastimmung ausgebrochen, uns hingegen mangelt es schlicht an dienstherrlicher Erfahrung im Umgang mit solch diffizilen Personalfragen. Alle, die sich zu kurz gekommen glauben, motzen, meckern und schimpfen. Wer kann es ihnen schon verdenken? Andererseits reichen Stellen und Beförderungen nicht für alle, und damit ist der Konflikt programmiert, ein ätzendes Geschäft tut sich auf.

Ich fühle mich elend und erschöpft, schlafe zu wenig und arbeite zuviel, mein Privatleben tendiert mehr und mehr gegen Null. Zudem klappt die interne Organisation nur höchst unzureichend, zuvieles bleibt unmittelbar an mir selbst hängen. Es fehlt der Organisator, die bürokratische Hand, die der Administration die politisch gewünschte Richtung gibt, steuernd eingreift, wo erforderlich, auch eine, die mir den Rücken freihält, jemand der zugleich, über den Tag hinaus, strategisch denkt. Ich ertappe mich dabei, wie ich Sehnsucht nach mir selbst bekomme. Sensiblere Menschen verfallen in ähnlicher Situation wohl in Depressionen, ich werde zunehmend finsterer und aggressiver.

Heute abend bin ich im ZDF angesagt, „Was nun, Herr Fischer?“ Es wird die erste große öffentliche Bewährungsprobe, die mit erheblichen Fallstricken ausgestattet ist. Erst wenige Wochen zuvor hat der Kandidat Rau in dieser Sendung ein wahres Debakel gegen Rita Süssmuth erlitten. Also äußerste Vorsicht und Konzentration. Ich rechne mit einem Umweltminister, strahlend herein kommt jedoch der „Kennedy vom Niederrhein", Dieter Pützhofen. Der Krefelder Oberbürgermeister und Rivale von Kurt Biedenkopf in der CDU Nordrhein-Westfalens ist ganz der Typus „wohlfrisierter Strahlemann", aber schon bei der Begrüßung wirkt er sehr unsicher. Ich haue ihn gleich jovial an, meine, daß dies sein Parteifreund Biedenkopf aber gar nicht gerne hören würde, wenn er hier als Hoffnungsträger im ZDF gehandelt würde. Alsdann, den laß ich kommen, denk' ich mir, und es kommt außer blubber, blubber wirklich nichts. Er macht es mir wirklich sehr einfach, schwadroniert von den Grünen im allgemeinen und unserer Gefährlichkeit im besonderen. Nach einer Viertelstunde habe ich ihm die Luft abgelassen, und die Sekundanten Bresser und Herles beenden das Duell. Pützhofen weiß, daß er verloren hat, alle im Studio wissen es.

*Freitag, 17. Januar 1986*

Die Reaktionen auf den gestrigen Auftritt sind überwältigend. Ich werde von Anrufen und Telegrammen überhäuft, die eigene Beamtenschaft - alle hingen vor der Glotze - ist begeistert. Seit Mittwochabend bin ich zudem im Fernsehen zum Karry-Mörder avanciert, allerdings in einem anderen Programm, im III. Hessischen. Ein Hinterbänkler aus dem Landtag, Abgeordneter der CDU und erprobter Rechtsausleger mit nachhaltiger Tiefschlagpraxis, hat eine Bürgerfragestunde genutzt, die live vom Hessischen Fernsehen übertragen wurde. Seit zwei Tagen verursacht dieser Vorgang einigen Wirbel auf der landespolitischen Bühne. Ich überlasse die Dementis der Bundesanwaltschaft und bin im übrigen entschlossen, mich durch solche Wadenbeißereien und Wadenbeißer nicht provozieren zu lassen. Nicht ein Wort der Erklärung wird es meinerseits geben. Demnächst wird mich noch jemand mit dem Tod meiner Großmutter in Zusammenhang bringen und von mir fordern, ich möge nachweisen, daß ich mit ihrem Tod nichts zu tun habe! Ich vermag mich noch gut an den Mord an Karry zu erinnern. Auf dem Höhepunkt der Startbahnauseinandersetzungen habe ich damals unter uns

radikalen Startbahngegnern nur erschrockene Betroffenheit und Entsetzen erlebt. Dies drückte sich auch in den öffentlichen Erklärungen der BI-Sprecher und in den Kommentaren der alternativen Blätter aus. Und nun bin ich also für die hessische CDU der Karry-Mörder! Man redet in der Bundesrepublik in konservativen Kreisen oft und warnend angesichts von Straßenunruhen und Demonstrationen von „Weimarer Verhältnissen", die Technik des politischen Rufmords seitens der Rechten war damals weit entwickelt. Die Rechten beherrschen sie auch heute noch!

Landesmitgliederversammlung in Friedberg. Eigentlich gibt es sie gar nicht, weil der Landesvorstand nicht satzungsgemäß eingeladen hat, das heißt, man hat sich in der Ortswahl vertan. Selbst Jutta von Ditfurth und Jan Kuhnert riefen vor Tagen noch in der Presse die Fundis dazu auf, nach Butzbach zu kommen! Dennoch erklärt sich die Versammlung nach einigem hin und her für beschlußfähig. Zweihundertfünfzig Leute sind gekommen, fast nur Mitglieder, die bei den Grünen irgendeine Funktion wahrnehmen. Die engagierte Basis kommt nur noch zu Versammlungen, auf denen zentrale Entscheidungen anstehen, weder Landesvorstand noch Partei können daran etwas ändern.

Die entscheidende Auseinandersetzung wird um den Erkelbericht geführt und über die daraus zu ziehenden Konsequenzen. Die Fundis verlangen lautstark einen Mißtrauensantrag gegen den Innenminister im Landtag, damit hätten sie die Koalition wohl endlich erfolgreich geknackt, aber Koenigs und Roland Kern aus der Landtagsgruppe machen klar, daß wir Realos eine solche Koalitionsentscheidung durch die Hintertür nicht akzeptieren werden. Was 1300 Mitglieder beschlossen haben, können 250 nicht zunichte machen.

Der zweite Schwerpunkt ist die Auseinandersetzung um die umkämpfte Giftmülldeponie Mainhausen. Seit zehn Jahren wird daran herumgewerkelt, 50 Millionen Mark wurden verbaut, eine unabhängige Expertenkommission zur fachlichen Überprüfung durch beide Koalitionsparteien berufen, und mehrere Prozesse laufen, in der Hauptsache gegen Sofortvollzüge. Fachliche Zweifel an dieser Grube sind wohl mehr als erlaubt: Vor zehn Jahren war man der Meinung, Hessen brauche eine weitere eigene obertägige Sonderabfalldeponie, und man fand eine ausgebeutete Tongrube im Landkreis Offenbach. Gesagt, getan, beschlossen. Daß die Grube in einem für die Region bedeutsamen Wasserschutzgebiet und zudem unter beiden Grundwasserspiegeln liegt, dies waren eher nicht allzu ernstzunehmende Schönheitsfehler. Im Laufe der Jahre machte man anderswo mit solchen Lehmgruben schlimme Erfahrungen, und so kam Sicherheitsmaßnahme um Sicherheitsmaßnahme, Million um Million hinzu.

Ob der bestehende Planfeststellungsbeschluß dies alles tragen wird, weiß das Gericht allein. Als besonderen Pfiff dieser Anlage preisen deren Väter, daß das Grundwasser der Grube unter artesischem Druck steht und somit in die Grube hineindrückt – das Gift dort also festhalten soll und nicht mit hinausführt! Angesichts solcher Argumente darf man sich nicht wundern, daß der Widerstand vor Ort nicht nachläßt. Wir Grüne haben daher die Einsetzung einer unabhängigen Expertenkommission verlangt und durchgesetzt, die vor allem die Grundwassersicherheit der Grube untersuchen, eventuelle technische Verbesserungen vorschlagen oder deren Nutzung ganz verneinen soll. Die Kommission wird voraussichtlich bis zum Herbst ihre Stellungnahme fertig haben, danach wird die Koalition politisch entscheiden, und ich werde dies umzusetzen haben, von den Gerichten mal ganz abgesehen.

Die BI ist heute auf der Versammlung anwesend, der ehemalige sozialdemokratische Bürgermeister von Mainhausen erhält nach meinem Bericht das Wort und verlangt die Aufhebung des noch von meinem Vorgänger verfügten Sofortvollzuges. Anschließend legt die BI los, angeführt und befeuert von einem hohen grünen Finanzbeamten, der tagsüber für Stoltenberg die Steuerbürger quält, während er nach Feierabend fundamentalst die Systemüberwindung beschwört. Dies auf Dauer in einem Kopf zusammenzuhalten, hinterläßt ohne jeden Zweifel tiefe Spuren, und entsprechend radikal gebärdet sich der Mann auch heute (schließlich haben wir ja Sonntag). Seine besondere Form des Politikmachens besteht darin, Versammlungen so lange zu nerven, bis er kurz vor Schluß erreicht, daß immer noch etwas Radikales in punkto Mainhausen beschlossen wird, nur um endlich die Ruhe vor diesem Quälgeist zu haben. Das Tragische jedoch an diesen Erfolgen ist es wiederum, daß sich kaum jemand jener Beschlüsse zwischen Tür und Angel zu erinnern vermag, und folglich leidet ihre politische Wirksamkeit doch ganz erheblich. Ich hielte mich bezüglich Mainhausen an die Koalitionsvereinbarungen, teile ich Versammlung und BI mit, alles andere sei mir eh nicht möglich. Wer anderes wolle, müsse diese Vereinbarungen ändern, und da wünschte ich jedem und uns allen viel Vergnügen. Von tiefen Zweifeln geplagt, fahre ich zurück nach Frankfurt. Das war immerhin der Parteitag einer Regierungspartei...

*Montag, 20. Januar 1986*

Mittags bin ich beim Landesvorstand des DGB Hessen im Gewerkschaftshaus in Frankfurt. Dessen Vorsitzender hatte bereits im Vorfeld meiner Vereidigung um dieses Treffen gebeten, es sollte auf jeden Fall vor einem ersten Gespräch mit den Unternehmerverbänden stattfinden, und dies entsprach durchaus meinem Interesse, vor allem wenn man die Kapriolen und Verrenkungen des DGB Bundesvorstandes im Verhältnis zu meinem Bundesvorstand und der grünen Bundespartei in Betracht zieht. Das Ganze erinnert stark an die Peinlichkeiten jener Zeit, als hierzulande die DDR noch Ostzone hieß. Der DGB Bundesvorstand verhält sich uns gegenüber, als wenn wir eine Liebeserklärung von ihm verlangen würden oder ihm gar den geschlossenen Übertritt zu den Grünen abzwingen wollten, auf jeden Fall lehnt er bis jetzt Gespräche mit uns ab. Nicht so der DGB Hessen, und mir ist bisher nicht bekannt, daß die Gewerkschaftsbewegung in Hessen noch führende Gewerkschaftsvertreter Schaden an diesen Gesprächen genommen hätten.

Das Gespräch wird in aller Offenheit, ja Härte geführt. Mir ist dies lieber, als wohlgewogenes Herumdiplomatisieren. Genauer gesagt erweist es sich als ein zweistündiger Schlagabtausch zwischen der IG Chemie und mir. Beck heißt der Rappe von Hessen, und frontal haut er auf mich ein: Hanauer Nuklearbetriebe, Atomkraft allgemein und Biblis A/B im besonderen, Chemiepolitik und Arbeitsplätze, Hoechst, Giftmüll, Investitionsblockaden durch Grüne und Umweltschützer, Verteufelung der Chemie durch eben dieselben, Personalpolitik im Umweltministerium. In all diesen Fragen sind Beck und ich gegensätzlicher Meinung. Zudem ist der Mann voller Vorurteile gegenüber uns Grünen und Umweltschützern - es wird mit der IG Chemie wohl sehr schwierig werden. An meiner Dialogbereitschaft soll es auch zukünftig nicht mangeln, allerdings fern von allem Opportunismus, und wenn zwei Dickschädel zusammenkrachen, dann stieben

eben die Funken, wie auch bei diesem Gespräch. Trotzdem betrachte ich die erste Diskussion als einen Erfolg oder vielleicht auch gerade deswegen. Mit den anderen Einzelgewerkschaften gibt es zahlreiche Gemeinsamkeiten, etwa mit dem Umweltinvestitionsprogramm der IG Bau, Steine, Erden, ganz zu schweigen von der Übereinstimmung bei klassischen Gewerkschaftsthemen wie Mitbestimmung: 35 Stundenwoche, Kampf gegen den Antistreikparagraphen und gegen die Massenarbeitslosigkeit. Die abschließende Pressekonferenz macht dies deutlich, aber auch die bleibenden Differenzen vor allem in der Atomfrage.

Gleich im Anschluß findet im Finanzministerium das erste Chefgespräch über den Einzelplan 010 (Umweltministerium) für den Haushalt 1987 statt, Kerschgens, Koenigs und der Haushaltsreferent begleiten mich. Ich verhandle meinen ersten Haushalt überhaupt, ganz im Gegensatz zu Koenigs und Kerschgens, die bereits drei oder vier hinter sich haben. Ein stundenlanges Gefeilsche um Stellen und Millionen hebt an, alles sehr merkwürdig. Es gelingt uns, wenigstens die notdürftigsten finanziellen und personellen Engpässe in unserer „Frittenbude" mit Zustimmung des Finanzministers bereits im laufenden Haushaltsjahr zu schließen, aber bis das neue Umweltministerium in vollem Glanze dastehen wird, werden wohl einige Jahre nebst Haushalte ins Land gehen. Im übrigen ist diese Verhandlungsrunde wenig ertragreich.

*Dienstag, 21. Januar 1986*

Klausur der Landtagsfraktion in Marburg in einem Hotel am Bahnhofsplatz. Lärmumtost, eingerahmt von einer Umgehungsstraße erweist sich dies als ein origineller Tagungsort für grüne Parlamentarier. Ich finde keine andere Erklärung für die mutige Entscheidung unserer Fraktion, ausgerechnet hier, weit weg von Wiesbaden, mitten im Verkehrsbrennpunkt der nordmittelhessischen Metropole Marburg, eine Klausursitzung zu veranstalten, als daß man seine ökologische Motivation angesichts von Lärm und Straßen wieder aufzufrischen gedenkt. Ansonsten politisch ein Nullergebnis.

Auf dem Rückweg besuchen Kerschgens und ich den Regierungspräsidenten in Gießen, Knut Müller. Er ist ein alter Bekannter von mir, der ehemalige Polizeipräsident von Frankfurt in den heißen siebziger Jahren. Tja, so ändern sich Zeiten, Anlässe, Begegnungen. Das Gespräch verläuft angenehm und vermittelt mir zugleich einen ersten Eindruck von dieser für die Umweltverwaltung wohl zentralen Behörde. Die Vergangenheit spielt keinerlei Rolle. Dennoch war dies für mich persönlich eine Begegnung der Dritten Art.

*Mittwoch, 22. Januar 1986*

Morgens ein zweistündiges Gespräch mit unseren alternativen Experten vom Öko-Institut in Darmstadt über Sondermüll. Bei allem hohen Respekt vor dem ökologischen Expertentum, aber diese unverbindlichen Beschreibungen, diese nicht faßbaren Problematisierungen und Sailers ökopäpstliches Doktor-Allwissend-Getue nervt mich zusehends. Andererseits sind die Darmstädter in der Öko-Szene, im Landesverband und in der Landtagsgruppe sakrosankt weil einmalig in Hessen. Ich werde aber das Gefühl nicht los, daß das Verhältnis von Öko-Institut und Ministerium auf Dauer nicht ohne Streit ausgehen wird. Vor allem Sailer und Fritsche, die beiden Bosse, blicken milde und erhaben vom Olymp ihres Wissens auf uns arme Kreaturen herab. Andererseits lehnen sie jedes Angebot zum Eintritt in eine Fachabteilung rigoros ab. Und wenn es politisch wird bei den Experten, wenn entschieden werden muß, dann hört bei denen meist der Termin auf, und ich stehe allein da. Aber was nützt all das Klagen, die Achse Wiesbaden–Darmstadt ist zu wichtig. Ich werde sie verstärkt pflegen, nur wird dies enorm viel Zeit und Nerven kosten, im Augenblick äußerste Mangelware bei mir.

Heute abend gönnt sich der Minister wieder einmal ein echtes Klassenkampferlebnis. Der Neujahrsempfang der Industrie- und Handelskammer Frankfurt am Main in der Börse selbst. Der Kanzler ist angekündigt, und dessen Prosa war mir stets Pläsier; ich habe sie seit der Rotation vermißt, und ergo gehe ich hin. Helmensdorfer, diese Funzel der Bourgeoisie und ihr oberster Frankfurter Sittenwächter, seines Zeichens

Lokalchef der FAZ, kommentiert heute in seinem Blatt das Zusammentreffen von Kanzler und Minister, die Kleiderordnung („dunkler Anzug erwünscht"), Jeans und Turnschuhe. Überhaupt erkennt man den Frankfurter daran, daß er außerhalb Frankfurts unter dem Verlust des Stadtteiles der FAZ leidet, gewissermaßen der „Pflasterstrand" des Frankfurter Großkapitals.

Der IHK-Empfang in Frankfurt hat andere Dimensionen als der in Wiesbaden. In Bonn akkreditierte Exzellenzen geben sich die Ehre, und die Herrengesellschaft wirkt eleganter, weltläufiger, cooler als die Wiesbadener Drogisten und Steinbruchbesitzer, Bauunternehmer und Friseure. Kohl kommt mit Verspätung, löst eine mächtige Bewegung in der dichtgedrängten noblen Menge aus. Beifall, laute Bravorufe. Hier kommt, hier spricht Kohl zu den Seinen, ihr Kanzler, und mit dröhnender Zufriedenheit in der Stimme rechnet er den versammelten Bilanzen vor, wie erfolgreich doch seine Politik für sie gewesen ist und bleibt. Tosender Beifall dankt es ihm.

Ich denke an meinen verstorbenen Vater. Seit ich mich erinnern kann, hat er geschuftet wie ein Ochse. Nicht einmal zum Sterben hat er sich Zeit genommen, denn auch dieses letzte geschah während der Arbeit. Er gehörte zu jenen, bei denen sich Leistung nie gelohnt hat. Aber CDU hat er gewählt, ein Leben lang, meine Mutter ebenso.

*Donnerstag, 23. Januar 1986*

8.30 Uhr: Besuchstermin beim Regierungspräsidenten in Darmstadt. Kerschgens und Dick kommen mit. Gemeinsam mit Dick und dem neuen Fahrer mache ich mich von Frankfurt aus auf den Weg, pünktlich um Halbneun sind wir bei der angegebenen Darmstädter Adresse. Denken wir - denn innerhalb von Sekunden verschluckt uns die städtebauliche Tücke des autogerechten Luisenplatzes mitsamt unserer Pünktlichkeit und der Politik. Anstatt auf den Regierungspräsidenten zu stoßen, landen wir in der Untertunnelung des Luisenplatzes und finden uns wenig später auf der anderen Seite der Innenstadt wieder. Nach mühseliger Umgehung ein neuer Anlauf. Aber schon wieder verdunkelt sich der Himmel durch Beton, und unser entnervter Fahrer landet nunmehr gar in einer Tiefgarage. Mittlerweile zeigt die Uhr zwanzig vor neun und wir stehen vor einer geschlossenen Schranke in der Tiefe von Darmstadt. „Zahlen bitte an der Kasse“, weist uns ein Schild höhnisch zurecht. Dick steigt aus und ist für lange zehn Minuten verschwunden, der Fahrer würde am liebsten im Boden versinken, und ich beiße mir auf die Lippen, damit ich keinen Tobsuchtsanfall bekomme. Punkt neun Uhr erreichen Dick und ich zu Fuß den Regierungspräsidenten, der sich mit Kerschgens mittlerweile gut unterhalten hat. Es wird ein recht erfolgreiches Gespräch, vor allem was die Lösung aktueller Probleme im Hausmüllbereich betrifft.

Anschließend noch ein Redaktionsbesuch bei einer Lokalzeitung, dann Mittagessen mit einer chinesischen Delegation in Wiesbaden, danach die Naturschutzverbände und zu guter Letzt ab in den Kommunalwahlkampf nach Böblingen. Dort beschließe ich den Tag mit einer Portion Käsespätzle. Spät in der Nacht, oder besser gesagt, früh am Morgen bin ich wieder zu Hause.

*Dienstag, 28. Januar 1986*

Gertrud Schilling bringt in der heutigen Fraktionssitzung das Problem Jan Kuhnert zur Sprache und fordert kurzerhand seinen Ausschluß aus der Fraktion - auf ihre unvergleichlich rücksichtsvolle Art! Unter dem höhnischen Feixen des Abgeordneten Kuhnert erhebt sich eine windelweiche Debatte um den „armen Jan“, wieso er eigentlich nicht mehr und dann doch wiederum ... Kuhnerts Gehässigkeiten haben mich in letzter Zeit zunehmend provoziert, und die zarte Kritik der Fraktion versetzt mich innerlich in hilflose Raserei. Ich kann nicht verstehen, warum Kuhnert nach wie vor für die Fraktion im Landtag und im Ausschuß spricht, während er zugleich gegen uns stimmt und uns anhaltend mit Infamien traktiert. Er möge wenigstens nicht mehr für die Fraktion reden, schlage ich wütender Schafskopf also vor und gebe Jan dadurch die Steilvorlage für einen herrlichen Auftritt. Märtyrertum droht, und also - siehe von Ditfurth in Offenburg - läuft Fundi-Jan zur Hochform auf. Maulkorb umhängen! Redeverbot durch die Regierung! Disziplinierung! Widerstand und ungebeugtes Dennoch! Hätte ich bloß die Schnauze gehalten. Da feixt er mich wieder triumphierend zwischen zwei Tiraden an, während ich so manchen vorwurfsvollen Blick von erfahrenen Alt-Fraktionären wegstecken muß. Mir fehlt für diese Landtagsgruppe wohl noch die gehörige Sensibilität und ein gerüttelt Maß an Masochismus, um mithalten zu können.

Ansonsten habe ich Post von Seipel erhalten, dem Anwalt der Hanauer Bürgerinitiative gegen die Nuklearbetriebe, Grüner, Fundi und Koalitionsgegner in einer Person. Er vermeint einen Weg gefunden zu haben, wie ich die Hanauer Nuklearbetriebe schließen könnte, und zwar über meine Zuständigkeit für deren Genehmigung nach dem Bundesimmissionsschutzgesetz. Er verlangt offiziell meine Rechtsmeinung dazu. Kerschgens wird sich darum kümmern.

*Mittwoch, 29. Januar 1986*

Heute findet die erste Umweltausschußsitzung statt, an der ich als Minister teilnehme. Kein Vergleich mit dem Innenausschuß in Bonn, in dem die Regierung in erhabener exekutiver Entrücktheit die Opposition Stunde um Stunde brüskiert, geschützt von ergebenen Koalitionsabgeordneten (von einigen seltenen Ausnahmen einmal abgesehen, wie beispielsweise während der Wörner-Kießling Affäre). Im Umweltausschuß des hessischen Landtags schläft die Opposition, während der einzige grüne Abgeordnete heftig die Regierung attackiert. Ich denke, mich laust der Affe! Da sitze ich also, eingeklemmt zwischen Berichten und Vorlagen, die alle noch mein Vorgänger politisch zu verantworten hat, angegriffen von meinem Grünen. Die SPD wird auf diesen zunehmend saurer, weil der Grüne das Vermächtnis des sozialdemokratischen Vorgängers zerkratzt, und dann erwacht auch noch die Opposition aus ihrer Lethargie und verlangt beständig nach der Meinung des Ministers zu diesen ganz erstaunlichen Vorwürfen des grünen Abgeordneten. Ich hätte ihn am liebsten eigenhändig erwürgt, meinen Abgeordneten, ganz gewaltfrei natürlich! Mir bleibt jedoch nichts anderes, als gute Miene zum bösen Spiel zu machen und mich schweigend und vage erklärend um die Klippen herumzuflüchten, ganz abgesehen davon, daß ich mich inhaltlich doch sehr unsicher fühle unter all den alten Hasen. Endlose Detailfragen des Grünen, weit über fünfzig, die selbst willige und gut vorbereitete Fachbeamte hoffnungslos überfordern. Es kommt zu einem Abstimmungsdesaster der Koalition, die, unter sich hoffnungslos zerstritten, gegeneinander stimmt. Don Fiasko hat diese Komödie inszeniert, und ich tobe innerlich vor Wut, das Ganze endet in den Räumen der Fraktion mit einer grüninternen Brüllerei. Es kann eigentlich nur besser werden, denn eine weitere Verschlimmerung wird unmittelbar zum Ende der Koalition führen, soviel ist klar.

Von Bonn her macht der Tiedge-Ausschuß mächtigen Wirbel. Spranger hat - ausgerechnet! - die Nachrücker vor der Rotation vom Verfassungsschutz überprüfen lassen, Dregger zudem Otto Schily wg. angeblicher Terrorkontakte. Die Ergebnisse sind erschütternd - weniger allerdings für die Grünen als vielmehr für den Verfassungsschutz. Lächerliches wird da einer erstaunten Öffentlichkeit geboten als geheimstes Geheimwissen unserer geheimen Dienste. Mit einem einigermaßen gut funktionierenden Gedächtnis und kontinuierlicher Zeitungslektüre in den siebziger Jahren vermag man jederzeit mehr zu liefern. Daß viele Grüne eine linksradikale Vergangenheit haben, ist in der Tat eine echte Neuigkeit! Und daß da jemand einige Zeit bei der 9. Abspaltung der 4. (trotzkistischen) Internationale war, führt auch heute noch zu großem Hallo beim Bier. Da wird ja manches klarer, so die Eingeweihten zu fortgeschrittener Stunde. Wenn diese Klamotte nicht einen so ernsten Hintergrund hätte, sie wäre nicht einmal mehr zum Lachen, denn selbst die Geheimdienstskandale der Regierung Kohl neigen zur Langeweile. Die Szene paßt jedoch in das autoritäre Staatsverständnis des Karlsruher Urteils zur Geheimdienstkontrolle. Die Grünen gelten als Opposition zweiter Klasse, deren Grundrechtsschutz allein mit dem Vorbehalt der Staatssicherheit anerkannt wird. Was jetzt noch harmlos erscheint, kann schon übermorgen in einer Staatskrise blutiger Ernst werden, denn ich nehme an, daß die schwarzen Listen in Diktaturen auf ähnlich gehaltvollen Informationen beruhen, jedoch mit äußerst fatalen Konsequenzen für die Betroffenen.

Hessen hat jetzt auch einen Rotationsverweigerer. Unsere Petra Kelly heißt Franz Jakob, und er hat sogar einen triftigen Grund: Die Nachrückerin wäre eine Fundamentalistin, und nach den schlimmen Erfahrungen mit Kuhnert kann bei mir über Jakobs Weigerung keine rechte Trauer aufkommen. Die Debatte ist voller Heuchelei, die Nachrückerin besinnt sich auf ihr Geschlecht (als Frau), was sich immer gut macht, der Verweigerer auf seine unverzichtbare Rolle als „Atomexperte“. Das ganze basisdemokratische Monstrum Rotation, das die Betroffenen in so schlimme menschliche Konflikte und moralische Obszönitäten treibt, gehört schlicht abgeschafft, ersatzlos gestrichen. Letzten Sommer, tief im depressiven Loch der Rotation kauernd, hatte ich bereits die erste Szene einer Klamotte niedergeschrieben mit dem Titel: „Rotation – oder die Kunst der Systemüberwindung durch politischen Selbstmord“ oder auch: „Wie sich eine Partei von selbst erledigt“. Aber nicht mal dafür taugte das Thema noch, also Endablage P.

*Freitag, 31. Januar 1986*

Nicht gerade mein erster Schultag, aber mein erster Auftritt im Bundesrat. Genauer: der erste Auftritt des ersten Grünen ebenda. Beim Betreten des Bundesrats denke ich zurück an meinen ersten Einzug in den Bundestag. Damals waren wir zu mehreren, heute bin ich allein, und dies kennzeichnet zunehmend meine Gefühlswelt, nämlich allein zu sein – im Ausschuß, im Plenum und auf der Regierungsbank, und nun auch im Bundesrat. Dies ist neu für mich, weil ich alle meine bisherigen politische Erfahrungen gemeinsam mit anderen gemacht habe. Es wäre gelogen, würde ich behaupten, daß ich mich dabei wohl fühle.

Allein durch mein Erscheinen verzögert sich der Anfang, das hohe Präsidium hat noch Beratungsbedarf in punkto Tagesordnung. Die Ursache wird bald ersichtlich – Johannes Rau heißt sie, und wir sagen uns zum ersten Mal guten Tag. Ich soll zu der von Zimmermann gestoppten Novelle der TA Luft sprechen und einen Antrag von Hessen begründen, der gleich zu Beginn gemeinsam mit einem Antrag von NRW aufgerufen werden soll. Anschließend wird es dann eine Debatte um die Reform des Anti-Streikparagraphen geben mit großer Besetzung - denkste! Bruder Johannes läßt sich durch einen Grünen namens Joschka Fischer doch nicht den Auftritt vermasseln. Ergo kippt die Tagesordnung auf Initiative von NRW und der unionsregierten Länder. Der hessische Antrag landet am Ende der Tagesordnung und hat damit keine Chance auf Erörterung. Aus die Maus. Joseph hat ein weiteres Mal etwas gelernt. Auch in diesem erlauchten Gremium werde ich mir die Geschäftsordnung und das Verfahren zu Gemüte führen müssen, genau wie weiland nebenan im Bundestag.

Mangels anderer Möglichkeiten lausche ich den Ausführungen der verschiedenen Länderbeauftragten, Ministerpräsidenten und Mitglieder der Bundesregierung. Bei Spranger beeindrucken allein Scheitel und Frisur. Wie lange der Mann zu diesem erhabenen Kunstwerk wohl jeden Morgen braucht? Norbert Blüms Rede kann ich bereits im Schlafe nebst rheinhessischem Singsang vorsagen, so oft habe ich seine Moritat von der Waffengleichheit der Tarifpartner schon vernommen. Neu hingegen ist mir der Vogel Bernhard, Ministerpräsident in Mainz und fleischgewordenes Sinnbild des politischen Katholizismus. Wahrhaftig eine Figur für Wilhelm Busch, wenn er mit staksigen Schritten, schräg gelegtem Kopf und professioneller Leichenbittermiene Richtung Rednertribüne schreitet, ganz Knechtsgestalt der alleinseligmachenden Mutter Kirche. Und reden tut er wie das Katholische schlechthin, darin wird er wohl nur noch vom Joseph Kardinal Höffner im deutschen Sprachraum übertroffen. In enger Konkurrenz allerdings mit dem bayerischen Kultusminister Maier.

Ganz anders meine Reaktion auf Bruder Johannes: Bei dessen bibelschwangerer Versöhnungsrhetorik bäumt sich der Erzkatholik in meinem Innersten auf. Der Mann schwitzt aus jeder Pore die ketzerische Zeltmission protestantischer Sekten, bibelkundiges Aufbegehren gegen das Lehramt des Bischofs von Rom. Näher-mein-Gott-zu-Dir-Getue mit Versöhnung vorne und Versöhnung hinten. Es steigen in mir zunehmend Erinnerungen und Gefühle hoch an die nicht endenwollenden Messen und Andachten meiner Kindheit. Ich beschließe, mich diskret zurückzuziehen. Im Bundeshausrestaurant atme ich wieder freie Luft.

*Dienstag, 4. Februar 1986*

Lauter erste Tage kommen auf mich zu. Gestern habe ich im Kabinett meinen ersten Haushalt mitverabschiedet und hatte dabei die Ehre - welch biographische Ironie für jemanden, der durch eigene Schulerfahrungen zu Lehrern bis auf den heutigen Tag ein äußerst problematisches Verhältnis beibehalten hat -, mich Stunde um Stunde für Lehrerstellen zu streiten, am Ende sogar noch erfolgreich! Es war dies der politische Wille und Auftrag der Fraktion und also geschah es.

Heute ist nun mein erster Plenartag im hessischen Landtag, der Minister für Umwelt und Energie sitzt auf der Regierungsbank, ganz links außen, wie es sich geziemt. Ich verlese Gewichtiges als Antwort auf die bohrenden Fragen der Parlamentarier, zum Gruseln, diese ganze Veranstaltung, denn ich schwimme wie ein Nichtschwimmer mitten im Atlantik. Devise also: Bloß nicht untergehen! Kalter Angstschweiß läuft mir den Rücken hinab, die Hände kleben. Jetzt bloß nichts anmerken lassen!

Die Opposition widmet sich mit Nachdruck der von mir angekündigten Einstellungsbevorzugung von Frauen und sieht darin einen schwerwiegenden Verstoß gegen Grundgesetz und geltendes Recht. Eine launige Bemerkung über meinen Pressesprecher Dick, dem ich eine engere Anbindung wünsche, ganz ironisch versteht sich, veranlaßt den Abgeordneten Kuhnert zu dem Zwischenruf: „Noch ein Maulkorb!" und verursacht erhebliche Unruhe auf der Pressetribüne. Dick überfällt mich völlig irritiert nach der Fragestunde, macht mir Vorhaltungen wegen seines Rufs. Ähnliches habe es im Landtag noch nie gegeben, zitiert er die empörte Meinung der Zunft. Überall Sauertöpfe! Fortan gibt's von mir nur noch Bierernstes!

*Donnerstag, 6. Februar 1986*

Noch ein Erstling, die erste Rede im Landtag zur Energie- und Atompolitik. Die Fachabteilung hat mir Kompetentes aufgeschrieben, welches ich auch verlese, aber das ist nicht mehr meine Art zu reden, ist nicht meine Rede, ist hölzern und Papier. Die Vorlage war nicht schlecht, im Gegenteil, die Energieabteilung liefert Vorzügliches. Mir fehlte nur die Zeit und die Kraft, diesen Text zu meinem eigenen zu machen und ihn umzuschreiben, hinzu kam noch meine inhaltliche Unsicherheit. Überhaupt pflegt man im Landtag eine ganz andere Art der Debatte als im Bundestag. Die Abgeordneten reden meist frei und aufeinander ein wie im Ausschuß, mal laut, mal leiser, aber immer im Gespräch mit irgendeinem werten Kollegen oder einer Kollegin, und man merkt, daß sich auch die kleinen Fraktionen mit ihren Rednern episch in die Zeit verbreien können. Im Bundestag hingegen regiert die unbarmherzige Guillotine der vereinbarten Redezeit. Zum Beispiel 6,4 Minuten und das rote Licht leuchtet. Dann maximal zwei Ermahnungen durch den Präsidenten und aus ist die Maus, setzen! Ganz anders im Landtag, wo großzügig Redezeit zur Verfügung steht. Die Fraktion ist nach meiner Rede enttäuscht, der ersten wirklichen Anti-Atom-Rede eines amtierenden Energieministers, während der Energieexperte der SPD auf mich zukommt, mir dankbar die Hand drückt und mitteilt, daß er auf eine solche Rede seitens eines Mitglieds der Landesregierung seit Jahren gewartet habe. Ob ich da was falsch gemacht habe? Meiner Fraktion scheint der Vortrag zu wenig fetzig gewesen zu sein, womit sie in diesem Punkt sicher recht hat. Es wird wohl noch einige Zeit dauern und so manchen Experiments bedürfen, bis ich mich in der Arena des Wiesbadener Landtags richtig auskenne.

*Donnerstag, 13. Februar 1986*

Der Müll kommt über mich, brennend, stäubend, giftig und in vielerlei Gestalt. Die Filterstäube der hessischen Müllverbrennungsanlagen werden mehr und mehr zum Thema der Medien. Frankreich läßt noch keine Entscheidung vernehmen, und die Zwischenlager quellen über. Zudem kommt die Debatte um den dritten Ofen der Sondermüllverbrennungsanlage in Biebesheim in Fahrt. Vor wenigen Tagen war der Landrat bei mir und überbrachte mir sein donnerndes Nein und das seines Kreistags, einstimmig. Gestern gab sich dann der Bürgermeister von Biebesheim bei mir die Ehre. Dieser dachte vorwiegend an die Arbeitsplätze und an die Gewerbesteuer, war also anderer Meinung. Kerschgens und ich entschließen uns bis auf weiteres zu einer Linie des Offenhaltens der Entscheidung über den dritten Ofen, weitere Gespräche sollen Klarheit bringen. Also erörtere ich die Müllprobleme über zwei lange Stunden mit den alternativen Experten aus Darmstadt. Das Ergebnis ist mehr als unbefriedigend, denn außer weiteren abstrakten Problematisierungen - dieses und jenes und auch noch ein weiteres gälte es zu untersuchen, bevor man wisse, was man überhaupt zu untersuchen habe, und schließlich müsse ich ja entscheiden - ergeben sich keine neuen Erkenntnisse.

Die hessischen Fundis, vormals sich selbst „Radikalökologen“ (Radöks) nennend, haben ein weiteres Mal das Firmenschild gewechselt: „Linke in den Grünen“ heißt das nun, aber der Etikettenwechsel macht das Unternehmen auch nicht besser. Mit großem Aplomp fordern sie von mir das sofortige Ende des „Giftmüllexports nach Schönberg“ in der DDR, ohne sich jedoch auch nur im geringsten mit Alternativen zu belasten. Sie verwehren sich mit donnernden Worten gegen die „Staatspolitik“ der Realos, beklagen Kuhnerts „Maulkorb“ und kündigen für Hagen die Abrechnung mit Fischer an. In Hagen/Westf. wird der nächste Bundesparteitag stattfinden.

*Freitag, 14. Februar 1986*

Stimmungsmäßig hänge ich auf einem Tiefpunkt. Das ganze Theater um Stellen, Geld, Filterstäube, Entgiftungsprogramm, Giftmüllexport, Fischer-tu-dieses und Fischer-laß-jenes stinkt mir zusehends mehr. Da räumt man eine Geröllhalde aus dem Weg, nur um hinter der nächsten Biegung auf eine noch mächtigere zu stoßen. Zur Zeit herrscht Mutlosigkeit vor durch Überforderung meiner Kräfte, unserer Kräfte besser gesagt, denn Koenigs, Schaeffer, Dick und manch anderem auf der M-Ebene und in der Abteilung I (Zentralabteilung) geht es nicht besser. Ein Berg von Überstunden ist dort bereits aufgelaufen, es mangelt immer noch an den einfachsten technischen Funktionen, etwa genügend qualifizierte Schreibkräfte, Schreibautomaten, eine vernünftige

Telefonanlage, Fotokopier- und Druckmöglichkeiten etc. Ich flippe zunehmend aus, brülle herum, weil nichts im Büro funktioniert und alles im Chaos versinkt. Das Büro erinnert mehr an die Studierstube eines weltfremden Gelehrten denn an eine bürokratische Schaltstelle. Nirgendwo eine ordnende Hand, es sei denn, ich mache es selbst! Inhalte und Strukturen laufen auseinander, Koordination bleibt ein Fremdwort und dazwischen immer wieder die zeitraubenden Termine mit den alternativen Doctores Allwissend aus Darmstadt (mit ihren herrlichen Empfehlungen und Mahnungen). Außerdem bekomme ich von denen zum brennenden Problemkomplex Sondermüll lediglich kurzfristige Lösungsvorschläge und theoretische Versatzstücke. So geht das nicht weiter! Am Wochenende werde ich mich selbst an die Schreibmaschine setzen und eine Konzeptstruktur zusammenschreiben. Nach all den Diskussionen habe ich diese recht klar vor Augen. An der Bundesdelegiertenversammlung in Hagen werde ich nicht teilnehmen, der plötzliche Tod einer nahen Angehörigen macht meine Anwesenheit bei den Kindern zwingend. Zudem, wer geht schon gerne und freiwillig zu seinem eigenen Schlachtfest?

Die Unruhe in der Beamtenschaft hat einen einsamen Höhepunkt erreicht. Zehn Bedienstete des Hauses haben sich mit einer Petition an den Landtag gewandt: erstens Frauenbevorzugung (oh, wie recht die Feministinnen doch haben!), zweitens Benachteiligung der bereits vorhandenen Bediensteten gegenüber Neueinstellungen bei der Einstufung und drittens der Einfluß von dazu nicht berechtigten Personen auf Personalentscheidungen, gekoppelt mit deren unbefugtem Zugang zu Personalakten. Ein echter Hammer, das Ding! Punkt eins ist mein erklärter politischer Wille, punktum. Da sollen die Herren der Schöpfung mal petitionieren! Punkt zwei ist schlicht falsch, denn wir bereiten seit Anfang des Jahres einen Ringtausch vor, das heißt, höherwertige Stellen, die uns durch die Koalitionsvereinbarungen zugesagt wurden, werden zur Beförderung im Haus benutzt, während Neueinstellungen dann die freigewordenen unteren Stellen übernehmen sollen. Ein Teil der Petenten ist bereits seit Wochen zur Beförderung vorgesehen! Der dritte Punkt ist eine schlimme Unterstellung und ebenso falsch. Alle Personalentscheidungen wurden von mir, Kerschgens, dem

Personalreferenten und Koenigs getroffen, mit letzterem hat der Personalrat selbst in der Zeit des Übergangs bis zum 1. Januar 1986 permanent verhandelt. Nein, es richtet sich indirekt gegen Wolfgang Ehmke, er soll Abteilungsleiter in der Abteilung II (Ökologie und Naturschutz) werden, seine Benennung hängt noch, aber er bereitet sich bereits auf seine neue Aufgabe hier vor. Nun hacken sie auf ihn ein, und ich werde ihm empfehlen, bis zur Ernennung noch etwas Urlaub zu machen. Ansonsten geht er menschlich bereits im Vorfeld vor die Hunde. Die rechte Presse jubiliert, und die Opposition hat ihren ersten Knochen gefunden, an dem sie nagen kann.

Dann noch eine Erscheinung der Dritten Art. Mysteriös, mysteriös. Raphael Keppel, fundamentalster der fundamentalen Fundamentalisten, Mitglied der Landtagsgruppe und deren Enfant terrible, ist seit Dienstagabend verschwunden, alle Spuren einer finsteren Geheimdienstkiste hinterlassend. Sein Auto steht offen vor dem Landtag, die Schlüssel liegen darin, ebenso die geliebten und unvermeidlichen Aktenordner, aber weit und breit kein Keppel. Abends im Landtag habe man ihn zum letzten Mal gesehen, bevor der Verschwundene „zur Entgegennahme von Unterlagen über die Errichtung einer Sondereinsatzgruppe des Verfassungsschutzes“(!!!) aufgebrochen sei, so Kuhnert und Zieran. Kuhnert verfügt zudem über zwei Briefe von Keppel vom 11. und 12. des Monats, sie liegen in Kopie vor mir auf dem Tisch. Der erste kündet von Niederlage und Auswanderung, der zweite von schnödem Verrat: Ein namenloser, namensgeschwärzter Bundestagsabgeordneter verkündet auf offiziellem Papier (man sieht selbst noch auf der Kopie die Leimstellen), Fischer und Schily wollten nach den nächsten Bundestagswahlen die Grünen zur „Schwesterpartei“ der SPD machen. Kerschgens hingegen, der ganz besondere Spezi von Keppel, wäre eine „hochdotierte Heimat“ in der SPD im Falle des Scheiterns der Grünen zugesichert worden. Ei der Daus, aber Kerschgens ist bereits Staatssekretär mit Besoldungsgruppe B9, und dies auf Lebenszeit! Der Erfolg oder Mißerfolg der Grünen wird daran nichts mehr ändern. Der einzige, der die ganze Aufregung um diese Keppeliade nicht versteht, ist Roland Schaeffer, mein persönlicher Referent. Er behauptet steif und fest, abends gegen zehn den Verschwundenen im Frankfurter

Hauptbahnhof getroffen und freundliche Worte mit ihm gewechselt zu haben. Warten wir's ab, am Ende werden Kerschgens und ich noch als die eigentlichen Übeltäter von Kuhnert entlarvt werden. So folgt dann auf den Mordvorwurf vielleicht und schlußendlich die Entführung. Dabei wollte ich hier nur Umweltpolitik machen...

*Montag, 17. Februar 1986*

Die Morgenpresse ist voll von grünem Jubel für das Vorstandsmitglied der IG Metall, Karl-Heinz Janßen, der vor dem Parteitag in Hagen eine donnernde und flammende Rede gegen die Unternehmerwillkür und den Anti-Streik-Paragraphen gehalten hat. Einerseits ist dies ein großer Erfolg für die Partei, denn zum ersten Mal wurde die Isolationspolitik des DGB auf höchster Ebene durch einen führenden Gewerkschafter durchbrochen, andererseits frage ich mich, ob nicht weniger Jubel unsererseits und ein Mehr an politischem Selbstbewußtsein und berechtigter Skepsis gegenüber dem Gast bei den Grünen angemessener gewesen wäre. Sind wir am Ende etwa nur die verlorenen Kinder des Helmut Schmidt, denen man lediglich die Hand und das richtige Feeling zu reichen braucht, und schon schmelzen wir dahin in Richtung Sozialdemokratie? Entpuppt sich am Ende der grüne Fundamentalismus als die unbewußte Angstreaktion vor den Verlockungen innerer sozialdemokratischer Sehnsüchte?

Der Hagener Parteitag hat ein „Entgiftungsprogramm" verabschiedet, das nichts geringeres als die Stillegung der Chemieindustrie zum politischen Ziel erklärt. Sauber! Zudem sprach sich die hohe Versammlung gegen jede Form von Sondermüllexporten aus, ohne jedoch zu sagen, wohin mit dem giftigen Müll, solange keine internen Beseitigungsmöglichkeiten in ausreichendem Maße vorhanden sind. So sitze ich jetzt als das Schönbergferkel von Hessen da, eingeklemmt zwischen der Opposition, die mir Versagen vorwirft, und meiner eigenen Bundespartei, die dito tut. Mangels praktischer Alternative - es sei denn, ich trete zurück - fasse ich aber Mut und interpretiere die weitreichenden Beschlüsse als Pfade in die Zukunft. Eines ist für mich klar: Einen Entsorgungsnotstand, sei es beim Haus- oder Giftmüll, wird es mit mir in Hessen nicht geben, denn darunter würde die Koalition politisch begraben und Wallmann doch noch Ministerpräsident werden.

Ich besuche heute die Umwelttechnikmesse ENVITEC in Düsseldorf. Unterwegs erfahre ich per Telefon von einer Aktion von Green Peace. Koenigs erzählt mir, daß Aktivisten von Green Peace (die verfügen sogar über einen richtigen „Einsatzleiter", sapperlot!) in Biebesheim zwei Kesselwagen der Bundesbahn besetzt halten, in deren Kesseln Methylblei für die Firma AK Chemie transportiert wird. AK Chemie ist der größte Hersteller für Bleizusätze (Benzin!) in der Republik. Ziel der Aktion ist, das Verbot von verbleitem Benzin zu erreichen. Genau die passende Musik zu dieser Messe also. Koenigs verspricht, sich um die Aktion zu kümmern.

In Düsseldorf treffe ich auf Zimmermann, den Bundesinnenminister und Kontrahenten aus den Tagen meiner Mitgliedschaft im Innenausschuß des Deutschen Bundestags. Trennten uns damals noch gute zehn Meter voneinander und zahlreiche Unionsabgeordnete, so bin ich dem Friedrich Zimmermann nunmehr auf zwei Plätze nahe gerückt, was ihm nicht besonders zu gefallen scheint. Im übrigen sieht und übersieht man sich diskret. Er hält mich für einen Terroristen und ich ihn für einen schlimmen Finger, also was soll da das Guten-Tag-Sagen? Nach der Eröffnungszeremonie verdrücke ich mich von der offiziellen Besichtigungstour und gehe meine eigenen Wege über die Messe.

*Dienstag, 18. Februar 1986*

Kerschgens wird heute abend in Biebesheim auf einer Bürgerversammlung auftreten – ich beneide ihn nicht darum. Aus Nordhessen, aus Borken, von bösen Zungen auch Hessisch-Sibirien genannt, dringt klirrende Kunde. Der Landesregierung im allgemeinen und dem Umweltminister Fischer im besonderen wird von seiten der Gemeinde (alles SPD) und dem Kreis (dito) der „Krieg erklärt", jawohl! Es geht um den Borkener See, einen zulaufenden ehemaligen Tagebau und zugleich ein einmaliges nährstoffarmes Gewässer in der

Republik. Nach Auskunft der Fachleute wie geschaffen für den Naturschutz, vor allem für bedrohte Zug- und Wassertiere. Ein richtiges Kleinod also, und genau daraus will die Stadt Borken nun ihre eigene Riviera bauen, mit Parkplätzen, Pommes-Bude, Surfschule etc. Unter dem alten Minister hatte man einen sogenannten „Kompromiß" gefunden, zwei Drittel Riviera, ein Drittel Naturschutz, aber damit kann man ja wohl den letzteren vergessen. Ich habe diese Entscheidung revidiert und die einstweilige Sicherstellung, das heißt faktisch eine Veränderungssperre, nach dem hessischen Naturschutzgesetz verfügt. Und nun tobt da der Aufstand, angeführt vom sozialdemokratischen Bürgermeister und seiner Partei. Börner und Krollmann haben sich bereits mit sorgenzerfurchten Gesichtern nach dem Stand des Verfahrens bei mir erkundigt, denn die Borkener SPD macht ihnen die Hölle heiß. Borken ist eine Industriestadt im ländlichen Gebiet, mit Braunkohletagebau und deren Verstromung in einem alten PREAG Kraftwerk. Anfang der neunziger Jahre soll es nach den Plänen der PREAG damit zu Ende gehen, ein schnuckliges 1300 MW Atomkraftwerk soll an dessen Stelle treten. Mit uns Grünen allerdings nicht! Ebenso sträuben wir uns mit Erfolg gegen eine Autobahn nach Borken, und nun noch der See! Fast eine revolutionäre Situation also, die da oben droht.

*Donnerstag/Freitag, 20./21. Februar 1986*

Umweltministerkonferenz in Düsseldorf. Bereits im Vorfeld dieser UMK hat die rot-grüne Koalition in Wiesbaden Turbulenzen auf höchster Ebene ausgelöst. SPD-regierte A-Länder und CDU-regierte B-Länder halten regelmäßige Koordinierungstreffen ab, um die Politik in Einzelfragen und die Umweltministerkonferenzen vorzubereiten. Wohin nun aber mit dem Grünen Fischer, und dies noch in einem Wahljahr und mit einem Kandidaten Rau? Ein pikantes Problem. Die SPD-Ministerpräsidenten entscheiden weise, obwohl NRW sich ursprünglich für eine klare Absage an mich ausgesprochen hatte: Fischer nimmt an der Vorbereitung zur UMK teil, die SPD-Länder richten zudem eine interne Vorbereitung vor der eigentlichen der A-Länder ein, bei der Hessen durch die Staatskanzlei vertreten sein wird. Wir beschließen unsererseits, erst einmal an der A-Länder-Koordination teilzunehmen. Sollten sich für uns daraus negative politische Folgen ergeben, etwa nicht vertretbare Einbindungen in sozialdemokratische Umweltpolitik, so können wir mit guten Gründen immer noch den Rückzug antreten.

In Düsseldorf stoße ich auf die versammelten Länderkollegen, der Bundesinnenminister straft uns hingegen mit seiner Abwesenheit. Die Versammlung darf nur einstimmige Beschlüsse fassen, so weht ein leichter Verwesungshauch à la EG durch den Saal, in dem erbittert um den einstimmigen Konsens gerungen wird. Bei der Frage der Altlastenfinanzierung gehen die Wogen hoch. Vor allem Matthiesen aus NRW lärmt gegen den Bund und die CDU-Länder aus Süddeutschland. Er beschwört die Einsamkeit der alten Industriestandorte, die über die meisten Altlasten und das wenigste Geld verfügen – so unrecht hat er da gar nicht. Trotzdem ist Matthiesen ein unangenehmer Zeitgenosse, einer von jenen, die gerne lauthals Solidarität einklagen, allerdings im Stile eines gerade geschlüpften Kuckucks, der damit alle anderen im Nest plattbügelt. Anders gesagt, und dies habe ich binnen Stunden begriffen: Wenn Matthiesen von Solidarität spricht, meint er ausschließlich sich selbst und NRW. Gegenseitigkeit ist ihm offenbar ein Fremdwort.

Kaum habe ich mich bei der A-Länder-Vorkonferenz niedergelassen, macht mich Matthiesen bereits wegen eines Erlasses zur hessischen Giftmülldeponie Herfa-Neurode an. Wir hatten den Erlaß vor einigen Wochen aufgrund eines Gerichtsurteils formuliert. Es erlaubt jeder x-beliebigen Firma, sich in Herfa einzuklagen, egal ob Hessen dem zustimmt oder nicht. Dies wurde von uns mit der Regelung des Einzugsgebiets unterbunden, und zugleich erhielt Hessen damit das nötige Instrument, um den Import hoch- und höchstgiftiger Stoffe zu steuern und bei den anderen Bundesländern die solidarische Gegenseitigkeit einzuklagen. Zudem hatten wir angekündigt, daß, wenn man uns nicht helfe, Hessen die Untertagedeponie Herfa verstärkt selbst nutzen würde. Eine Ankündigung, die bereits auf meinen sozialdemokratischen Vorgänger Clauss zurückgeht. Ich will

Herfa für die anderen Bundesländer offenhalten, allerdings nur, wenn das auf Gegenseitigkeit beruht. Am liebsten wären mir feste, langfristig wirkende Vereinbarungen, damit eine sinnvolle Giftmüllbeseitigung planbar wird. Ich trage dies dem knurrenden Matthiesen erneut vor und lasse ihm damit spürbar Luft ab. In der Pause teilen mir „gewöhnlich gut unterrichtete Kreise" wispernd mit, er sei mit der Absicht gekommen, mich politisch zu schlachten, um dann vor der Öffentlichkeit zu behaupten, es gäbe durch die verfehlte ideologisierte Politik des Grünen Fischer bundesweit einen Beseitigungsnotstand für hochgiftige Abfälle.

In der Vollsitzung wird dieses Thema erneut aufgenommen. Töpfer (CDU) erwartet in der Diktion eines Anklägers einen Bericht von mir, aber ich lasse erstmal die anderen reden. Angeklagt ist hier niemand, zumindest Hessen nicht. Es ist schon ein erhebendes Erlebnis mitzubekommen, wie Töpfer (Rheinland-Pfalz), der bei der Union das große Wort führt, und Matthiesen (NRW) in entscheidenden Debattenphasen, sich zur weiteren Konspiration gegen den Grünen aus Hessen gemeinsam aufs Klo zurückziehen und hinterher mit scheinheiligem Gemüt versuchen, neue Schlingen auszulegen.

Da funktioniert sie nun, die große Koalition. Ich halte an meiner Linie fest, mache keine Zusagen, ohne solche zu erhalten, und das Ganze wird auf eine Sonderkonferenz Ende April/Anfang Main in Wiesbaden vertagt - ein Ortswunsch des geliebten Matthiesen. Mich wundert nach dieser Begegnung, woher Matthiesen eigentlich seinen ökologischen Ruf hat. In fast allen Fragen bremst vor allem NRW, und keineswegs die CDU-Länder! Man muß den Nordrhein-Westfalen allerdings zugute halten, daß sie mit Abstand die größten Probleme zu bewältigen haben. So kippen die ihre Filterstäube einfach auf Hausmülldeponien. Zwölf Müllverbrennungsanlagen hat Matthiesen zu entsorgen, und wenn sich die Hessen mit ihrer harten Klassifizierung der Filterstäube als Sonderabfall der Kategorie II bundesweit durchsetzen, wird Matthiesen nebst seiner „Versöhnung von Arbeit und Umwelt" in einer gewaltigen Wolke aus Filterstäuben verschwinden. Kein Wunder also, daß der Kollege sauer auf die Hessen ist, auch auf die Sozialdemokraten, die das ja angeleiert haben.

Ich hatte die Erwartung, daß mich mein saarländischer Kollege Leinen am ehesten unterstützen würde, aber welch ein Irrtum. Jo Leinen schwimmt auf merkwürdig konturenlose Weise im Kielwasser von Matthiesen. Er bringt nichts von einer ökologisch sicheren, restriktiven Position bei der Klassifizierung der Filterstäube oder ähnlichen politischen Selbstverständlichkeiten, obwohl wir doch beide aus der Umweltbewegung kommen. Seine Zwänge im faktisch bankrotten Saarland verstehe ich zwar sehr gut, aber deswegen muß er ja nicht gleich völlig wegtauchen.

Ein Ereignis am Rande: Green Peace hat seine Aktion in Biebesheim beendet und demonstriert heute hier in Düsseldorf im Foyer der Messehalle. Während die illustre Runde der Umweltminister tagt, betritt der „Einsatzleiter" von Green Peace ungehindert den Saal. Kaum einer nimmt Notiz von ihm. Er verteilt einen korrekt unterzeichneten Antrag auf dem offiziellen Konferenz-Papier an die Konferenz! Ich verberge mein Gesicht in den Händen, hülle mich in Schweigen und harre gespannt der Dinge, die da kommen. Es dauert einige Zeit, bis schließlich Töpfer das „Unerhörte" des Vorgangs bemerkt. Nachhaltigst protestiert er beim Vorsitzenden, dem Berliner Senator Vetter. Der Mann ist bereits schwer gezeichnet durch die aktuelle Dreigroschenoper in Westberlin (Bauskandal und Bestechung), daher vermutlich die mangelnde Achtsamkeit. Nun also große Aufregung im Saal. Bei der Erörterung des Vorfalls gerate ich schnell in den angedeuteten Verdacht der Drahtzieherschaft, aber da irrt man sich. Es wird trotzdem noch eine produktive Debatte nebst einstimmig verabschiedeter Resolution gegen die fortdauernde Benzinverbleiung. Die abschließende Pressekonferenz erspare ich mir in meiner Schilderung, aber jetzt weiß ich, warum sich gattungsgeschichtlich vielstimmige Chöre herausgebildet haben, denn redend endet die Vielstimmigkeit in einer entnervenden Kakophonie.

Eine heitere Notiz am Rande: Der FRANKFURTER RUNDSCHAU entnehme ich, daß Manfred Zieran beim Schwarzfahren in Frankfurt erwischt wurde. Er versuchte zwar, so der Bericht, sich dünne zu machen, scheiterte jedoch an einem vierschrötigen Kontrolleur. Typisch, der grüne Fundamentalismus ist eben nicht mehr als die großväterliche Form des Linksradikalismus. Nicht mal abhauen können...

*Montag, 24. Februar 1986*

Die Entscheidung zur Einlagerung der Filterstäube der hessischen Müllverbrennungsanlagen in die Untertagedeponie Herfa-Neurode ist gefallen. Nachdem die Gerichte in Frankreich mit ihrer Entscheidung nicht vorankommen und andere Möglichkeiten der Ablagerung nicht gegeben sind, bleibt uns kein anderer Weg. Die Müllverbrennung darf nicht eingestellt werden, da ansonsten ein Müllnotstand mit all den unkalkulierbaren politischen Weiterungen drohen würde. Dies ist allgemeiner Konsens im Ministerium und auch in der Fraktion. Bleibt also allein die hessische Lösung, verbunden mit dem Geschrei der parlamentarischen Opposition und der anderen Bundesländer. Die technischen und administrativen Voraussetzungen hatten wir bereits seit längerem vorbereitet, so daß nach einem Erschöpfen der Zwischenlagerkapazitäten die Filterstäube ohne Probleme nach Herfa gebracht und eingelagert werden können. Das ist nun der Fall. Diese Lösung wird allerdings erheblich teurer für die verursachenden Städte und Zweckverbände, und weder Frankfurt unter Wallmann (CDU) noch Darmstadt unter dem Grünenfresser Metzger (SPD) werden dies wohl so einfach akzeptieren. Die Angelegenheit kann noch heiter werden, auch wenn ich mir meiner Position aus rechtlichen und ökologischen Gründen sehr sicher bin.

Seit Freitag munkelt man in der Fraktion von Lebenszeichen des verschwundenen Keppel. Er sei in Paraguay wieder aufgetaucht. Fassungslos lebe ich im Zeichen des Blackout, ob Kanzler oder Keppel, man ist einfach nur noch geplättet. Die hessische SPD hingegen hatte am Wochenende eher ein Blackin: Börner wurde auf seinem Parteitag mit einem Rekordergebnis bestätigt, was der Koalition in Wiesbaden sicher gut tun wird. Zudem sprach sich Börner für die rotgrüne Koalition über das Jahr 1987 hinaus aus, was ich nur nachdrücklich unterstreichen kann, so das Wahlergebnis dieses zulassen wird. Weiterhin hat der Landesparteitag die sozialdemokratischen Frauen brüskiert, indem er einer weiteren Frau den Einzug in den Landesvorstand verweigerte. Auch dieses trägt zur klaren Unterscheidung zwischen Sozialdemokraten und Grünen bei, und daher kann ich zum Schluß nur sagen: „Wir sind auf gutem Wege." So stand es groß zu lesen an der Wand des hessischen SPD-Parteitags. Mit Erschütterung bleibt mir festzuhalten: Meine innere Sozialdemokratisierung schreitet dramatisch voran. Jetzt finde ich schon deren Parteitagsparolen korrekt. Jutta hilf!

*Mittwoch, 26. Februar 1986*

Sitzungswoche. Die Hanauer Nuklearbetriebe haben am Montag bereits das Kabinett beschäftigt. Der Brief von Seipel wurde von der FDP in einem dringlichen Antrag im Landtag aufgegriffen, und die Liberalen wollen nun wissen, ob der Hanauer Rechtsanwalt in bezug auf den illegalen Betrieb der REAKTOR BRENNELEMENTE UNION (RBU) nach Meinung der Regierung recht hat oder nicht. Seipel glaubt eine neue „Stillegungslücke" in meinem Geschäftsbereich entdeckt zu haben: Die Hanauer Nuklearbetriebe bedürfen als chemische Anlagen einer Errichtungs- und Betriebsgenehmigung nach dem Bundesimmissionsschutzgesetz (BIMSCH-G), da sie diese niemals gehabt haben, also Fischer, walte Deines Amtes und schließe sie! Wenn es so einfach wäre, liebend gern, aber frisch, fromm, fröhlich, frei in ein Debakel vor Gericht mit einem damit einhergehenden Koalitionsdesaster zu laufen, kann niemand von mir verlangen. Andererseits kann es ja tatsächlich ein Genehmigungs- oder gar Stillegungsdefizit in meinem Verantwortungsbereich geben, bei den Hanauer Nuklearbetrieben ist alles möglich. Dann würde ich mich durch Untätigkeit schuldig oder mitschuldig machen, auch dies das Ende eines grünen Umweltministers. Wir beschließen, mangels eigenen juristischen Sachverstands im Hause - der von uns ins Auge gefaßte Justitiar kann immer noch nicht eingestellt werden - einen Juristen von außen mit der Untersuchung des komplexen Vorgangs zu betrauen. Mir selbst wäre Geulen, der Sozius von Schily, am liebsten. Ein ausgewiesener Kenner des BIMSCH-G, aber als ich mit Sailer vom Öko-Institut in Darmstadt darüber spreche, flippt dieser nachgerade aus und droht mit Kündigung der Zusammenarbeit und dem Schlimmsten! Meine Fresse, bei den alternativen Experten geht es ebenso sensibel zu wie bei den etablierten Magnifizenzen. Dieses andauernde

Rücksichtnehmen auf jeden Tropf, dieses permanente Ge- und Erpreßtwerden schlägt mir zunehmend aufs Gemüt.

Zurück zum Kabinett am Montag. Es beschloß, daß Steger, der Wirtschaftsminister und für alle Atomfragen zuständig, zuerst eine Regierungserklärung abgibt und ich in der späteren Debatte unsere vorsichtigere vorläufige Position darstellen werde. Die FDP wird der Regierung zwar Uneinigkeit, ja Zerrissenheit vorwerfen können, aber in der Frage der Hanauer Nuklearbetriebe und aller Atomprobleme hat sie ja recht: da ist die Koalition zutiefst uneins.

Gestern, Dienstag, hatte ich das Vergnügen, den Rebell von Borken, den Bürgermeister Kniest (SPD) nebst seinem Planungsexperten für die Borkener Riviera im Landtag höchstpersönlich kennenzulernen. Der Mann sieht seiner Gemeinde sämtliche Felle davonschwimmen, da Borken jahrzehntelang eine reiche Industriegemeinde war. Die Braunkohle geht dahin, das Kraftwerk ebenso, und die PREAG im fernen Hannover hat sich in Borken für ein Atomkraftwerk entschieden. Lieber ein Atomkraftwerk als die Armut, so die einfache Konsequenz von Kniest und Genossen. Irgendwo kann ich sie ja verstehen, auch wenn ich ihre Entscheidung grundfalsch und mehr als kurzsichtig finde, aber im Gespräch spürt man die Verzweiflung des Bürgermeisters. „Strukturwandel" heißt dies im Politikerdeutsch so schön neutralisierend, auch wenn da eine ganze Region stirbt. Zum ersten Mal bin ich als Minister direkt damit konfrontiert und würde Kniest gern helfen. In der Sache Borkener See kann ich ihm jedoch nur versprechen, ein weiteres Mal die Gemeinde anzuhören. Die vorgelegten Pläne bestätigen mich in meiner Auffassung, daß der Kompromiß meines Vorgängers allein zu Lasten des Naturschutzes gehen wird und die Borkener die Salami eben in zwei Teilen zu verspeisen gedenken. Nach fünf Jahren Riviera wird da am Naturschutzgebiet nichts mehr schutzwürdig sein, und dann wird der gesamte See eben Freizeitzentrum. Kniest widersprach meiner Interpretation nicht, sondern schaute mich gequält und schweigend durch seine Brille an.

Das physische Elend ergreift mich, ich bekomme Grippe. Die Nase ist bereits dicht, der Hals belegt, die Stimme rauh, der Kopf schmerzt und dröhnt unter dem Überdruck der verstopften Atemwege, ich fühle mich schlapp, und die Glieder schmerzen. Ich würde am liebsten ins Bett kriechen, aber heute abend habe ich noch eine Verabredung mit einem Vorstandsmitglied der HOECHST AG, einen mit Spannung erwarteten Termin, den ich auf keinen Fall versäumen möchte. Zwei Stunden lang sprechen wir sämtliche gemeinsamen Fragen und Probleme durch: BASTA-Genehmigung, Einleiterbescheide, Giftmüllexport und hessische Lösungen in der Zukunft, Giftmüllvermeidung, Organisationsprobleme der Hessischen Industriemüll GmbH, an der die Industrie und HOECHST beteiligt sind, „Grünenangst" und „Chemieverteufelung", kommende Konflikte oder Möglichkeiten der Zusammenarbeit. Vor den Landtagswahlen 1987 wird sich da wenig tun, ist unser beider Einschätzung, und ansonsten wird man im Gespräch bleiben, vor allem über die BASTA-Genehmigung und die neuen Einleiterbescheide nach deren Erlaß. Zwei Dinge beeindrucken mich besonders: Erstens, daß Großkonzerne zu Industriekirchen erstarrt zu sein scheinen, und zweitens, daß sich ein Dinosaurier von Mäusen echt verfolgt fühlen kann! Ein Weltkonzern, der das Land Hessen mit seinem Umsatz und seiner Macht klein erscheinen läßt, der locker eine eigene Abteilung für Bürgerinitiativen und Einwender mit Topleuten finanzieren und besetzen könnte, fühlt sich von den „Höchster Schnüfflern und Maaguckern" und von Jutta und Manfred verfolgt und diskriminiert! Ich muß trotz voranschreitender Erkältung an mich halten, um nicht die Fassung zu verlieren und mich krächzend schlappzulachen. Auf der Fahrt nach Hause überfällt mich Schüttelfrost, meine Wohnung ist eiskalt, und ich verkrieche mich zitternd unter einem Berg von Decken.

*Donnerstag, 27. Februar 1986*

Wahn oder Wirklichkeit, das Fieber hält mich fest im Griff. Das Telefon klingelt, und es meldet sich Herr Pollack, BILD-Redaktion Frankfurt. Wenigstens jemand, der sich um einen Minister im Elend kümmert. Guten Morgen und wie es mir denn ginge. Ächz und Krächz war die Antwort, und Herr Pollack fließt über vor Bedauern und Mitleid. Er habe im Landtag vernommen, daß ich erkrankt sei und daß da einige Herren der CDU gemeint hätten, ich würde mich vor der Hanau-Debatte drücken, aber dem wäre ja nicht so. Er, so versichert mir dieser wahre Freund dreimal hintereinander, habe dieses niemals für möglich gehalten, aber man wisse ja, wie die Menschen eben so seien. Ich röchle Zustimmung, und mit tröstender Stimme verspricht er mir, er werde von meinem Leiden morgen in BILD vermelden, und überhaupt wünsche er mir gute Besserung und uns beiden eine weitere gute Zusammenarbeit. Oh Gott, das war tatsächlich alles echt, kein Fiebertraum. So also rächt sich Axel Caesar selbst noch posthum für mein jahrelanges „Enteignet Springer!"-Gebrüll. Im Fieberwahn schickt er mir seinen Engel. Ehre hingegen gebürt der CDU-Fraktion im Landtag, die mir trotz Grippeepidemie Kneifen unterstellt, diese Kleingeister. Ansonsten redet Steger, der Rest der Debatte wird abgesetzt, da der Umweltminister fehlt. Ich lasse alle Termine absagen, auch die Landesversammlung am kommenden Wochenende fällt für mich aus. Es wäre gelogen, wenn ich behaupten würde, ich versänke darüber in Depressionen.

*Dienstag, 4. März 1986*

Seit dem 1. März 1986 sind die neuen Einleiterbescheide für die Abwässer der Betriebe der Hoechst AG am Untermain fertig und in Kraft gesetzt. Dick hat im Wiesbadener Landtag eine Pressekonferenz angesetzt, aber ich bin immer noch krank und liege flach. Die Grippe hat mich dieses Jahr vollständig aus den Schuhen gekippt, offensichtlich bin ich mit meinen körperlichen Reserven am Ende. Die Pressekonferenz müsse aber unbedingt stattfinden, so Dick, die erste inhaltliche Konfrontation zwischen Fischer und der Hoechst AG habe einfach zu hohen Symbolwert. Selbst wenn man mich auf der Bahre in den Saal tragen müsse, ich hätte die Einleiterbescheide selbst vorzustellen. Alsdann.

Wir hatten die Bescheidentwürfe aus der Hinterlassenschaft von einem der drei Vorgänger übernommen, und zwar vom Landwirtschaftsminister, bei dem die Wasserabteilung ressortierte. Sie waren zum Jahresende ausgelaufen, und da wir eine neue Bescheidstruktur nebst erheblichen Verschärfungen reinschreiben wollten, hatte ich die alten Bescheide noch im alten Jahr um zwei Monate bis Ende Februar verlängert. Parallel dazu richteten wir außerdem eine Arbeitsgruppe ein, bestehend aus der Fachabteilung, dem Regierungspräsidenten und externen Experten, die als Gutachter verpflichtet und formgerecht bestellt wurden. Diese Arbeitsgruppe hat sich im Zusammenspiel von Verwaltungstradition, praktischer Erfahrung und kritischer Innovation von außen sehr bewährt - die neuen Bescheide suchen ihresgleichen in der Abwasserpolitik der Republik. Sie beinhalten vor allem folgende Schwerpunkte: Erstens erhebliche Reduzierungen der Einleitungserlaubnis für die wichtigsten und gefährlichsten Schadstoffe. Das geltende Wasserrecht geht immer noch lediglich von den „allgemein anerkannten Regeln der Technik" aus, und das heißt praktisch, daß da auch die letzte Giftküche mithalten kann. Grüne und Umweltschützer fordern seit langem, vom „Stand von Wissenschaft und Technik", das heißt vom jeweils Neuesten und eben gerade technisch Machbaren auszugehen. Zweitens beinhalten die Bescheide konkrete Sanierungsvorgaben für das viele Kilometer lange und teilweise uralte Kanalnetz des Werkes Höchst der HOECHST AG, ein enormes ökologisches Problem, eine brisante Altlast gewissermaßen. Drittens werden neue, bisher kaum oder wenig berücksichtigte Schadstoffe in die Bescheide aufgenommen. Vor allem die Vielzahl chlorierter Kohlenwasserstoffe - die meisten davon sind krebserregend oder stehen im Verdacht dazu und sind, zudem frucht- und genschädigend, überreichlich in den Abwässern der modernen Chlorchemie vorhanden. Sie werden nunmehr in einem neuen Summenparameter gemessen (AOX), und für einzelne dieser Stoffe werden zum ersten Mal überhaupt Grenzwerte festgelegt. Viertens - und das ist die wichtigste Neuerung - soll die HOECHST AG endlich durch Eigenkontrolle und deren Mitteilung an die Aufsichtsbehörden zu einem Offenlegen der einzelnen Schadstoffquellen und Schadstoffpfade verpflichtet werden, damit die Schadstoffemissionen im Abwasser zukünftig an der Quelle verstopft oder wenigstens reduziert werden können, bevor sie sich in den Abwasserkanälen unentwirrbar vermischen. Innerhalb eines Jahres soll damit ein Schadstoffkataster erstellt werden, auf dessen Grundlage dann neue Bescheide mit anlagenspezifischen Vermeidungsauflagen erlassen werden können. Dies ist die Strategie einer anlagenbezogenen Industrieüberwachung.

All das trage ich der überfüllten Landespressekonferenz vor – im gleißenden Licht der Halogenscheinwerfer des Fernsehens. Nach einer Viertelstunde bin ich körperlich fertig, das Sprechen und Argumentieren fällt mir zunehmend schwerer, ebenso die Konzentration, aber die Journalisten lassen nicht locker. Immer neue, immer wieder dieselben Fragen: Warum erlaubt ein grüner Umweltminister überhaupt noch Schadstoffeinleitungen? Wieso diese und nicht geringere? Kann das HOECHST bereits? Machen sie schon freiwillig mehr? Die rechtlichen Fallstricke sind den Presseleuten nur schwer vermittelbar, dabei ist noch nicht ein einziger Bescheid gegenüber der HOECHST AG rechtsgültig geworden, sondern alle hängen seit Jahren in den Rechtsinstanzen. Man muß sich genau das immer vor Augen halten, wenn die Industrie über angeblich zögerliche Anlagengenehmigungen schreit und lamentiert. Alle Umweltauflagen werden konsequent bis in die letzte Instanz von diesen Herren beklagt. Wieso soll sich da ein Einwender oder eine Bürgerinitiative eigentlich anders verhalten? Die Pressekonferenz artet in Expertenhickhack aus, in einen Schnellkursus in Wasserrecht, ohne daß dieser allerdings inhaltlich greift. Wie auch, es ist in der Tat schwer faßbar, wenn angesichts der stinkenden Flüsse und des vergifteten Wassers die erlaubte und das heißt legale Wasserverschmutzung tatsächlich die gefährlichste, weil größte Bedrohung ausmacht. Andererseits haben wir gerade in letzter Zeit Urteile kassiert, die auf eine solch herzig formaljuristische Art die Verursacher schützen, daß einem als Umweltschützer schlecht werden kann.

Überhaupt das Verursacherprinzip! Es erweist sich im Licht meiner praktischen Erfahrungen als *der* große Mythos des Umweltschutzes, denn entweder hat man einen Verursacher gestellt, und er weist dann gerichtsfeste Erlaubnisse, Genehmigungen und andere Rechtstitel vor, oder man hat einen, der so etwas nicht besitzt, und dann ist er in den allermeisten Fällen entweder pleite, im Handelsregister erloschen oder gar bereits verstorben. So bleibt dem Staat oft nichts anderes übrig, als in die ewige Ersatzvornahme zu treten, um Gefahren für Bürger und Umwelt abzuwehren, die beschädigte Umwelt zu sanieren und dies alles aus den öffentlichen Kassen zu bezahlen. Und wenn es dann nicht so klappt, wie es die Öffentlichkeit zu recht erwartet, wenn Beamte, wenn Geld, wenn Sachverstand fehlen, so sitzt der Verursacher im Umweltministerium, und die Industrie lacht sich einen ab. Ein einziges Trauerspiel, dieses Verursacherprinzip! Nehmen wir ein aktuelles Beispiel: die Produktion und Beseitigung von Giftmüll. Die Landesregierung produziert nicht eine Tonne Gift selbst, aber nicht die Großchemie wird in der Öffentlichkeit als Ferkel angeklagt, sondern die Regierung. Hier werden wir uns was einfallen lassen müssen, sonst ist das schlimme Ende von der Sache her bereits absehbar.

Zurück zur Pressekonferenz. Nach einer Stunde ist die Tortur für mich endlich zu Ende. Ich bin schweißgebadet, die Versammlung tanzt mir vor den Augen, ich will nur noch raus, weg, nach Hause, ins Bett. An der Tür angelangt knicken mir die Beine weg, ich kann gerade noch nach Chris Boppel, dem grünen Abgeordneten aus Gießen, greifen und mich auf ihn stützen. Die Fraktion nebst Mitarbeitern ist überhaupt stark vertreten, sie wollen sich offensichtlich den Showdown Fischer gegen HOECHST nicht entgehen lassen. Es handelt sich dabei um eine merkwürdige grüne Leidenschaft, nämlich den Besuch eigener Pressekonferenzen, bei denen man selbst nichts zu verkünden hat. Ich kenne das aus Bonn, wo auf drei Journalisten bisweilen sechs Grüne kamen. In Wiesbaden ist es heute nicht ganz so schlimm, im Grundsatz aber wohl nicht anders. Dabei hat ein wackerer Grüner alles andere zu sein als mediengeil, oder? Ähnlich sind die Erfahrungen auf den Parteitagen. Was wird da auf das grelle Licht des Fernsehens, auf die Kameras und Fotografen geschimpft und auf die mediengeilen Promis. Sobald es aber dann 19.00 Uhr oder 20.00 Uhr wird und die Fernsehnachrichten mit den Berichten vom Parteitag beginnen, da sammeln sich die schärfsten Kritiker vor der Glotze und genießen das eben Kritisierte als Medienereignis. Und wehe, wir Grüne werden dann nicht ausgiebig gewürdigt...

Was denkt man sich nicht alles zusammen, um im Fieber

seine Sinne noch einigermaßen zusammenzuhalten. Dick überredet mich auf der Rückfahrt nach Frankfurt, endlich einen Arzt aufzusuchen. Ich stimme matt zu, denn ein solcher Schwächeanfall war mir in meinem bisherigen Leben fremd. Auf der Fahrt zum Arzt grübeln wir gemeinsam über den persönlichen Preis unseres gegenwärtigen politischen Abenteuers Koalition. Bin ich jetzt wirklich ein „Spitzenpolitiker" geworden, mit allem was dazu gehört inklusive drohender Intensivstation?

*Mittwoch, 5. März 1986*

Nach einem weiteren Tag im Bett bin ich auf dem Weg der definitiven Besserung. Die Berichte und Kommentare der Pressekonferenz zu den Einleiterbescheiden von HOECHST sind mit wenigen Ausnahmen positiv. Allein die „Höchster Schnüffler und Maagucker" äußern sich in der „taz" unzufrieden von links, während Springers WELT von rechts dagegenhält.

Durch meine Grippe ist ebenfalls ein seit langem ins Auge gefaßtes Gespräch mit dem Bundesvorstand meiner Partei geplatzt, leider. Norbert Kostedde hat sich darum seit längerem bemüht, aber die Mehrheit der Fundis wäre eh nicht gekommen. Das Verhältnis von Trampert, Ditfurth und den anderen Fundis im Buvo zu mir ist grotesk. Ich stehe nicht einmal im Verteiler der Bundesgeschäftsstelle, sondern erhalte notwendige Unterlagen, etwa zu Bundesparteitagen, erst über den Umweg meines immer noch existenten Abgeordnetenbriefkastens in der Bonner Fraktion – mit erheblichen Zeitverzögerungen. Eine Einladung zum letzten Bundesparteitag in Hagen etwa lag nicht vor, obwohl ich mich dort rechtfertigen sollte für den hessischen Sonderabfallexport, vollkommen unklar blieb auch die Möglichkeit eines Auftritts dort. Hinzu kommt, daß sich Trampert und Ditfurth äußerst ungnädig über das Ansinnen geäußert haben, mich in Wiesbaden zu besuchen. Einem Staatsvertreter würde man nicht hinterherlaufen, auch wenn es ein Grüner wäre, und was habe man denn eigentlich mit dem zu bereden? Es war wohl Ludwig Wittgenstein, der dazu Letztgültiges formuliert hat, indem er meinte, worüber man nicht sprechen könne, müsse man schweigen. Es wird also weiter geschwiegen, eisern.

*Dienstag, 11. März 1986*

Morgens in Stuttgart zum Redaktionsgespräch bei der STUTTGARTER ZEITUNG, nachmittags im Kabinett. Dort findet eine erste Diskussion über die Haltung der hessischen Landesregierung zur künstlichen Befruchtung außerhalb des Mutterleibes statt. Mir ist allein die Vorstellung zuwider, daß nach dem Elend im Kuhstall, von wo die Technik ja stammt, diese nun auf die menschliche Fortpflanzung übertragen werden soll. Im übrigen kann sie nur unter erheblichen Risiken und schmerzhaften Belastungen bei lediglich 5% der unfruchtbaren Frauen zu Anwendung gebracht werden. Die Befürworter argumentieren mit dem Kinderwunsch, aber rechtfertigt dieser ein immer umfassenderes Herummanipulieren mit den menschlichen Genen, das heißt mit dem Menschen schlechthin? Ich glaube nein. Eines Tages wird man uns erzählen, daß die Heilung von Erbkrankheiten die direkte genetische Manipulation und gar Züchtung von Menschentypen rechtfertigen wird, Mama und Papa bestellen sich dann ihren Olympiasieger oder ihre Nobelpreisträgerin beim Onkel Doktor. Der Fortschritt kommt zuerst immer im Gewand der Segnung, denn wer wird ernsthaft gegen die Beseitigung genetischer Behinderungen sein können? Nur, welchen Preis werden wir dafür zu bezahlen haben? Was werden Menschen daraus machen? Ich fürchte, letztendlich eine neue, genetisch verankerte Herrschaft über den Menschen. Die Freiheit der Forschung gilt ja als hohes Gut, ob die Forscher aber und die Erforschten die moralische Statur für diese Freiheit haben, dies darf nicht nur angesichts der Gentechnologie bezweifelt werden. Dem Wirtschaftsminister glänzen ob solchen Fortschritts die Augen, während Börner seine tiefe Skepsis zum Ausdruck bringt. Ich schließe mich dieser Skepsis an, wobei ich bei der SPD den Eindruck nicht loswerde, daß in dieser heiklen Frage wieder „die Arbeitsplätze" im Hintergrund grummeln. Ansonsten streitet man sich ein weiteres Mal über die Unterbringung des

Hessischen Ministeriums für Umwelt und Energie - es ist zum Mäusemelken! - und beschäftigt sich per Zustimmung mit dem deutsch-mongolischen Kulturabkommen und ähnlich weltbewegenden Dingen.

*Donnerstag, 13. März 1986*

Otto Schily hat heute seine Abschiedsrede vor dem Deutschen Bundestag gehalten und ist als Abgeordneter danach zurückgetreten, rotiert. Der Prozeß der Selbstentleibung der grünen Fraktion zu Bonn nähert sich damit der Vollendung, die Nachrücker und die ganze Partei werden dies noch merken.

Nachmittags ein erstes Gespräch mit Vertretern der Firma KALI+SALZ AG, Betreiberin der Untertagedeponie Herfa-Neurode. Man ist sich im Grundsatz über die zweite Schicht und über die Bedingungen für einen möglichen zweiten Schacht der Untertagedeponie gegen Ende der Sitzung einig, wobei mich vor allem beeindruckt, daß die Betreiberin die Akzeptanz all dieser Maßnahmen durch die Betroffenen in der Region als absolute Priorität ansieht. Fast hätte ich es vergessen, aber teuer wird er werden, der zweite Schacht. Auch wenn keine Zahlen genannt werden, so klingen die Äußerungen der zuständigen Herren alles andere als billig. Abends dann noch eine prall gefüllte Veranstaltung des KV Darmstadt in einer urigen Kneipe. Ich blühe richtig auf in der Versammlung.

Gestern abend war ich als Ehrengast des DFB im Waldstadion in Frankfurt beim Länderspiel Deutschland - Brasilien. Es war ein vergnüglicher Fußballabend, denn ich bin noch immer voll naiver bubenhafter Fußballbegeisterung. Was freue ich mich auf die WM in Mexiko! Und genauso begeistert war ich von Brasilien, von der Atmosphäre im Stadion, auch wenn es schon bessere Spiele gegeben hat. Es war nicht das Spiel der Brasilianer, das mich mitriß, sondern es war vor allem der Fußballmythos Brasilien, das Fußballkunstwerk schlechthin, der Sieg der Ästhetik über die Athletik. Ich weiß, ich weiß, alles längst dahin und vorbei, und ausgerechnet Briegel, dieser Sieg der rohen Kraft über alles Schöne im Fußball, köpfte das erste Tor nach zwei Minuten! Wo ich schon bei den rohen Fußballkräften angelangt bin: Wie mag es wohl Franz Beckenbauer, dem „Kaiser", da vorne am Spielfeldrand gehen, wenn er dem bemühten Getrete der Wendejugend auf dem Rasen zuschaut? Der Mann muß doch wahre Torturen leiden. Wie auch immer, ich saß neben meinem Oberbürgermeister und dessen Sohn, Wallmann Junior und Senior. Zumindest menschlich kam man sich näher, und zwar bei den Nationalhymnen, genauer: beim Deutschlandlied. Denn nun weiß ich, daß er zwar laut singen kann, mein Oberbürgermeister, laut und durchdringend, aber leider hart am Ton vorbei. Von „Einigkeit und Recht und Freiheit" sang er so, daß sich mir das Fell sträubte, und zwar direkt ins rechte Ohr. Nach solch einem Kampfsong mußten wir - ja wir! - einfach gewinnen, und so geschah es. Deutschland!!!

*Dienstag, 18. März 1986*

Ich habe die Krätze, genauer: die russische Alukrätze! Es ist wie eine Posse aus dem Leben eines grünen Umweltministers, unübertroffene Realsatire. Da rollen von Osten, aus dem fernen Rußland, über einhundertdreißig Güterwaggons mit Alukrätze - der Name macht schon schaudern! - zu uns nach Hessen herüber, über Bebra sollen sie ins niedersächsische Göttingen zur Weiterverarbeitung. So weit, so gut oder auch schlecht, ein alltäglicher Transportvorgang also, wenn nicht, ja wenn nicht der Firma in Göttingen die Annahme und weitere Verarbeitung der Krätze aus guten Gründen von der dortigen Gewerbeaufsicht untersagt worden wäre. Der zuständige Geschäftsführer sitzt übrigens gegenwärtig wegen irgendwelcher Unregelmäßigkeiten im Knast. Alsdann steht die Krätze nunmehr bei Regen und Morgentau, das heißt bei Feuchtigkeit, giftend und dampfend in Bebra und Kassel-Bettenhausen auf den Bahnhöfen herum. Die Anlieger schreien Zeter und Mordio - zurecht; die Landräte und Bürgermeister sind empört, die Bundesbahn sieht alles ganz anders, der zuständige Wirtschaftsminister wird von niemandem als zuständig betrachtet und schweigt daher, und alle gemeinsam fragen: Was macht eigentlich der Umweltminister? Dabei handelt es sich bei der Krätze gar nicht um Abfall, sondern um „Wirtschaftsgut", aber die Leute haben ja recht, wen interessiert das schon? Da ich keinerlei Zugriffsmöglichkeiten auf dieses „Wirtschaftsgut" im vorläufigen Eigentum der Deutschen Bundesbahn habe, verlege ich mich auf lautstarken Protest beim Bundesverkehrsminister. Die Bundesbahn deckt nun die Waggons mit Planen ab und verschiebt sie in weniger dichtbesiedelte Gebiete Hessens. Die dortigen Landräte reagieren ebenfalls nur noch sauer; jeden Tag überschütten sie mich mit Fernschreiben. Der einsame Höhepunkt dieser Posse wäre allerdings dann erreicht, wenn sich die Deutsche Bundesbahn als nicht zuständig für die Alukrätze erklären und sie mir als Abfall zufallen würde! Wer wäre dann der Verursacher der Misere? Die Firma darf nicht, die Bahn will nicht, und die Russen wollen auch nicht mehr – und ich? Wohin mit diesem Berg von Alukrätze, der dann zu Giftmüll geworden wäre? Nach Schönberg? Nach Herfa? Einfach irre, diese ganze Affäre.

Am Morgen habe ich ein erstes Zusammentreffen mit den Herren von den hessischen Industrie- und Handelskammern und deren Vorsitzenden, Dr. Messer. Er ist der Boss der Firma Messer Griesheim, eine beeindruckende ältere Unternehmerpersönlichkeit, welche das vom Vater und Gründer übernommene Erbe, das Unternehmen also, so wahrhaft erworben zu haben scheint – frei nach Goethe –, um es auch wirklich zu besitzen. Zumindest entnehme ich dies den Zeitungsartikeln aus der FAZ und der FRANKFURTER NEUEN PRESSE, die ich zur Vorbereitung auf dieses Gespräch in meinen Unterlagen finde. Wahre Elogen, die ich da lese, und ergo bin ich tief beeindruckt. Endlich mal kein Funktionär, kein besserer Angestellter, sondern ein echter Unternehmer von altem Schrot und Korn. Das Gespräch betet einmal mehr den schmerzensreichen Rosenkranz hessischer Umweltpolitik durch – Giftmüll, Deponien, Kosten, Altlasten, Genehmigungspraxis bei Neuanlagen, gefährliche Stoffe, etc. etc. Ich führe das Gespräch hauptsächlich mit den Funktionären, die selbstverständlich in Begleitung mit dabei sind, aber es ist dennoch ein interessanter Auftakt, weil ich heute eine bedeutsame Persönlichkeit der hessischen Wirtschaft kennengelernt habe. Wir vereinbaren für die Zukunft weitere Gespräche.

Abends treffe ich mich wieder mit der HOECHST AG, diesmal zu vieren, Koenigs begleitet mich. Meine Enttäuschung ist nahezu grenzenlos, als mich die Herren von HOECHST angesichts einer Reminiszenz an mein morgendliches Treffen über die Beteiligungsverhältnisse bei Messer-Griesheim in trockenem Ton aufklären: zu 60% gehört das Unternehmen der HOECHST AG. Ich beginne an der Marktwirtschaft, der freien, zu verzweifeln. In zwei Punkten zeichnet sich dann eine interessante Entwicklung ab, nämlich bei den Einleiterbescheiden und bei BASTA. In beiden Fällen soll nach einer Verhandlungslösung gesucht werden. Insgesamt verstärkt sich der Eindruck bei uns, daß man bei der HOECHST AG eine vorsichtige Öffnung versucht in Richtung eines kooperativen Kurses gegenüber BIs und Umweltbewegung. Auf dem Heimweg unterhalten sich Koenigs und ich über die Risiken unserer Politik gegenüber HOECHST, die Verhandlungslösungen sucht, den Konflikt dabei aber nicht scheut. Wir werden dabei erheblichen Druck von links bekommen, da sind wir uns sicher, denn Sailer verfolgt unsere Bestrebungen bereits mit fundamentalem Mißmut, und auch unsere Wasserexperten zeigen viel Skepsis. Wer sich mit HOECHST einläßt, der geht dabei unter, so der emotionale Tenor dieser Kritik, die in der Sache eher diffus bleibt, in der Stimmung jedoch umso konkreter wird. Dennoch sehen wir keinen Grund, unseren Kooperationsversuch auf klarer eigener Interessengrundlage abzubrechen. Eine grüne Umweltpolitik in der Exekutive, die sich an den sattsam bekannten Gräben zwischen Umweltbewegung und Industrie aufhalten läßt, wird kaum gestalten können.

*Donnerstag, 20. März 1986*

Gestern habe ich im Plenum des Hessischen Landtages kurz vor Ende der Sitzung eine ausführliche, quälend sachliche Rede vom Blatt über die Lage der Grundwasserversorgung im hessischen Ried gehalten. Die Fachabteilung und Schaeffer hatten sich viel Mühe gegeben, aber irgendwie stimmten Inhalt und Form des Vortrags wohl nicht überein. Es entstand erhebliche Unruhe unter den Abgeordneten, vor allem als ich

18.00 Uhr überschritten hatte, denn ein pünktlicher Feierabend ist dem Landtag ein hohes Gut. Ich las das feuchte Thema zu Ende und hatte anschließend ein trockenes Maul. Ansonsten war das wohl nichts.

Heute abend wird der scheidende Intendant des Hessischen Rundfunks mit einem großen Empfang nebst Symphonieorchester und mit einem wahren Marathon an Jubelreden und -rednern verabschiedet. Claudi begleitet mich, und neben der Musik bringt die allfällige Ordensverleihung aus gegebenem Anlaß ein gewisses Vergnügen. Der scheidende Intendant erhält aus den Fäusten des hessischen Ministerpräsidenten das Bundesverdienstkreuz. Börner verliest mit der Monotonie eines tibetanischen Mönches beim Gebet die Verdienste des zu Dekorierenden, ergreift dann die Schleife, zieht sie dem Intendanten ruckartig über den Kopf, wobei sich die zu ehrende Nase als ein ernstes Hindernis erweist, dann ein zweiter Ruck, und das Bundesverdienstkreuz baumelt endlich dort, wo es hingehört, nämlich am Hals. Ein Händedruck, und auf dem Absatz kehrtmachend stampft der Ministerpräsident davon, während der festlich Ordensbehängte zwischen Stolz und Verlegenheit schwankend auf der Stelle verharrt. Anschließend folgt Laudatio auf Laudatio, eine gräßlicher als die andere, umrahmt und beendet nach schier endloser Zeit durch krachende Symphonien. Weshalb besteht der durchschnittliche Mitteleuropäer eigentlich auf solcherlei Ehrung für seine Verdienste? Ich empfinde sie als ausgesuchte Peinigung von Körper und Geist, allein den Geehrten scheint es zu gefallen. In Bonn hatte ich damit bereits einschlägige Erfahrungen gesammelt, nur daß dort dem zu Ehrenden noch eine große rote Schärpe umgehangen wurde, schlechtsitzend und eindeutig an eine Grabschleife erinnernd, aber auch da nahm man es nicht als Brüskierung, sondern vielmehr mit eitler Freude auf. Wie auch immer, Orden sind der billigste Lohn, den das „Vaterland" zu vergeben hat, um vieles wirksamer als Stellen und Geld und eben billig. Jüngst las ich, daß der alte Adenauer das Bundesverdienstkreuz eingeführt hatte, um bei Staatsempfängen die hochmögenden Herren von den Oberkellnern unterscheiden zu können. Eine zwingende Begründung, die mich wahrhaft überzeugt, dennoch stehe ich mehr auf Oberkellner.

*Freitag, 21. März 1986*

Frühlingsanfang und Pressekonferenz im Landtag zu den ersten 100 Tagen. Ich lege einen Hunderttagebericht vor und das Konzept zur Sonderabfallpolitik. Zudem ist es uns gelungen, am Dienstag mit der PREAG zu einem Vertragsabschluß über die Rauchgasentschwefelung und Entstickung des Kraftwerks Staudinger bei Hanau zu kommen, und auch über die Entschwefelungsanlage für das Kraftwerk Borken. Sowohl bei der Entschwefelung als auch bei der Entstickung werden die Werte der TA Luft und die Vorgaben der Umweltministerkonferenz erheblich unterschritten. Das Ganze umfaßt ein Investitionsvolumen von über 600 Millionen DM. Eine wahrhaft gute Nachricht also, und so gehe ich gutgelaunt vor die Landespressekonferenz. Nach einem längeren Vortrag meinerseits gibt es nur noch einige wenige Zusatzfragen, und das große Ereignis, das uns soviel Arbeit und Mühe in der Vorbereitung gekostet hat, ist vorbei. Nächste Woche fahre ich in Urlaub.

Einhundert Tage sind verstrichen, und ich frage mich täglich selbst, ob ich diesen Job noch einmal machen würde. Nach dem heutigen Kenntnis- und Erfahrungsstand antworte ich mit einem klaren Nein! Schlimm habe ich mir das Regieren als Grüner ja vorgestellt, mühselig und beladen, aber keineswegs so. Von außen betrachtet hält sich das Ministerium recht achtbar, aber um welchen Preis! Es knirscht an allen Ecken und Enden, es mangelt überall an Verwaltungserfahrung, an juristischem Sachverstand, an Personal, die Nervenenden liegen bloß, alle sind überreizt, und Krach und Mißverständnisse sind allgegenwärtig. Allein der Staatssekretär bewahrt stoische Ruhe.

Nach außen bewahre ich Haltung, aber täglich muß ich das Gefühl in mir niederkämpfen, überfordert zu sein, es nicht zu schaffen. Dabei weiß ich nur zu gut, daß es kein Zurück mehr gibt, ein Ende ist nur in Schrecken vorstellbar oder am Wahltag in Hessen im September 1987. Ich hasse diese Situation der Alternativlosigkeit, dieses Ausgeliefertsein an die Macht der Verhältnisse, und in meinem ganzen bisherigen Leben - darunter verstehe ich ehrlicherweise immer die Zeit seit meinem 18. Lebensjahr - habe ich alles unternommen, um genau einem solchen Zwang der Verhältnisse zu entgehen. Nun stecke ich bis zum Hals drin!

Was nach den ersten 100 Tagen ins Auge springt, ist die mangelnde Modernität der Verwaltung. Schon die Umweltabteilung der HOECHST AG, von deren Rechtsabteilung ganz zu schweigen, dürfte die Schlagkraft der Umweltverwaltung der Landesregierung um ein Vielfaches übertreffen. Die Hoechster sind hochmodern ausgerüstet mit EDV, Labors und intimer Kenntnis ihrer Umweltprobleme. Regierungspräsident und Ministerium befinden sich dagegen noch in der guten alten Zeit der Handakte! Und dies in einem industriellen Kernland wie Hessen, in einem der wichtigsten Chemiestandorte der Republik! Die Umweltverwaltung macht noch im wahrsten Sinne des Wortes mit dem Fahrrad Jagd auf Umweltsünder.

Aber bald wird man harte Fakten von uns verlangen, wird man uns für strukturelle Versäumnisse des letzten Jahrzehnts verantwortlich machen - Stichwort Giftmüllexport -, wird man von uns schnelle Lösungen erwarten. Wenn alles gut geht, wird es allenfalls ein erfolgreicher Kampf ums politische Überleben werden. Der Wirtschaftsminister, Herr Steger, gibt uns maximal ein halbes Jahr.

*Dienstag, 8. April 1986*

Der Osterurlaub ist zu Ende, die Regierungsgeschäfte haben mich wieder. Mittagessen mit Sailer und Fritsche vom Darmstädter Öko-Institut. Die Herren werden zunehmend ungehaltener über das Ministerium, alles ginge viel zu langsam in der Umsetzung, etwa im Giftmüllbereich die Erstellung eines Vermeidungskonzeptes, die Vorbereitung der Altanlagensanierung nach der TA-Luft Novelle, die Frage neuer Standorte für Sondermüllverbrennung und Deponien etc. Sailer droht mir mehr oder weniger unverblümt, er würde einen 200-Tage-Bericht schreiben, wenn sich hier nicht schnell Besserung zeigen würde.

Die Fundis im Umlandverband Frankfurt/M. haben ein neues Thema für sich entdeckt: Grüne gegen grünen Umweltminister. Die Hessenseiten der Zeitungen füllen sich mit dem scheinbaren Widerspruch zwischen Basis und Überbau. Ich soll keine Filterstäube mehr nach Frankreich exportieren, soll die Produktion dieser Stäube verhindern, wäre überhaupt unfähig, die Industrie in die Schranken zu weisen. Die Grünen im Umlandverband wollen gegen mich am 19. April in Wiesbaden demonstrieren, und die Medien sind entzückt, verständlicherweise. Ob das eine Massendemonstration werden wird?

*Mittwoch, 16. April 1986*

Mein Geburtstag ist vorüber. Mit dem 12. April habe ich nunmehr das achtunddreißigste Jahr erreicht, grau färbt sich das Haar, mächtig wölbt sich der Bauch und überhaupt: Auf fatale Weise prägt das Amt die Figur. Nebbich, denn am Morgen erwartet mich der Haushaltsausschuß des hessischen Landtages in seiner ganzen fiskalischen Strenge. Ich muß dort meinen eigenen Haushalt vertreten, Einzelplan 010 (Umwelt und Energie). Da sitzt sie nun, die Opposition, und geißelt die rotgrüne Verschwendung in Gestalt einzelner Haushaltstitel und der Millionen insgesamt. Peinlich wird da der Minister befragt von alten Parlamentshasen, die seit Jahren oder gar Jahrzehnten mit ihren Stühlen verwachsen sind, und ich begehe zu Beginn den Fehler, sachliche Antworten zu versuchen. Welch Irrtum! Nach zweimaligem höhnischem Gelächter lege ich politisch los, und siehe da, die Opposition wird manierlich. Ein Ausschuß also wie jeder andere. Die Opposition wird dominiert von „Mehrzweck-Otto" Wilke (FDP), einem Elektromeister aus Nordhessen, ehemaliger Fraktionsvorsitzender der FDP zu Zeiten der sozialliberalen Koalition und heute, wie gesagt, Hans Dampf in allen liberalen Gassen des Wiesbadener Landtags. Otto Wilke erinnert durch Figur und Physiognomie an einen altgewordenen Keiler. Donnernd sind seine Anklagen wider die Frivolitäten des rot-grünen Chaos, die er stets mit einem gedehnt-schallenden „Herr Minister" einleitet. Über angebliche „rot-grüne Verschwendungsprojekte", wie etwa das Energiespargesetz mit seinen Fördergeldern für eine rationelle Energienutzung, schimpft er lauthals zum einundneunzigstenmal, Sprungbeförderungen und die sogenannte grüne „Vetternwirtschaft" im Umweltministerium entlarvt er zum siebzehntenmal.

Die erste Haushaltsausschußsitzung endet mit dem erwarteten Sieg des Einzelplans 010.

Abends bin ich in Borken zum „Stadtgespräch", einer Sendung des III. Hessischen Fernsehprogramms. Politiker aus Stadt, Kreis und Land stellen sich live dem Souverän. Borken ist nicht gerade die Heimat der neuen Mittelschichten und urbanen Subkulturen, über sechzig Prozent SPD in Stadt und Landkreis, ein kleines Wanne-Eickel mitten im grünen Nordhessen. Da sitze ich nun in der Höhle der Löwen - Arbeitsplätze, Kraftwerk, Atomkraftwerk, Borkener See, von den Grünen blockierte Autobahn und nochmals Arbeitsplätze sind die heißen Themen. Von Anfang an ist die Mehrheit im überfüllten Saal gegen mich. Eine Bergmannskapelle in Uniform bläst zur Ouvertüre, und dann geht's los: mächtiger Beifall für die Freunde des Atomkraftwerks. Ich halte entschieden dagegen, nehme kein Blatt vor den Mund und weiche den Fragen nicht aus. Kein Atomkraftwerk, einstweilige Sicherstellung des Borkener Sees, keine Autobahn. Die Diskussion mit dem Publikum wird sachlich hart, aber niemals unfair. Nach der Veranstaltung trinke ich mit den Borkener Atomfreunden noch einige Gläser Bier, und wir diskutieren weiter. Die Borkener sind zu Atomfreunden geworden, weil sie Angst haben, ihre Arbeitsplätze zu verlieren, wenn die PREAG 1993 ihr altes Braunkohlekraftwerk schließt. Anstrengend war er, der Abend, anstrengend aber herzlich.

*Freitag, 18. April 1986*

Gespräch mit dem VHU, dem hessischen Unternehmerverband: Atmosphäre belauernd, die Herren arrogant erhaben und von der Auskunftsfreude einer Wand.

Notizen eines Zeitungslesers: „Ich demonstriere gegen Fischer, weil er keinen Erfolg hat." Ein wahrhaft zwingender Grund! Dem DARMSTÄDTER ECHO entnehme ich die Weisungen des grünen Müllfundis Robert Schweitzer, dem Initiator der morgigen Demo gegen den Müllexport nach Frankreich: „Im Grunde müßten auch Herfa, ja überhaupt alle Deponien geschlossen werden. Nur so schafft man ein neues Bewußtsein: Müll muß nicht beseitigt werden, er darf gar nicht erst entstehen." Aha! Weitere Schlagzeilen: „Fischer in der Klemme: Wohin mit Hessens Filterstaub?" „Giftmüll: Grüne wollen den Druck vergrößern - Umland-Fraktion nennt Fischer einen 'Hanswurst'." „'Fundis' wollen Fischer auf die Sprünge helfen." Mein Kommentar: „Joschka Fischer: Kicken statt demonstrieren."

*Montag, 21. April 1986*

Notizen eines Zeitungslesers, Teil II: „Hopp, hopp, hopp - die Demo gegen Joschka war ein Flopp." So die FRANKFURTER NEUE PRESSE zu dem Demonstrationsereignis vom letzten Samstag in der Wiesbadener Innenstadt. Die CDU scheint die fundamentalen Zeichen der Zeit richtig erkannt zu haben und plant eine große Abrechnung mit Fischers gescheiterter Müllpolitik.

Einen Angriff der leckersten Art gibt es auch aus meiner Heimatstadt Frankfurt zu vermelden: Wallmann und Daum hatten bereits am Freitag, dem Vorabend der Fundi-Demo, zu einer stark beachteten Pressekonferenz in den Römer geladen. Wegen der Einlagerung der Frankfurter Filterstäube in Herfa hatten sie mir zuvor ein Ultimatum gestellt, Originalton FAZ: „Die Einleitung eines Normenkontrollverfahrens beim Hessischen Verwaltungsgerichtshof hat gestern Oberbürgermeister Wallmann dem Wiesbadener Umweltminister Fischer angedroht, sofern dieser nicht bis zum 30. Juni genehmigt, den Filterstaub aus der Müllverbrennungsanlage in der Nordweststadt auf Hausmülldeponien zu lagern. Damit verlangt Wallmann von Fischer, eine Anordnung seines Vorgängers aus dem Jahre 1978 aufzuheben." Wir sind uns sehr schnell darüber einig, Wallmann und Daum ruhigen Blutes kommen zu lassen. Die Fachargumente liegen auf unserer Seite: Weniger die geringe Dioxinbelastung als vielmehr die Schwermetallbelastungen und deren leichte Mobilisierbarkeit bei Berührung mit Wasser sind es, die die hessische Einstufung der Filterstäube als Sondermüll Kategorie II unverzichtbar machen. Zudem läuft die Fachdiskussion in der Länderarbeitsgemeinschaft Abfall und im Umweltbundesamt in dieselbe Richtung. Ich halte daher die Drohung dieses Frankfurter Duos Infernale für eine Show, die lediglich das Rahmenprogramm für die kommende Abfalldebatte im Landtag absteckt. Soviel zur momentanen Gefechtslage, die sich so schnell nicht ändern wird.

*Mittwoch, 23. April 1986*

Wohlvorbereitet gehe ich in die Plenardebatte zum Thema Sondermüll in Hessen. Ich habe ein voluminöses Manuskript in der Tasche, eine gute Rede, wie ich finde, sachlich und polemisch, erläuternd und attackierend zugleich. Im Bundestag wäre es sicher ein rundum gelungener Auftritt geworden, heute im Landtag bin ich aber alles andere als zufrieden. Bereits nach zwei Minuten weiß ich, daß ich mich vom Manuskript lösen müßte, denn hier, in diesem kleinen Raum des Landtags, wirkt eine verlesene Rede einfach nicht. Erstens bin ich damit im Bundestag schon einmal auf die Schnauze gefallen, zweitens fühle ich mich sachlich noch recht unsicher, und drittens fehlt mir im Moment schlicht der Mut, in dieser wichtigen Debatte eine Risiko einzugehen. Also bleibe ich am Manuskript hängen.

Manfred Kanther, Generalsekretär der hessischen CDU und begabtester Rhetoriker im hessischen Landtag, repliziert, und er tut es glänzend. Im wesentlichen frei sprechend, hantiert er virtuos mit der Geschichte der Abfallpolitik der vergangenen Jahre und würzt sie mit ätzender Polemik. Die Moral von der Geschichte: Merke, von einem überlegenen Gegner ist es vorteilhaft zu lernen. Die Lektüre vergangener Briefwechsel, Plenar- und Ausschußprotokolle wird zu meiner sonstigen Aktenlektüre hinzukommen müssen. Ich mache mir aber auch keine Illusionen darüber, daß ich der weit über ein Jahrzehnt andauernden Zugehörigkeit Kanthers zum Hessischen Landtag gegenwärtig wenig entgegenzusetzen habe. Er geht daher als eindeutiger Punktsieger von der Tribüne, so meine eigene Bewertung - auch wenn die öffentliche Darstellung gnädiger ausfällt. Aber: Das nächste Mal wird es schwerer für Kanther, denn ich weiß jetzt, wie man hier zu reden hat.

Kanther ist eine bizarre Figur, ein echter Zögling des schönen Don Alfredo Dregger, und wie sein großer Bruder ist er nicht nur deutschnational bis in die Knochen, er sieht auch noch so aus! Schneidend autoritär in Gestus und Diktion führen seine flammenden Tiraden zu atavistischen Reflexen bei seiner Fraktion: Wie besessen hämmert die CDU dann auf das zerbrechliche Gestühl des Landtags ein, einer Primatenhorde gleich, die sich im rituellen Klopfen auf morsches Holz ihrer Gemeinschaft zu versichern pflegt. Und das betreiben die seit 41 Jahren so! Man kann solches Verhalten wohl als die fatalen Regressionen einer überlangen Oppositionszeit qualifizieren, denn die FDP gibt sich als Fraktion weitaus zurückhaltender, vornehmer. Die CDU hingegen hämmert, daß die Späne fliegen.

Kanther erinnert mich an so manchen meiner Lehrer, Veteranen des II. Weltkriegs und beseelt von dessen Ungeist. Er lädt zur antiautoritären Provokation direkt ein, leider sind einem Minister da enge Grenzen gesetzt. In diesen Momenten wäre ich gerne ein grüner Abgeordneter... Der schneidige Generalsekretär scheint verbittert, in der Antwort auf mich bricht es elementar heraus: Ich wäre ja wohl durchs Glasdach von Bonn herab auf den Ministersessel gefallen, und dort hätte ich die „alten Staatsmänner" mit frechen Reden geärgert, aber hier, im Landtag, da ginge es um konkrete Fragen und harte Arbeit! (Hämmerndes Klopfen der CDU!) Ich kann ihn ja verstehen, den Manfred Kanther, denn mit seinen Talenten gäbe er allemal einen passablen Staatssekretär in Bonn ab. Stattdessen fault er auf den Wiesbadener Oppositionsbänken vor sich hin – und dann auch noch lediglich als zweiter Mann in der Fraktion.

Über ihm thront Gottfried Milde, der Fraktionsvorsitzende und oberste Hämmerer der CDU, ein unsäglicher Prediger vor dem Herrn. Einer von jenen begabten Rednern, welche volle Säle flugs zu leeren vermögen. Im Vergleich zu Milde sind Mischnik und Waigel noch wahre Heldentenöre der politischen Rede, und das will etwas heißen! Dennoch ist Milde mehrheitsfähig in der CDU, der wesentlich begabtere Kanther aber nicht. Sie fürchten und respektieren ihn in der Unionsfraktion, wählen aber einen anderen. Ein seltsames Paar, diese beiden Unionsfürsten in der ersten Reihe des Landtags. Und noch etwas: Milde und Kanther sind die verläßlichsten Stützen der rot-grünen Koalition, denn ihre deutschnationale Klassenkampfalternative von rechts macht der SPD jede Annäherung an die CDU unmöglich. Solange die Union von Kanther und Milde in der äußersten rechten Ecke festgehämmert wird, ist für die Koalition wenig zu besorgen, zumindest was die CDU betrifft. Hegel und Marx hatten recht mit ihrer Dialektik: Es gibt sie, zumindest in Hessen, wo Alfred Dregger und seine Jünger zu den Garanten der rotgrünen Volksrepublik geworden sind! So kann es gehen...

*Freitag, 25. April 1986*

Besuch der Untertagedeponie Herfa-Neurode, Grubeneinfahrt in zünftiger Bergmannskluft. Jetzt bin ich endgültig mit den Insignien der etablierten Politiker versehen, nämlich mit der öffentlich begleiteten Fahrt in ein Bergwerk. Der Kanzler im Pütt, die Minister vor Ort, Fischer mit Grubenlampe – es mußte ja so kommen. Ansonsten ist die Deponie beeindruckend. Kurz vor der Abreise überreicht mir der Landrat

zwei Eimer mit Alukrätze. Er bittet mich, diese bei der Hessischen Landesanstalt für Umwelt chemisch untersuchen zu lassen. Ich sage zu, wundere mich aber, woher er die Krätze hat, denn nicht einmal die HLFU hat dergleichen von der Bundesbahn zur Analyse erhalten. Auf meine Frage lächelt der Landrat verschmitzt und verweist auf die schlichte Tatsache, daß er in seinem Kreis noch immer alles bekommen habe, was er wollte. Mit der Alukrätze im Kofferraum brausen wir zurück nach Wiesbaden.

*Montag, 28. April 1986*

Nachts, zwölf Minuten nach eins. Ich bin schon beim Einschlafen, leicht hinüber, da fragt mich Claudi, ob ich heute abend Nachrichten gehört hätte. Nein? In der Sowjetunion sei ein schweres Unglück mit einem Atomreaktor passiert, der sei angeblich außer Kontrolle geraten. Ich sitze senkrecht im Bett!

*Dienstag, 29. April 1986*

Noch beim Frühstück telefoniere ich mit Koenigs. Wir klären die Zuständigkeiten und stellen fest, der Sozialminister als Strahlenschutzminister muß handeln.

Wiesbaden ist politisch verwaist. Der Ministerpräsident weilt im fernen Jemen, der Rest der Regierung mit der SPD-Fraktion irgendwo in Klausur. Ich erreiche den Sozialminister Clauss später telefonisch in Nordhessen. Die Einrichtung eines Krisenstabs wird im Laufe des Tages beschlossen. Wir richten zudem einen kurzen Draht zum Öko-Institut in Darmstadt ein, denn wir wollen neben den offiziellen Informationen deren kritsche Prüfung. Mein Anruf bei Fraktion und Bundesvorstand in Bonn zeigt tiefe Ruhe. Die meisten Vorstands- und Fraktionsmitglieder seien im Niedersachsenwahlkampf, so der Bundesgeschäftsführer Eberhard Walde, und man habe bereits eine Presseerklärung gemacht. Ich agitiere den Eberhard richtiggehend am Telefon. Zwei Stunden später ruft mich Trampert persönlich an im Ministerium, zum ersten Mal überhaupt, und wir stimmen das politische Vorgehen und Informationswege ab. Schily erreiche ich in der Fraktion, ebenso Hannegret Hoenes vom Fraktionsvorstand. Wir verabreden volle Mobilisierung. Politisch sind die Motoren also angeworfen, allein, wie reagiert man als Umweltverwaltung auf einen Super-GAU, 1500 Kilometer von hier entfernt?

*Mittwoch, 30. April 1986*

Die Sitzung der Umweltminister im Kloster Eberbach ist von dem Super-GAU überschattet. Der Vertreter des Bundes, Staatssekretär Kroppenstedt vom Innenministerium, pendelt beständig zwischen Telefon und Sitzungssaal hin und her. Informationen gibt er aber so gut wie keine an die versammelten Minister weiter. Ich sitze neben Kroppenstedt und Töpfer (CDU), als mir am späten Nachmittag die Nachricht vom angeblichen Brand eines zweiten Reaktors in Tschernobyl reingereicht wird. Kroppenstedt bestätigt, und Töpfer neben mir wird blaß und ringt um Fassung. Auch Kroppenstedt macht einen nur noch ratlosen Eindruck. Die Atomfreunde unter den versammelten Umweltministern scheinen nun erst die ganze Katastrophe zu begreifen.

Die ersten Stellungnahmen von Zimmermann und Riesenhuber fallen erwartungsgemäß atemberaubend aus: keine Gefahr für Westdeutschland, und bei uns kann so etwas nicht passieren! Den regierenden Atomfuzzis ist bewußt, daß mit dieser atomaren Technikkatastrophe im fernen Rußland der Machtkampf um den Ausstieg aus der Atomenergie in der Bundesrepublik in eine entscheidende Phase eingetreten ist, und entsprechend verrucht lügen die Bonner Herren ihr Volk im Fernsehen an! Es bleibt allerdings die einsame politische Spitzenleistung meines Kollegen Steger, an diesem Tag noch weit rechts von Zimmermann aufzutauchen: Die Grünen fordert er dazu auf, den Ausstieg nicht hier zu erlangen, sondern gefälligst in Rußland gegen deren unsichere Atomkraftwerke zu demonstrieren. Die hessischen Atomreaktoren in Biblis seien „extrem gesichert“. Nach dem Super-GAU explodiert hier eine politische Knalltüte.

Deprimiert und wütend zugleich fahre ich nach Hause: Alle

Verantwortlichen wußten, daß diese atomare Katastrophe jederzeit möglich war und ist, alle wollen sie uns noch heute dieses Risiko zumuten. „Atomfeuer in der Ukraine – Moskau ruft um Hilfe“ schlagzeilt heute selbst die FAZ. Vielleicht kommt es jetzt angesichts dieser Katastrophe zum großen Erwachen, zur Umkehr, zum Ausstieg?

*Donnerstag, 1. Mai 1986*

Ein herrlicher Tag, viel Sonne, strahlend blauer Himmel und eine Ostwetterlage, die Luftströmung kommt von Osten, von Tschernobyl her. Die Werte weisen kontinuierlich nach oben. Koenigs unterrichtet mich zu Hause per Telefon von der absurden Situation an der Grenze zur DDR in Herleshausen. Auf Weisung des BMI werden dort die Fahrzeuge aus Osteuropa nach Radioaktivität vermessen und im positiven Falle aufgehalten. Und dann? Schnell läuft eine erhebliche Zahl an kontaminierten Fahrzeugen auf, Familien mit Kindern warten seit Stunden auf ihre Weiterreise. Da läßt der Landrat den ABC-Trupp der freiwilligen Feuerwehr Bad Hersfeld in den frühen Morgenstunden anrücken. Die Fahrzeuge werden zum Zollabfertigungsbereich beordert und vom ABC-Trupp abgespritzt. Die radioaktive Brühe rinnt über einen Regenwasserkanal in die nahe Werra!

Wir beschließen, nach Herleshausen zu fahren. Während ich auf die anderen warte, setze ich mich an die Schreibmaschine und formuliere die Struktur für ein Ausstiegsszenario, das die Leute vom Öko-Institut in Darmstadt umgehend erarbeiten sollen. Ich bin mir sicher, daß die Energiepolitik in den kommenden Wochen von der Frage der Machbarkeit des Ausstiegs und der Energiealternativen bestimmt werden wird. Darauf will ich vorbereitet sein.

In Herleshausen stoßen wir auf absurde Verhältnisse: Mit Meßgeräten bewehrte Grenzschützer, Umweltbeamte und Feuerwehrleute vermessen völlig irritierte Fernfahrer aus Griechenland, Ungarn und der Türkei. Das Abwasser verfügt über Radioaktivitätsgrade, die einen Schaudern machen. Es ist schon irre, einmal vor Ort zu erleben, wie ein voluminöses Fernschreiben des BMI, über einen halben Meter lang, im

Vollzug vor Ort schließlich umgesetzt wird. Wie soll das eigentlich bei einem Super-GAU in Biblis funktionieren? Was nützt die Dekontaminierung der Fahrzeuge, wenn die Radioaktivität in konzentrierter Form Umgebung und Gewässer belastet? Wo ist der Katastrophenschutz? Ich erfahre, daß es sich hier um keine Katastrophe handelt und deshalb der Katastrophenschutz nicht zuständig ist. Aha!

Am späten Nachmittag hat die radioaktive Wolke Südhessen erreicht. Der zuständige Abteilungsleiter der Hessischen Landesanstalt für Umwelt (HLFU) fordert mich am Telefon zum Handeln auf: Die Kinder sollten in die Wohnungen geholt, sorgfältig gereinigt und vor allem ihre Haare gewaschen werden; die Gras- und Milchpfade in der Landwirtschaft wären vordringlich zu überprüfen, die Bauern zu warnen und zu unterrichten. „Die Landesregierung muß jetzt handeln, Herr Minister!"

Ich rufe den Sozialminister in dessen Wochenendhaus an, werde aber auf einen Rückruf verwiesen, denn Clauss will sich erst mit dem Krisenstab rückkoppeln. Nach zehn Minuten erfahre ich, daß die Experten noch tagen. Nach weiteren zehn Minuten rufe ich erneut bei Clauss an, der sagt: Wir seien beide keine Strahlenexperten, und die allein hätten die Entscheidung zu treffen. Er denke nicht daran, sich hier Kompetenzen anzumaßen, die er nicht habe, und ich möge mich gefälligst raushalten. Und im übrigen, wieso mache der zuständige Katastrophen-Minister, der Innenminister, nichts? Kompetenzdebatten, während die Zeit davonläuft. Zweimal rufe ich noch an, zweimal keine Entscheidung, kein Ergebnis. Jetzt mußt du allein entscheiden, Fischer.

Täuschen wir uns in der Lagebeurteilung, so gibt es Prügel und Hohn und Spott; täuschen wir uns aber nicht und schlagen wir aus Unsicherheit und entgegen der Zuständigkeit keinen Alarm, werden wir uns kaum noch selber ins Gesicht sehen können. Gegen 19.30 Uhr gebe ich Dick grünes Licht, damit wir die 20.00 Uhr-Nachrichten noch erreichen, denn um 21.00 Uhr liegen die meisten Kinder bereits im Bett, und dann ist es zu spät. Wir schaffen es noch mit der Warnung: „Der hessische Umweltminister fordert alle Eltern auf..."

*Freitag, 2. Mai 1986*

Im Krisenstab wird der Grenzwert für Milch bei 20 bq/l festgelegt. Darüber liegende Milch muß zurückgehalten und darf nicht in den Handel gebracht werden. Ein umfangreiches Meßprogramm für Lebensmittel (Milch, Frischgemüse etc.) wird festgelegt. Man beginnt, Maßnahmen für die Landwirtschaft, Molkereien und Gärtnereien zu beschließen. Aus Bonn meldet sich die Strahlenschutzkommission mit seltsamen Äußerungen: Nichts sei zu befürchten, aber man solle doch vorsichtig sein. Daher würde empfohlen, für Milch den Grenzwert von 500 bq/l einzuhalten. Unabhängige Strahlenschutzexperten legen ihn in Hessen auf 20 bq/l radioaktives Jod fest. Denn nach ihrer Rechnung hätten Kleinkinder mit hohem täglichem Milchverbrauch bei den Bonner Werten innerhalb weniger Wochen die zulässige Jahresdosis erreicht.

Die Öffentlichkeit scheint erst jetzt und ziemlich schockartig zu begreifen. Die Telefone in den Ministerien sind überlastet. Spät abends, ich bin allein im Büro, erreicht mich noch ein Anruf eines irritierten Hühnerhalters, was er denn mit den Eiern seines Federviehs machen sollte. Ich gestehe meine Ratlosigkeit und mahne zur Vorsicht.

Nachmittags Koalitionsgespräch: Der sozialdemokratische Fraktionsvorsitzende Ernst Welteke macht mich wegen meiner gestrigen Warnung im Rundfunk an, von wegen Panikmache und so. Kurz danach erhalte ich per Telefon die neusten Werte über die Radioaktivität im Gras. Sie übertreffen unsere schlimmsten Erwartungen um ein vielfaches. Ich teile die Zahlen der Runde mit und frage Welteke, ob er immer noch der Meinung sei, ich hätte gestern übertrieben. Gegen Ende der Koalitionsrunde kommt Börner, direkt vom Flugzeug aus dem fernen Jemen. Er hält Tschernobyl für eine historische Zäsur, meint, die Welt danach werde eine andere sein. Ich höre schweigend zu, frage mich aber, welche Konsequenzen er daraus für die Atompolitik in Hessen zu ziehen gedenkt.

*Samstag, 3. Mai 1986*

Tschernobyl macht die BILD-Zeitung zum Organ der Anti-Atom-Bewegung: „ATOMSTAUB - Neue Gefahr - München: Kinderspielplätze verseucht; Berlin: 24 000 Liter Milch beschlagnahmt; Bayern: Fenster zu; Frankfurt: Mütter, duscht eure Kinder, Gemüse waschen!“ Die atomare Wolke führt im alltäglichen Leben zu einer vollständigen Umwertung aller Werte, Trockenmilch wird zum Renner, Mineralwasser ist ausverkauft. ALDI wird von Müsli- und Kräuterfreaks gestürmt! Längst vergessene Reinigungsrituale sind plötzlich wieder angesagt. Welche Veränderungen des Alltags würde erst ein Super-GAU in näherer Entfernung mit sich bringen! Eine grauenhafte Vorstellung, und warum dies alles? Lediglich der billigen Elektrizität wegen. Wie krank ist eigentlich unsere angeblich so rationale naturbeherrschende Zivilisation, wenn wir uns solche Infantilismen leisten?

*Montag, 5. Mai 1986*

Kabinettssitzung. Börner will morgen im Landtag eine Regierungserklärung zu Tschernobyl und den Folgen abgeben. Für den Abend ist noch ein Vierergespräch mit Börner, Giani, Kerschgens und mir angesetzt.

Wir treffen uns abends zu viert in Börners Residenz in der Rosselsstraße. Nach dem Abendessen liest uns Börner seinen Erklärungsentwurf vor: Tschernobyl als historische Zäsur, bei Atomkraftwerken in Sicherheitsfragen keinen Rabatt, hessische Atomkraftwerke sicher, kein Anlaß zum Ausstieg, Entscheidung erst in den neunziger Jahren, Tschernobyl bedeutet Ende des Leichtwasserreaktors, Hochtemperaturreaktor prüfen ...

Mir bleibt der letzte Bissen im Halse stecken, entgeistert schaue ich Kerschgens an. Soll also die Änderung der Reaktorlinie die einzige Konsequenz der rot-grünen Landesregierung aus dem Super-GAU gewesen sein? Ich kann es nicht glauben! Zwei Stunden reden wir sehr ernsthaft, eindringlich miteinander, und die Stimmung wird dabei immer düsterer. Kein lautes Wort fällt, aber allen Beteiligten ist klar, es geht plötzlich um den Fortbestand der Koalition. Nachdem sich in der Sache nichts bewegt, bewegen läßt, teile ich dem Ministerpräsidenten mit, diese Regierungserklärung könne ich niemals schweigend, auf der Regierungsbank sitzend, mittragen. Dann müßten wir offen unseren Dissens im Plenum austragen. Börner lehnt ab, und gegen 22.30 Uhr brechen wir das Gespräch ab. Es hat keinen Sinn mehr. Kerschgens und ich schicken unsere Fahrer mit den Wagen voraus und gehen zu Fuß nach Wiesbaden hinunter. Ich sehe die Koalition am Ende, wenn Börner und die SPD uns nach Tschernobyl diese Beton- und Atomerklärung zumuten.

Warum jetzt diese harte Linie? Fürchtet er den Dammbruch? Muß er jetzt den rhetorischen Nachweis von Härte gegenüber allen Atomausstiegsgelüsten liefern, weil er sich mit der rot-grünen Koalition am weitesten vorgewagt hat? Oder will er uns einfach demütigen? Deprimiert gehen Kerschgens und ich auseinander: Wenn Börner sich inhaltlich nicht wesentlich bewegt, werde ich auf jeden Fall im Landtag sprechen, eine Anti-Atom- und Ausstiegsrede halten, mag hinterher kommen, was da wolle. Durch Tschernobyl gerät der prekäre Atomkompromiß dieser Koalition ins Rutschen. Kern des Kompromisses ist, daß es weder Stillegungen von Atomkraftwerken und -anlagen geben wird noch irgendeinen Zubau. Ob wir Grüne diese zähneknirschend ertragene Vereinbarung jetzt noch in der Partei selbst durchhalten können, ja, ob es nicht politisch falsch wäre, sie noch weiter durchhalten zu wollen, wird nun zur zentralen Frage für uns. Denn eines scheint mir sicher: Wenn die Katastrophe von Tschernobyl erst einmal in ihrem ganzen Ausmaß ins Bewußtsein der Bevölkerung vorgedrungen ist, dann stellt sich die Frage des Ausstiegs aus der Atomenergie als reales politisches Ziel völlig neu. Wir hier in Hessen werden die ersten sein, von denen man völlig zu Recht eine praktische Antwort verlangen wird. Ob diese Koalition, ob die Sozialdemokratie dazu die Kraft hat?

*Dienstag, 6. Mai 1986*

Morgens Treffen im Landtag mit der Fraktion. Es kommt zum Krach darüber, wer wann reden darf im Plenum. Iris

Blaul und Roland Kern sind der Meinung, jetzt müsse der grüne Minister unbedingt und vorneweg, am besten direkt nach Börner vor dem Landtag sprechen. Wenn überhaupt, so könne allein der offen vorgetragene Dissens die Koalition noch halten. Chris Boppel hält entschieden dagegen: Dies sei jetzt die Stunde des Parlaments, nicht der Regierung. Die habe versagt, und im übrigen habe er es satt, dauernd auf das grüne Ministerium Rücksicht nehmen zu müssen. In diese emotional geführte Debatte hinein erreicht mich ein Telefonanruf: Börner will heute nachmittag seine Regierungserklärung abgeben, und wer danach das Wort ergreife, sei ihm gleichgültig. Wir sind alle erleichtert, da wir uns im klaren darüber gewesen sind, daß wir an diesem Tag nicht hätten zurückweichen können. Um des lieben Friedens willen in der Fraktion gebe ich dann Boppel nach, er soll vor mir seine Rede halten, meinetwegen. Mein schwerster Fehler.

Börner verliest seine Regierungserklärung, dann spricht die Opposition in Gestalt des CDU-Fraktionsvorsitzenden Milde, ein elendes Stück Predigt über die Gefahren des Lebens im allgemeinen und wider die grüne Verteufelung der Technik im besonderen. „Besonnen“ nennen die Medien einen solchen Seich. Dann spricht Boppel, und ich denke, mich trifft der Schlag! Er attackiert die Landesregierung frontal, schießt eine Breitseite nach der anderen gegen die Landesregierung ab, verurteilt unterschiedslos und greift dann Clauss persönlich an. Ich sitze neben dem Sozialminister auf der Regierungsbank. Clauss verliert zunehmend die Fassung, ich übrigens auch. Er flüstert mir zu, daß ich nun die gemeinsame Arbeit im Krisenstab zu rechtfertigen hätte, jetzt sei ich an der Reihe. Ich fühle mich in einer erbarmungswürdigen Zwickmühle. Es steht nicht mehr die Frage „Weitermachen oder aussteigen?“ zur Debatte, sondern, ob die Landesregierung versagt hat oder nicht - und da bin ich nolens volens Mitbeteiligter, Mitbetroffener. Bei allen Differenzen funktioniert die Zusammenarbeit mit Clauss und seinen Leuten hervorragend. Ich fühle mich wie vor den Kopf geschlagen, bleibe sitzen, die Debatte ist zu Ende. Die Fraktion ist ratlos. Ich verteidige mich matt, weiß, daß ich nun einen schweren Weg vor mir habe. Alle werden sagen, ich hätte gekniffen vor Börner! Ich weiß, die nächsten Tage und Wochen werden heavy werden, alles sieht bereits nach einem schnellen Ende für den grünen Minister aus.

*Mittwoch, 7. Mai 1986*

„GRÜNEN-MINISTER FISCHER KUSCHT VOR SPD!“, so die „taz“ vom heutigen Tage. Mahlzeit, das ist es, was ich seit gestern erwarte. Die rot-grüne Koalition in Hessen wird von vielen in der grünen Partei, selbst unter hartgesottenen Realos, in der Zeit nach Tschernobyl als überholter Anachronismus, als Klotz am Bein einer konsequenten Anti-Atom-Opposition empfunden. Ich bilanziere mit Dick die deprimierende Situation, und wir kommen beide zu dem Schluß, daß wir nun konsequent in Richtung „sofortiger Ausstieg“ marschieren müssen. Die Sozialdemokraten setzen in der Haushaltsdebatte zum Etat des Wirtschaftsministers noch einen drauf: Krollmann meldet sich in seiner Eigenschaft als Abgeordneter des hessischen Landtags zu Wort und singt das Hohelied des Hochtemperaturreaktors. Solche Hymnen verstärken den verheerenden Eindruck der „sozial-ökologischen Koalition“ bei der atomkraftkritischen Öffentlichkeit und den Grünen. Die hessische SPD marschiert getreu weiter in Richtung Atom – in einer Koalition mit den Grünen –, während in der Ukraine das atomare Feuer immer noch brennt.

Auf der Rückfahrt sitze ich mit Koenigs im Auto. Wir schweigen die meiste Zeit, aber wir wissen, daß es jetzt nur noch eines geringen Fehlers bedarf und Fischer kippt weg.

*Donnerstag, 8. Mai 1986*

Christi Himmelfahrt. Ich bin nach Mitternacht nach Hause gekommen. Nach zwei, drei Stunden Schlaf war es vorbei, und ich lief unablässig durch die Wohnung. Gegen Morgen finde ich meine Ruhe wieder und zugleich die Lösung: Ohne aufs Ganze zu gehen, ohne Veränderung des Atomkompromisses der Koalition in Richtung Ausstieg wird es das Wiesbadener Regierungsbündnis nicht mehr lange geben, da bin ich mir mittlerweile sicher. Aber genau in der Atompolitik steht die

Koalition auf extrem dünnem Eis. Hier geht es um den Bruch eines politischen Grundkonsenses von Wirtschaft, Wissenschaft und Politik der letzten dreißig Jahre. Wenn dieses Entscheidungsmonopol ernsthaft von einer rot-grünen Regierungskoalition in der Atomenergie in Frage gestellt wird, dann wird die Machtfrage mitgestellt. Dann geht es um die Macht, die zukünftigen Entwicklungslinien der Bundesrepublik zu bestimmen. Wäre allein über eine neue Energiepolitik zu befinden, wir wären bereits wesentlich weiter.

Ich setze mich frühmorgens an die Schreibmaschine und fasse meine Überlegungen zusammen: Kündigung des Koalitionskompromisses in der Atomfrage, Neuverhandlungen mit Zielrichtung Ausstieg aus Biblis A/B und den Hanauer Nuklearfabriken, ansonsten Frage nach dem Bestand der Koalition. Ich telefoniere anschließend im Land herum, und nachmittags treffen sich einige Leute aus der Landtagsgruppe, Landesvorstand sowie Kerschgens, Kleinert, Koenigs, Dick und Schaeffer bei mir in der Wohnung. Es kommt zu keiner einheitlichen Haltung, im Gegenteil, mein Papier stößt auf starken Widerspruch. Man fürchtet die gegenwärtige Stimmungsabhängigkeit der Partei, fürchtet einen Zwang zur Kündigung der Koaliton. Aber sowohl mein politischer Verstand als auch mein Instinkt sagen mir, daß diese Einwände der Zäsur von Tschernobyl nicht gerecht werden. Was ist denn, wenn Börner seine Beton- und Atom-Rede im Landtag auch deswegen gehalten hat, um die Ausstiegsflut in der eigenen Partei einzudämmen? Oder wenn sich Börner und Krollmann über die Stimmung an ihrer eigenen Basis gewaltig täuschen und in den nächsten Tagen überrollt werden? Stehen wir es durch, von der SPD in der Ausstiegsfrage links überholt zu werden?

Wohl kaum. Wir Frankfurter aus dem Ministerium und Hubert Kleinert sind uns hinterher einig, daß ich, wie vorgeschlagen, handeln muß, auf eigenes Risiko.

*Freitag, 9. Mai 1986*

Wir werden besetzt! Atomkraftgegner besetzen das Umweltministerium. Die Nachricht erreicht mich in Frankfurt, und ich fahre gleich nach Wiesbaden. „taz“ und PFLASTER-

STRAND mit Dany Cohn-Bendit stoßen dazu, und es beginnt eine seltsame Debatte im 11. Stock des Ministeriums. Zuerst haben die Besetzer ultimativ nach dem Minister verlangt, und als er dann kommt, erhält er erstmal Redeverbot. „Halt's Maul, Typ! Hier reden wir." Dany läßt sich so etwas kaum zweimal sagen, und schon provoziert er in lautester Weise die Antiautoritären der Gegenwart durch das antiautoritäre Gebaren der Vergangenheit. In der Tat, beim Chaotisieren haben die 68iger allemal mehr zu bieten! Die Kids sind überrascht: „Was ist denn das für ein Arschloch! Halt endlich das Maul, Typ!" Man steht kurz vor Handgreiflichkeiten, trennt sich aber friedlich.

*Samstag, 10. Mai 1986*

In Frankfurt haben Zieran und Ditfurth und andere Fundis einen öffentlichen Auftritt von mir verhindert. Die Darmstädter wollen dagegen mit einer Kundgebung bewußt einen Punkt setzen. Einige Fundis und Vollautonome haben sich vor der Rednertribüne aufgebaut und schreien und pfeifen zu Beginn meiner Rede. Ich werde danach von vielen Menschen angesprochen, bekomme von einer älteren Frau Blumen in die Hand gedrückt, „Halte bloß durch", ist immer wieder zu vernehmen.

Es wäre gelogen, wenn ich sagen würde, diese neue Rolle ließe mich innerlich unverletzt, in Wirklichkeit habe ich daran mächtig zu knabbern. Der Rückzug der Grünen in den bloßen Protest wäre jedoch angesichts der aktuell erlebten Atomkatastrophe eine fatale, unpolitische Entscheidung, ausschließlich stimmungsgeboren.

*Montag, 12. Mai 1986*

Gestern nacht hatte ich ein langes Telefonat mit Jürgen Reents in Hamburg. Härteste Kritik an meinem Schweigen im Landtag, dringliche Aufforderung zur Offensive, finsterster Ausblick auf mein weiteres politisches Schicksal - vor allem im Hinblick auf den kommenden Bundesparteitag in Hannover.

Nachmittags diskutiere ich mit Richtern und Staatsanwälten der ÖTV in Frankfurt über Umweltpolitik. Es ist eine für mich sehr spannende und auch lehrreiche Debatte. Schärfere Erlasse, präzisere Gesetze und Verordnungen werden anhand konkreter Beispiele eingeklagt.

Abends im ZDF ein Hearing über „Tschernobyl und die Folgen": Riesenhuber, Bangemann, Oskar Lafontaine und ich sind nebst Pro-und-contra-Experten geladen. Die Form des Hearings ist langweilig, später in der Diskussion geht es dann hitzig zu. Zusammen mit Lafontaine macht es Freude, zur Attacke auf die konservativen Atomisten anzusetzen. Er ist einer der ganz wenigen Populisten, die die SPD noch aufzuweisen hat. Erneut wird mir an diesem Abend klar, daß die Grünen an der Saar einen haarsträubenden Fehler gemacht haben. Sie hätten Lafontaines Koalitionsangebot niemals *vor* der Landtagswahl ausschlagen dürfen.

*Dienstag, 13. Mai 1986*

Seit Montag läuft in der SPD die Ausstiegsdebatte. Nicht auszudenken, was jetzt los wäre, wenn in der SPD die Frage vom Abschalten von Biblis A/B diskutiert würde, während wir Grüne in Regierung und Landtag dazu schweigen würden!

Frohe Kunde aus Bonn: Im Bundestag wird morgen über Tschernobyl debattiert. Die Fraktion will, daß ich rede, und ich werde reden, komme was da wolle. Noch eine Kunde aus Bonn: Mitglieder des Bundesvorstands haben sich angesagt. Lukas Beckmann, Norbert Kostedde und Helmut Wiesenthal wollen mit mir diskutieren. Meine Güte, welch ein Rückfall der Evolution in die Zeit der Wirbellosen! Kostedde bekniet mich, jetzt sofort die Koalition zu verlassen, sonst würden die Realos auf dem Parteitag am Wochenende weggeschwemmt werden, untergehen, versinken. Dann versinke ich lieber, knurre ich ihn an.

Vor dem Kabinett kommt es zum Gespräch mit Krollmann und Giani. Beide sind von der Aussicht meines Auftritts im Bundestag alles andere als erbaut, willigen aber ein. Im Kabinett beginnt eine quälende Debatte, denn einige sozialdemokratische Regierungsmitglieder fürchten eine harte Ausstiegs- und Anti-Atom-Rede von mir. Zum ersten Mal merke ich, wie einsam wir Grüne in dieser Runde sind. Der Kultusminister Schneider will es ganz genau wissen, ob er sich durch mich wirklich vertreten fühlen könne. Ei der Daus!

*Mittwoch, 14. Mai 1986*

Der Tag im Bundestag beginnt mit dem üblichen Theater um Rede und Redezeiten. Hannegret Hoenes will unbedingt vor mir sprechen. Sonst ist sie beleidigt, teilt mir die parlamentarische Geschäftsführung der Fraktion mit. Hm. Hinzu kommt eine weitere absurde Kontroverse: Auf welche Fraktion wird meine Redezeit eigentlich angerechnet – SPD oder Grüne? Das SPD-Kontingent kommt weder für mich noch für die Sozialdemokraten in Frage. Rede ich aber à conto der Grünen, so sind deren schmale Minuten sofort verbraucht. Ich sage unserem Geschäftsführer, er soll das Ganze vergessen. Als stellvertretendes Mitglied des Bundesrats habe ich jederzeit unbeschränktes Rederecht im Deutschen Bundestag.

Im Plenarsaal werde ich richtig wehmütig, fühle mich wie ein Heimkehrer, nur die eigene Fraktion wirkt fremd dank der verfluchten Rotation. Jürgen Reents, Hubert Kleinert und Milan Horacek, allesamt ehemalige grüne Abgeordnete, sitzen jetzt oben auf der Diplomatentribüne als Zuhörer, und bei ihrem Anblick wird mir so recht meine Einsamkeit auf der Bundesratsbank bewußt. Nicht lange allerdings, denn neben mir nimmt mein Kabinettskollege, der hessische Justizminister Günther als Jonny Controlleti Platz. Er wolle mal zuhören, meint er. Fein, fein, sage ich. Eben will ich tief Luft holen und mit einem „Frau Präsidentin, meine Damen und Herren!“ loslegen, da baut sich ein weiteres lautes Hindernis vor mir auf in Gestalt des Abgeordneten Jung [Lörrach] (CDU/CSU): „Frau Präsidentin, ich protestiere dagegen, daß ein Landesminister in diesem ungepflegten Aufzug vor dem Deutschen Bundestag reden darf! Ich betrachte dies als eine Mißachtung des Parlaments!“

Ich bin echt geplättet. Keine Turnschuhe, Jeans zwar, aber dafür ein teures Leinenjacket nach dem letzten Schrei der italienischen Herrenmode zieren den Herrn Landesminister, und dieser mandatierte Komiker macht mich hier an. Der Lärm aus den Reihen der Union und der FDP schwillt bisweilen erheblich an. Ich merke, daß mein Auftritt hier als solcher und dann noch der Inhalt meiner Rede für die Regierungskoalition eine doppelte Provokation darstellen: Erstmals redet hier ein Grüner *ohne* jegliche Redezeitbeschränkung als Mitglied des Bundesrats, und auch noch für den sofortigen Ausstieg aus der Atomenergie, das ist ihnen zuviel. „Für wen reden Sie eigentlich?“ dröhnt es mir beständig entgegen. Und dann kommt es zu der von mir erwarteten Unterbrechung. Der amtierende Präsident Cronenberg (FDP), Unternehmer, rotnasige Drossel und FDP-Spitzenpolitiker, weist mich wegen angeblich zu langer Rededauer zurecht. Eine solche Intervention habe ich in meiner ganzen Zeit als Abgeordneter des Deutschen Bundestags nicht ein einziges Mal vernommen, wenn andere Minister des Bundes oder der Länder sich allzuoft ausladend verbreitet haben! Ich lasse den Präsidenten einen guten Mann sein.

*Donnerstag, 15. Mai 1986*

Abends Veranstaltung des Landesvorstands im Volksbildungsheim zum Thema „Tschernobyl und Atomausstieg“. Jutta von Ditfurth sitzt mit auf dem Podium, direkt an meiner grünen Seite. Ihre Argumentation ist heute maßvoll, wenn auch originell, vielleicht liegt es am überfüllten Saal, der konkrete Antworten auf die Strahlengefahr bzw. den Ausstieg haben will. Auf die Frage, *wie* sie sofort auszusteigen gedenke, empfiehlt sie der Landesregierung, das Atomkraftwerk Biblis doch einfach zu kaufen!! Durch diese realistische Antwort verläuft der Abend für mich fast heiter. Die Frage, was Jutta empfehlen würde, wenn RWE Biblis gar nicht verkaufen wolle, bleibt allerdings unbeantwortet.

*Freitag, 16. Mai 1986*

Ich fahre mit mehr als gemischten Gefühlen zum Bundesparteitag nach Hannover. Am Morgen haben wir in Bonn

noch Dieter Stollenwerg, den Wirt der „Provinz“, zu Grabe getragen. Nach meiner verspäteten Ankunft auf dem Parteitag am Abend sitze ich ziemlich still und einsam am Rande des Geschehens. Der Eine und die Andere sagen einem Hallo und so, trollen sich aber schnell wieder von dannen, Journalisten wollen lediglich wissen, ob ich denn diesen Parteitag als Minister persönlich und politisch überleben würde. Dieses nachtschwarze Getue baut mich richtig auf!

Die Debatte um Hessen und Tschernobyl ist bereits im wesentlichen gelaufen. Ich habe noch die Ehre, die flammende Anklage von Petra Karin Kelly wider den verrotteten hessischen Reformismus und meine Wenigkeit live mitzuerleben: „Ausstieg jetzt, ohne Verhandlungen!“ Dieser Schlußsatz von Petra geht im heftigen Applaus der Versammlung unter, und kann – so man ernsthaft darüber nachdenkt – doch nur heißen, daß man entweder nicht mehr zu verhandeln braucht, um sofort abzuschalten, oder daß man nicht verhandeln will. Ob Petra die Pfoten bereits am Abschalthebel hat oder lediglich nach sattsam bekannter Manier das Maul wieder einmal schrecklich vollnimmt? Der Parteitag mag es, jubelt ihr zu.

Kurz darauf bin ich dran: Bei meinen ersten Worten taucht ein stilisierter Gevatter Tod auf und fuchtelt mir unter dem

Gelächter des Saales mit einem skelettierten Arm vor der Nase herum. Die Stimmung droht wegzukippen, ich rede weiter, erkläre mein Schweigen im Landtag, greife an, frage nach den Aktivitäten von Partei, Bundesvorstand und Fraktion nach Tschernobyl, schildere unsere Maßnahmen in Hessen, verlange Hilfe und nicht Fesseln für die anstehenden Ausstiegsverhandlungen in Hessen, warne vor unsinnigen Beschlüssen, verweise darauf, daß selbst Jutta von Ditfurth als hessische Ministerpräsidentin nicht einfach abschalten könnte.

Als politischer Todeskandidat habe ich das Podium betreten, politisch quietschlebendig steige ich wieder herunter, der lange und laute Beifall zeigt es mir. Ansonsten verläuft der Parteitag ein weiteres Mal ziemlich fiaskohaft für uns Realos. Das Programm zur Bundestagswahl wird beraten, und zwar nach der lustigen Devise „Wer hätte es denn gern noch etwas radikaler?"

Die Debatte um Hessen und Niedersachsen verläuft für uns Realos zwiespältig. Vom Ende, von der Beschlußlage her, ist es ein klarer Sieg für uns, denn Hessen kann weitermachen, Niedersachsen soll es nach der Wahl mit rot-grünen Verhältnissen versuchen dürfen. Wie so oft bei den Grünen unterscheiden sich Stimmung und Abstimmung. Dennoch hat die Debatte etwas Gespenstisches, wenn man miterlebt, wie bierernst sich der Parteitag über den Ausstieg sofort, gleich, am sofortigsten rauft und zerkratzt und keiner in der Versammlung wahrzunehmen bereit ist, daß der sofortige Ausstieg aus der Atomenergie nicht zwischen grünen Fundis und Realos entschieden wird. Ja nicht einmal zwischen Grünen und SPD.

Hier hat man es mit einer echten gesellschaftlichen Machtfrage zu tun, die ans Eingemachte unseres Immer-noch-Kapitalismus geht. Wer hat hier eigentlich das Sagen, eine grüne Bundesversammlung oder der Vorstand der Deutschen Bank und der Siemens AG? So schlicht lautet doch die eigentliche Alternative, und unsere Hamburger „Lohn, Preis und Profit"-Gelehrten, all die Ebermänner und Tramperts tun so, als wenn allein die Realos den sofortigen Ausstieg aus der Atomenergie verhindern würden.

Ich verabschiede mich mit mehr als gemischten Gefühlen von Hannover. Fazit: Die innerparteilichen Destruktionskräfte der Fundis bleiben erheblich, die Begeisterung für das linksradikale Sektenwesen ebenfalls und auch die wilde Entschlossenheit im Kollektiv, sich bloß nicht mit der tristen Realität allzusehr konfrontieren zu lassen. Programmatisch hat dieser Parteitag einer Elefantenherde gleich im eigenen Porzellanladen gewütet.

*Dienstag, 20. Mai 1986*

Koalitionsgespräch zum Atomausstieg in Kassel. Börner is back in town, er kommt gerade von einer Sitzung mit Gerhard Schröder in Hannover, auch dort wollte man aussteigen. Trotz großem Presseaufwand verläuft die Sitzung ergebnislos.

*Donnerstag, 22. Mai 1986*

Vorstellung des Ausstiegsszenarios vor der Landespressekonferenz. Arbeit und Mühe haben sich schließlich doch gelohnt, das Szenario ist hervorragend geraten. Der sofortige Ausstieg ist energiewirtschaftlich, ökonomisch und ökologisch jederzeit machbar. Diese Erkenntnisse werden wir jetzt auch per Zeitungsanzeigen und Plakate in Hessen verbreiten lassen, auch wenn die Opposition deshalb in Schreikrämpfe verfallen sollte.

*Freitag, 23. Mai 1986*

Die Reaktion auf das Ausstiegsszenario ist ein durchschlagender Erfolg. Die Geisterdebatte um den Ausstieg, ob denn das alles gehe oder nicht schlicht illusionär sei, wird damit weggedrückt, beendet. Zugleich haben wir in der Koalition einen Verhandlungsmaßstab gesetzt, an dem die SPD nur schwer vorbeikommen wird. Offen bleibt allein die Frage nach dem politischen Willen und der Durchsetzbarkeit, dem eigentlichen Kern der Ausstiegsverhandlungen. Solange das Atomgesetz gültig ist, dürfen atomtechnische Anlagen und Kernkraftwerke betrieben werden, so sie die erforderlichen rechtlichen und tatsächlichen Errichtungs- und Betriebsvoraussetzungen erfüllen. Bedarf es aber nach Tschernobyl nicht einer grundsätzlich neuen Bewertung dieser Voraussetzungen und des verbliebenen Restrisikos? Und wie verhält sich diese Neubewertung gegenüber älteren Atomkraftwerken, wie etwa Biblis A und B, die ganz offensichtlich und unwidersprochen in wesentlichen Teilen heute überhaupt nicht mehr genehmigungsfähig wären? Gilt des Kanzlers hehres Wort, daß der Reaktor von Tschernobyl hierzulande niemals genehmigungsfähig gewesen wäre, nicht erst recht für jene Atomkraftwerke in der Bundesrepublik?

*Montag, 26. Mai 1986*

Letzten Freitag hatte ich ein Redaktionsgespräch bei der HANNOVERSCHEN ALLGEMEINEN ZEITUNG (HAZ), es ging unter anderem um eine zukünftige Deutschlandpolitik. Ich erklärte, daß meines Erachtens eine Wiedervereinigung des Bismarckreichs weder realistisch noch wünschenswert sei, daß eine „offene nationale Frage" als Grenzfrage nicht mehr existiere. Langfristig, wenn einmal die Grenzen definitiv anerkannt und die Menschenrechte auch in den Staaten Osteuropas Verfassungspraxis geworden wären, würde ich mir das Verhältnis zwischen Bundesrepublik und DDR genauso vorstellen, wie zwischen den beiden deutschen Staaten Bundesrepublik und Österreich.

Dazu lese ich heute in der FAZ: Fischer will DDR-Flüchtlinge hinter Mauer und Stacheldraht zurückschicken! Plötzlich sitze ich öffentlich auf einer Position fest, die das Gegenteil von dem besagt, was ich in der Osteuropa- und Menschenrechtsfrage für richtig halte. Joschka Fischer als öffentliches Sprachrohr der Moskowiter in der Partei, das darf doch nicht wahr sein! Ist es aber, und zwar dank dem Minister selbst! Die ganze Angelegenheit trifft mich besonders hart wegen Milan Horacek und all der anderen politischen Freunde aus der DDR und Osteuropa. Sie fühlen sich nämlich gerade nach dem Hannoveraner Parteitag der Grünen in die Ecke gedrängt und von der Solidarität der Partei abgehängt.

*Dienstag, 27. Mai 1986*

Die CDU stellt heute im Landtag einen Mißbilligungsantrag gegen mich in punkto „Flüchtlingsdeportationsgelüste des hessischen Umweltministers". Ich ergreife als erster das Wort, um eine Erklärung zu den Vorwürfen abzugeben: Ich weise den Vorwurf, „Flüchtlinge aus der DDR zurückschicken zu wollen", als „grotesk und als böswillige Verzerrung meiner politischen Auffassungen ins Gegenteil" zurück; erkläre zur Sache, daß meiner Auffassung nach „kein Staat das Recht (hat), seinen Bürgern die individuellen und kollektiven Menschenrechte vorzuenthalten", und daß alle, die sich einem solchen Unrechtsregime durch die Flucht in die Bundesrepublik entziehen, den Schutz des Artikels 16 Grundgesetz als politisch Verfolgte zu genießen haben. Ich spreche mich entschieden für ein Denken jenseits der Blockkonfrontation aus, gegen all das verantwortungslose Gerede von „Schlesien bleibt unser!" und fordere den bewußten Verzicht auf jegliche Wiedervereinigungsillusion von der Bundesrepublik. Von der DDR fordere ich die volle Anerkennung und verfassungsmäßige Garantie der Menschenrechte. Schließlich lehne ich jedes Denk- und Diskussionsverbot bei dem Versuch ab, Mauer und Stacheldraht und die Blockkonfrontation in Deutschland zu überwinden. Milde hat dem argumentativ nichts entgegenzusetzen, und die Abstimmung verläuft erwartungsgemäß: Der Mißbilligungsantrag wird von der Koalitionsmehrheit abgelehnt.

*Mittwoch, 28. Mai 1986*

Haushaltsdebatte im hessischen Landtag. Börner erklärt sich in seiner Rede zu Verhandlungen über den Ausstieg aus der Atomenergie bereit und spricht von „Vertragsveränderungen" und „fairen Verhandlungen". Die CDU scheint ihre Zurückhaltung aus der Zeit unmittelbar nach Tschernobyl wieder aufzugeben und wieder Morgenluft zu wittern. Kein gutes Zeichen. Einsamer Höhepunkt der Kantherschen Eloge auf die Atomenergie wird die Forderung nach verstärktem Bunkerbau in Südhessen, damit die Bevölkerung im

Falle eines schweren Unfalls oder gar Super-GAUs in Biblis geschützt werden könne! Alle Achtung, aber dieser schneidig-naßforsche hessische CDU-Generalsekretär, dieser Äppelwoi-Geißler, hat einen schwer zu bremsenden Hang zur unfreiwilligen Wahrheitsliebe: Bunkerbau, das heißt kriegsmäßige Maßnahmen zum Schutz vor einem zivilen Energieerzeugungssystem namens Atomenergie. Das ist in der Tat der Kern der christdemokratischen Energiepolitik nach Tschernobyl - eine wahnhafte Absurdität.

Börner sitzt in der letzten Reihe seiner Fraktion, und als der Haushalt 1987 dann mit Mehrheit beschlossen ist - der letzte Haushalt dieses Landtags in der laufenden Legislaturperiode -, ballt er trutzig die Faust, nickt kraftvoll seiner Fraktion zu, als wenn er den Zweiflern in den Reihen der SPD und sich selbst sagen wollte: „Da seht ihr, ich habe eine ganze Legislaturperiode aus der Minderheit heraus die Macht erhalten, das Risiko der Koalition hat sich gelohnt!" Und noch eines wird in dieser Stunde offensichtlich, was Börner all die Kränkungen und Überlegenheitsdünkel eines Kanther und was ihn den schweren persönlichen Glaubwürdigkeitsverlust durch das rot-grüne Bündnis ertragen läßt. Jetzt in diesem Augenblick der gewonnenen Abstimmung erweist er sich als Sieger über den eitlen Kanther und all seine unnützen Begabungen und Talente, triumphiert der Uhu über den Pfau.

In der Etatdebatte läuft die Opposition bereits Sturm gegen die von der rot-grünen Mehrheit geplante Übernahme der NEUEN HEIMAT SÜDWEST durch das Land. Die Grünen im Landtag sind grundsätzlich bereit, den Ankauf der NH-SÜDWEST aus Landesmitteln zu unterstützen. Zuvor müssen der definitive Kaufpreis und wichtige haftungsrechtliche Fragen (möglicher Konkursfall der Muttergesellschaft) sowie mögliche Folgekosten für den Landeshaushalt geklärt werden. Das Ganze erhält zudem noch eine besonders pikante grüninterne Note: Kunibert führt die Verhandlungen mit SPD und Landesregierung. In Wohnungsfragen entwickelt sich Jan Kuhnert zu einem Realo der härtesten Sorte, und unsereins sieht es mit Wohlgefallen.

*Freitag, 30. Mai 1986*

Mauerbau in der Dostojewskistraße! Nein, nicht Erich Honecker und nicht die Russen sind aufmarschiert, sondern die Junge Union Hessens und die Aktionsgemeinschaft 17. Juni. Man kann die Mitglieder der beiden Organisationen an der schlichten Altersdifferenz von mindestens zwanzig Jahren nebst grundsätzlich anderem Outfit ausmachen. Argumentativ gibt es null Unterschied. Wir sind auf die Demo vorbereitet. Vor dem Wiesbadener Finanzamt wird eine mächtige Mauer aus Hohlblocksteinen symbolisch errichtet und mit anklagenden Protesttransparenten gegen mich „Russenknecht" behangen. Ich lade die jungen Leute in mein Büro ein. Die Vorwürfe bleiben vage, weil außer dem Gerücht nichts vorzuweisen ist. Wir sind sehr bald in eine kontroverse Diskussion über die Zukunft der beiden deutschen Staaten verwickelt, über Sinn und Unsinn von Wiedervereinigungshoffnungen, Anschlußparolen, Blocküberwindung oder NATO-Hörigkeit, Menschenrechte in Ost *und* West, in Afghanistan *und* El Salvador, in Chile *und* Polen. Nach einer halben Stunde scheiden wir friedlich, die Mauer wird fein säuberlich abgetragen und unter strengen Blicken der hessischen Polizei bis auf den letzten Krümel verpackt.

*Mittwoch, 4. Juni 1986*

Hurra, wir haben einen Bundesumweltminister! Wallmann heißt er, also wenn das kein Grund zu dreifacher Freude ist! Erstens freut sich der Lokalpatriot, denn jetzt wird die Umweltpolitik der Republik langsam zu einer reinen Frankfurter Angelegenheit: Hauff (SPD), Wallmann (CDU) und Fischer (DIE GRÜNEN). Zweitens jauchzt der Grüne in mir, denn die Einrichtung eines Bundesumweltministeriums war eine der ersten Forderungen der Grünen im 10. Deutschen Bundestag. Und drittens freut es mich als Realo, weil Helmut Kohl bei solch einer Entscheidung das Wasser schon bis zum Hals stehen muß. Aber Wallmann soll ja nicht die Energiepolitik ändern, sondern das Feeling. So ein Betrug reicht eben mal bis zum nächsten schweren Störfall in einem Atomkraftwerk.

*Donnerstag, 5. Juni 1986*

Nachmittags eine langweilige Umweltausschußsitzung im Naturschutzzentrum Wetzlar. Beim Weggehen überreicht mir der Abgeordnete Pawlik (SPD) einen Brief der SPD-Fraktion, in dem nochmals die Argumente gegen die flächendekkende Einführung der Getrenntsammlung von Kompostmüll als Mußvorschrift zusammengefaßt sind. Die Getrenntsammlungsverordnung ist in der Tat das fachliche und politische Herzstück des hessischen Abfallgesetzes. Nur mit der flächendekkenden Einführung der Getrenntsammlung und damit Verwertung des Hausmülls läßt sich die Reduzierung desselben erreichen. Bereits unter Clauss hatte sich die Koalition dies zum Ziel gesetzt. Auf dem Rückweg diskutiere ich mit Wenzel Mayer ausführlich über die Verordnung und die Mußvorschrift für die Bio-Tonne. Können wir gegen den geballten Widerstand der SPD-Kommunalpolitiker, von der CDU ganz zu schweigen, eine solch wesentliche Neuerung politisch allein durchsetzen? Als 5,9%-Partei? Sind wir nicht vielmehr auf die wohlwollende Aufnahme und Unterstützung vor Ort angewiesen?

Zurück in Frankfurt erreicht mich abends ein alarmierender Anruf von Roland Schaeffer. Auf dem hessenweiten Realotreffen wird gerade die Landesmitgliederversammlung am kommenden Sonntag vorbereitet. Schaeffer teilt mir bestürzt mit, die anwesenden Realos hätten einen Ausstiegsvorschlag formuliert. Sie forderten Abschaltung von Biblis A und Schließung der Hanauer Atomfirma NUKEM bis zum Jahresende – Prosit Neujahr! Wie soll das gehen? Mehr als harte Verhandlungsaufträge sind faktisch nicht drin, sage ich zu Roland, Zielsetzungen ja, aber ohne ultimative Festlegungen auf Termine. Die müssen doch mittlerweile die Selbstfesselung durch Ultimaten in Hessen kennen, das hat doch noch nie hingehauen. Schaeffer verspricht eine erneute Intervention auch in meinem Namen, vergeblich. Wir können uns nicht durchsetzen, der radikale Beschlußvorschlag bleibt. Ich halte ihn für absolut irreal, es sei denn, es geschehen bis dahin noch Zeichen und Wunder. Gewinnt Rot-Grün am übernächsten Sonntag in Niedersachsen, werden wir ihn vielleicht teilweise realisieren können, wenn nicht, wird seine Umsetzung fast unmöglich.

*Freitag, 6. Juni 1986*

Unsere Zuständigkeitsprüfung bei der Hanauer Nuklearfabrik NUKEM ergibt für die bestehende Anlage (NUKEM alt) eine mögliche Genehmigungsnotwendigkeit nach dem Bundesimmissionsschutzgesetz. Bis heute haben wir immer noch keinen eigenen Justitiar. Seit Ulrike Riedel aus der Bundestagsfraktion der Grünen zu uns übergewechselt ist, haben wir wenigstens eine kompetente Umweltjuristin im politischen Bereich, die sich der komplizierten Hanauer Affären annimmt. Wir beschließen, die Firma NUKEM aufzufordern, ein Genehmigungsverfahren für NUKEM (alt) nach BIMSCH-Gesetz zu beantragen, anderenfalls würden wir die Anlage als ungenehmigt schließen.

Der Brief sorgt in der Presse für Aufregung, denn die Wiesbadener Spürhunde vermuten Kompetenzgerangel zwischen Steger und Fischer, also Knatsch in der Koalition. Auf das Zauberwort Stillegung reagieren alle hypersensibel. Dabei trifft weder das eine noch das andere zu, denn erstens ist meine Zuständigkeit für die Genehmigungen nach BIMSCH-G unbestritten, und zweitens wird sich die Frage der Stillegungsmöglichkeit überhaupt erst im Verlauf eines Genehmigungsverfahrens nach BIMSCH-G ergeben, es sei denn, die Anlagenbetreiberin beantragt kein solches Verfahren.

*Sonntag, 8. Juni 1986*

Landesversammlung der hessischen Grünen: Die Versammlung bestätigt den Beschlußvorschlag der Realos: Ausstieg bis zum Jahresende oder Ende der Koalition. Nach der Abstimmung fragt mich einer vom Hessischen Rundfunk nach meiner Bewertung und Durchsetzungsabsicht. Ich antworte, daß ich in dem Beschluß einen harten Verhandlungsauftrag sehen würde. Jan Kuhnert, von Jutta von Ditfurth darüber informiert, rast zurück in die Halle - Verratsgeschrei ertönt. Die Versammlung geht trotzdem weiter, die Kandidatinnen- und Kandidatenaufstellung der Bundestagsliste steht bevor. Jutta von Ditfurth tritt für die Fundis und als Frau an - wider alle politische Vernunft -, denn für eine übergroße Mehrheit im

Landesverband ist sie eine schlichte Provokation. Eine Mehrheit wäre durchaus bereit, einen aussichtsreichen Listenplatz mit einer oder einem Fundi zu besetzen, niemals aber mit Jutta oder Manfred Zieran. Die beiden haben in den letzten Jahren zu vielen Menschen in diesem Landesverband zu viel zugemutet, oft auch sehr persönliche Dinge.

Mir fällt der sogenannte „Zieransche Minderheitenschutz" ein, das heißt, man braucht für die Listenbestätigung eine Zweidrittel-Mehrheit. Ein schlichtes Erpressungsinstrument der Fundis gegenüber klaren Mehrheiten in der Vergangenheit. In Frankfurt haben Zieran und seine Leute bei den Kommunalwahlen in diesem Sinn fast eine Listenaufstellung verhindert (drei Versuche!) und sich mit der offenen Spaltungsdrohung schließlich durchgesetzt. Ich Depp habe damals auch noch nachgegeben, aber die Lektion habe ich begriffen, einmal und nie wieder! Der Frankfurter Kreisverband ist durch den Zieranschen Minderheitenschutz ruiniert und fast handlungsunfähig, der hessische Landesverband allerdings noch nicht.

Die Listenaufstellung, die Wahl. Sie wird zur kalten Abrechnung mit Jutta von Ditfurth. Mag Jutta auf Bundesversammlungen oder in anderen Landesverbänden durchaus noch Sympathien erzielen, in Hessen ist dies aus und vorbei. Jutta resigniert nach der verlorenen Abstimmung über den dritten Platz und verabschiedet sich mit einer weiteren Beschimpfung der hessischen Partei als einer neuen Mittelstandspartei. Die Fundis gehen geschlagen vorzeitig nach Hause. Gertrud Schilling, Hubert Kleinert, Caritas Hensel und - vielleicht - Dietrich Wetzel werden die hessischen Grünen im nächsten Deutschen Bundestag vertreten.

Ansonsten Schreckensnachrichten aus Brokdorf. Passend zum niedersächsischen Wahltag am nächsten Sonntag hat man ein großes Revival am Bauzaun organisiert und läuft voll in die vorbereitete Gewaltfalle. Nicht mehr die tödlichen Gefahren der Atomenergie sollen die Schlagzeilen beherrschen, sondern die Angst der Menschen vor Gewalt, Chaos und bürgerkriegsähnlichen Zuständen. Wir Grüne und vor allem die Grünen in Niedersachsen haben jetzt wieder eine herrliche Gewaltdebatte am Halse. Oh, wird das Ernst Albrecht und die Seinen freuen!

*Donnerstag, 12. Juni 1986*

Letzter Wahlkampfauftritt in Wolfsburg in einer überfüllten Halle. Die Stimmung ist alles andere als gut. Irgendwie sind die Grünen in Niedersachsen verängstigt und zaghaft, sie wollen gewinnen, fürchten sich aber zugleich vor den politischen Konsequenzen einer Mehrheitsbildung, klammern sich stattdessen an die Identität einer radikalen Protestpartei. Sollte es am Sonntag in Niedersachsen mit der rot-grünen Mehrheit hinhauen, so wird Hessen, so wird die Landtagsgruppe innerparteilich eine volle Rehabilitation erfahren.

Gestern ein erneutes Koalitionsgespräch zum Thema Ausstieg. Man will eine internationale Kommission von Atomexperten - kritischen und weniger kritischen - zur Überprüfung von Biblis A einberufen; der zuständige hessische Wirtschaftsminister wird dies prüfen und umsetzen. Na ja. Ansonsten starren alle auf Sonntag, Börner und Giani teilen meinen Pessimismus zum Wahlergebnis.

*Sonntag, 15. Juni 1986*

Wahltag in Niedersachsen. Es reicht Albrecht denkbar knäppstens zum Weiterregieren in einer Koalition mit der FDP, mit einem Mandat Mehrheit.

Und die Grünen? Enttäuschung allüberall, die Quittung für den Bundesparteitag in Hannover und die machtpolitische Überschätzung von Tschernobyl. Die Partei stagniert in Niedersachsen bei 7,1%, und die bange Frage bleibt: trotz oder vielleicht sogar wegen Tschernobyl? Für uns Hessen brechen jetzt schwere Zeiten an, denn wir bleiben für die nächsten Jahre allein, erhalten keine Entlastung durch eine weitere rotgrüne Koalition in einem anderen Bundesland, im Bund wohl auch nicht. Und was bleibt vom Ausstieg aus der Atomenergie? Keine Änderung der Mehrheit im Bundesrat, keine Änderung des Atomgesetzes, also herrliche Ausblicke auf den Ausstieg!

*Donnerstag, 19. Juni 1986*

Plenarwoche ohne besondere Ereignisse. Wir sollen eine dämliche Frage der Opposition zu den Kosten unserer Anzeigenkampagne beantworten. Absurd, wenn einem auf allen Litfaßsäulen, Plakatwänden und aus allen Zeitungen der Republik die Anzeigenkampagne von Norbert Blüm entgegenglotzt: „Nur eines ist sicher, die Rente!“ Unsere Anzeigen sind wenigstens ehrlich!

Tschernobyl hat uns im klassischen Umweltbereich um zwei wertvolle Monate zurückgeworfen und ein erhebliches Vollzugsdefizit geschaffen. Wir werden alle Kräfte brauchen, um das wieder einzuholen. Gerade im Abfallbereich, beim Erlaß der Getrenntsammlungsverordnung wird der Druck aus den Kreisen und den kommunalen Spitzenverbänden immer stärker. Die Kreise wollen wissen, was auf sie zukommt und in welche Richtung sie investieren sollen. Die Getrenntsammlungsverordnung wird noch ein weiteres Mal vom Innenminister geprüft, noch vor der Sommerpause wollen wir sie fertig haben und erlassen.

Ich denke über Wallmann nach - er geht ein hohes Risiko ein, denn in der Sache wird er kaum etwas bewegen können. Er wird vor allem Atom- und Katastrophenminister sein, denn beidem verdankt er schließlich seine Berufung und sein Ressort. Was will er eigentlich tun? „Die Ängste der Bevölkerung ernst nehmen“, sagt er, und dies verweist auf seine eigentliche Funktion als Minister für politische Semantik. Allerdings, Wallmann als Semantikexperte, als Bundeskommunikationsminister - seine Inauguration hätte eigentlich besser in das Orwelljahr 1984 gepaßt - wird für uns nur dann eine wirkliche politische Gefahr, wenn er die Kraft aufbringt, etwa über den Vorrang von Sicherheitsmaßnahmen bei Atomkraftwerken nicht nur zu schwadronieren, sondern diese auch tatsächlich durchzusetzen. Dabei bräuchte er die Atomindustrie nur von der Notwendigkeit von Stillegungen älterer Anlagen zu überzeugen, aber dieses scheint jenseits seiner Möglichkeiten zu liegen. Wallmann will deutsche Atomkraftwerke nun ebenfalls von einer internationalen Expertenkommission untersuchen lassen - Experten der Atomenergiebehörde, deren Urteil ähnlich objektiv ist wie die Beurteilung von ernstgemeinten Abrüstungsvorschlägen durch den sowjetischen Generalstab oder das amerikanische Pentagon. Dennoch sollte man die „Kommunikationsleistung" von Walter Wallmann nicht unterschätzen. So sorgenvoll lieblich ernst wie er nimmt keiner die Ängste der Menschen, auch wenn er grundsätzlich das Gegenteil tut. Aber in der Umweltpolitik gilt: Lügen haben kurze Beine, denn die Umweltpolitik steht – immer noch und leider – für die Schattenseiten der Industriegesellschaft und ihrer Wachstumssucht. Kohls und Stoltenbergs Erfolgsbilanz werden Wallmanns Probleme sein, ganz zu schweigen von der Bilanzborniertheit seiner hochmögenden Industrieklientel. Insofern spielt dieser Tschernobylminister stilgerecht eine Art russisches Roulette mit der nächsten Katastrophe und seiner politischen Zukunft.

*Mittwoch, 25. Juni 1986*

Koalitionsgespräch. Börner verkündet uns die Einsetzung einer internationalen Expertenkommission, die nach dem Atomgesetz Biblis A schnellstmöglich auf seine Sicherheit hin überprüfen soll. Diese Überprüfung kann allein vom zuständigen Aufsichts- und Genehmigungsminister Steger vorgenommen werden. Konkrete Zeitvorstellungen werden keine genannt, Zeitpläne verweigert. Meine Prognose: Die Kommission wird eine äußerst langwierige Angelegenheit sein, denn Stegers Begeisterung für den Atomausstieg gleicht der meinen für das Beten.

*Montag, 7. Juli 1986*

Ausgerechnet im Städtchen Asperg in meiner württembergischen Heimat, zu Füßen der absolutistischen Zwingfeste der württembergischen Herzöge, erlebte Jutta von Ditfurth gestern ihr zweites Fiasko. Sie hat sich in Asperg ein weiteres Mal um ein Bundestagsmandat beworben und verloren. Oh, wo sind sie geblieben, all die fundamentalen Grundsätze, die hehre Moral: Die geringste Basisarbeit wäre wichtiger als all das abgehobene Politikertum in Bonn! Und nun? Nun reist man den Mandaten und Mehrheiten hinterher!

*Mittwoch, 9. Juli 1986*

Die Mühsal ist vorüber, der Urlaub hat endlich begonnen – gestern war mein letzter Arbeitstag. Die Getrenntsammlungsverordnung ist fertig, Innenminister und auch Staatskanzlei haben ihre Zustimmung gegeben. Welch eine Arbeit, diese Verordnung, welch ein Gezerre und Gezackere zwischen Roten und Grünen in den Kreisen, zwischen beiden Koalitionsfraktionen im Landtag und zwischen den verschiedenen Ressorts der Landesregierung. Aber nun ist das Ding endlich geboren!

Abends, kurz vor Mitternacht, erreicht mich ein Anruf der Dritten Art von einem Mitarbeiter einer namhaften Illustrierten. Nach einigem hin und her, wie es gehe und so, kommt er zur Sache: Er schreibe gerade an einem Beitrag für sein Blatt über die Hanauer Nuklearfirmen und wolle mir ein Geschäft auf Gegenseitigkeit vorschlagen. Wenn er meine Akten zu sehen bekäme, würde er allein über die Sozis schlecht schreiben, nicht hingegen über meine Wenigkeit, wo es doch genügend zu kritisieren gäbe. Ich denke, ich höre nicht recht, meine zu ihm, daß ich seine Einschätzung alles andere als teile, und erkläre ihm, er möge schreiben, wonach ihm die Sinne stünden, von mir bekäme er nicht ein Blatt!

Nach diesem Telefonat fühle ich mich an die „Versuchungen" des heiligen Antonius von Padua erinnert, nur daß diesem frommen Mann Luzifer noch in Gestalt eines herrlichen Weibes erschienen war, mir hingegen allein die versuchende Stimme eines Redakteurs. Vielleicht mangelt es mir an der richtigen Frömmigkeit!

*Donnerstag, 10. Juli 1986*

Oh nein, nur das nicht wieder! Die RAF hat gestern einen hohen Siemensmanager mit einer Bombe am Straßenrand bei München ermordet. Nimmt dieser mörderische Wahnsinn niemals ein Ende? Politisch läßt sich das Morden der RAF schon längst nicht mehr begreifen, politische Wirkung behält es trotzdem, schlimmste Wirkungen sogar. Jetzt wird wieder nach mehr Polizei, mehr Überwachung, weniger Datenschutz und weniger Federlesen mit kritischen Geistern oder gar Demonstranten geschrien. Ich bin froh, daß ich heute in den Urlaub fahre, nach Elba in ein freiwilliges dreiwöchiges Exil, fernab deutscher Bomben und hessischer Müllhaufen, weit weg von rot-grünen Koalitionsproblemen und Fundis und Realos. In drei Wochen sehen wir uns wieder, bis dahin Pause.

*Mittwoch, 30. Juli 1986*

In Elba mit dem Bauch in der Sonne liegend entnehme ich heimatlichen Zeitungen meine erste, echte politische Bauchlandung: Börner hat die fertige und vom Staatssekretär bereits der Presse vorgestellte Getrenntsammlungsverordnung nach der Novellierung des Bundesabfallgesetzes im Bundesrat wegen verfassungsrechtlicher Bedenken eigenhändig zurückgezogen. Der Wirbel in Hessen scheint ganz erheblich zu sein. Pardauz, da liege ich nun! Aber es ist nicht die schlechteste Lage für einen Politiker, Bauchlandungen an den Gestaden des Mittelmeeres liegend zu erleben.

*Montag, 4. August 1986*

Erster Arbeitstag. Im Ministerium Bestandsaufnahme des Biotonnen-Desasters. Ganz klar, es wurde mehr als gepennt, denn man hätte die Konsequenzen, die sich aus der Verabschiedung des neuen Bundesabfallgesetzes auf die hessische Getrenntsammlungsverordnung ergaben, sofort erkennen und Alarm schlagen müssen. Es wurde allerdings davor gewarnt: keine Pressekonferenz, bevor die Verordnung im Staatsanzeiger veröffentlicht worden ist. Hier liegt eindeutig die Schuld bei der politischen Führung, das Desaster ist also gerecht verteilt. Wenigstens eine Gerechtigkeit.

Ich entscheide, daß nicht mehr länger um die Panne herumgeredet wird. Als Minister übernehme ich die volle politische Verantwortung. Das Fehlen des Justitiars (und das nach acht Monaten!) macht sich erneut auf fatale Weise bemerkbar. Wieder muß ein Fremdgutachter her. Da die Einwände der Staatskanzlei verfassungsrechtlicher Art sind, muß es diesmal ein kompetenter Verfassungsjurist sein, der mir sagt, was an eigener Regelungskompetenz für die Länder im Abfallrecht noch bleibt und was nicht. Ob eine weitere Getrenntsammlungsverordnung geht oder nicht? Wenn ja, wie? Wenn nein, warum nicht? Ein solches Gutachten wird jedoch einige Zeit in Anspruch nehmen, bis dahin werde ich mit Hohn und Spott zu leben haben. Es gibt Schlimmeres.

Tote Fische zum Beispiel. Jo Leinen, mein Kollege an der Saar, wird gegenwärtig politisch unter Bergen stinkender Fischkadaver begraben. Die Rechten hauen drauf, die Linken reiben sich genüßlich die Pfoten oder schweigen betreten. Ich finde Leinens Untergang gar nicht witzig, nicht nur aus kollegialem Mitgefühl. Da wird nämlich einer von uns von den Konservativen exemplarisch geschlachtet, und das geht uns alle an, auch die Grünen.

*Freitag, 8. August 1986*

Volker Hauff, hessischer Adoptivenkel von Holger Börner, stellt in Bonn den Bericht (der nach ihm benannten SPD-Parteikommission) zum Atomausstieg vor: Bis 1995 will die SPD den Ausstieg abgeschlossen haben, die ersten Abschaltungen sollen in zwei Jahren beginnen. Schön wäre es, allein, mir fehlt der Glaube. Betrachte ich mir Stegers Biblis-Kommission zur Sicherheitsüberprüfung von Biblis A, so könnte ich schon wieder graue Haare bekommen. Es tut sich kaum was. Unsere Leute hatten die amerikanischen Experten bereits zweimal am Telefon, da erzählt „uns Uli" immer noch treuherzig, sein Haus habe die Herren im fernen Amerika leider nicht erreichen können.

*Dienstag, 12. August 1986*

Abends Treffen mit Schily und Geulen in Frankfurt. Bei mäßiger Atzung gehen wir den uns bisher bekannten Teil des Atomkomplexes Hanau durch. Es erweist sich mehr und mehr, daß der Hanauer Atomsumpf nochmals anhand der uns zugänglichen Akten grundsätzlich aufgerollt werden muß. Ulrike Riedel leistet dazu im Ministerium bereits Vorzügliches, aber wir brauchen dringend Verstärkung. Geulen ist ein hervorragender Umweltrechtsexperte und soll ein Gutachten erstellen. Mir liegt vor allem an der Klärung unserer Rechtsposition. Können wir NUKEM (alt) stillegen? Müssen wir es gar? Oder geht dies erst im Zusammenhang mit dem Genehmigungsverfahren nach Bundesimmissionsschutzgesetz? Wie sieht meine Rechtsposition als Immissionsschutzminister zu den anderen Hanauer Genehmigungsverfahren aus? Was ist da eigentlich legal, was illegal? Ich will auf keinen Fall am Ende neben Uli Steger im Sumpf versinken! Nur, bei gegenwärtigem Kenntnisstand weiß kaum jemand was Genaues. Geulen soll hier Licht und Klarheit in das filzige Hanauer Atomdunkel bringen. Ein vielversprechender Abend zu dritt.

*Donnerstag, 14. August 1986*

Die hessische CDU bläst zur Müllattacke auf mich. Angeregt durch Jo Leinens Fischsterben-Desaster im Saarland versucht sie nun ein ähnliches Spiel in Verlängerung des Biotonnenflops. Zweiundvierzig Fragen zum Thema Müll stellte der Abgeordnete Weimar, umweltpolitischer Versprecher der CDU-Fraktion im Landtag, der erstaunten Öffentlichkeit vor – eine tiefsinniger als die andere und größtenteils uralte Kamellen. Das wird ein Tänzchen werden auf der nächsten Plenarsitzung, aber ich werde meine Haut so teuer wie möglich verkaufen.

Nachmittags, 17.00 Uhr, Koalitionssitzung. Strenge Einvernahme durch Börner und Welteke wegen der Mülldebatte. Ernst Welteke, Fraktionsvorsitzender der SPD, knurrt und murrt, ich hätte beim Müll nichts zustande gebracht. Ich halte kurz dagegen: von wegen nichts zustande gebracht, angesichts des Ladens, den wir gerade in der Müllfrage übernommen und vorgefunden haben. Defizite und Export, keine vernünftigen Neuansätze, vor allem beim industriellen Giftmüll.

Welteke ist ein kurioser Bollerkopf, dessen cholerisches Temperament in Sekundenschnelle zu leuchtender Kopfesröte und wilden Ausflipps führen kann. Als ein gestandener Rechter, Enkel und Hoffnungsträger von ich weiß nicht wem, sitzt er meistens schweigend neben seinen Altvorderen und spielt dann und wann den „angry wild man“ gegenüber uns Grünen. Was hatte er vor der Sommerpause über uns getobt, weil wir die SPD gezwungen hätten, einen gemeinsamen Antrag zu Nicaragua im Landtag mitzutragen. Dann, in der Sommerpause, war Ernst Welteke höchstselbst in Nicaragua, und als unser Ernst dort zum ersten Mal die Internationale auf spanisch hörte, da brach wohl der feurig-rote Ex-Juso in ihm durch, und er verkündete Revolutionäres. Dadurch kam er sogar auf die Titelseite eines deutschen Weltblatts, nämlich des NEUEN DEUTSCHLAND. Welch ein Hallo unter Christlichen, Grünen und Genossen! Lang lebe unser Commandante Ernesto!

Weitaus weniger erfreulich gestaltet sich der Atomausstieg in Hessen. Die Biblis-Kommission kommt nicht vom Fleck. Börner will sich zwar nicht von der Wallmann-Kommission überholen lassen, nur, wie sieht's mit Steger aus? Und wenn er es auch nicht will, warum tut er dann nichts? Oder schlimmer noch: Warum bremst er dann? Verzögert? Börner verweist zudem beständig auf seinen Parteitag in Nürnberg, den er abzuwarten hätte, und ergeht sich in apokryphen Andeutungen darüber, welche Zerreißprobe in Sachen Atomausstieg da auf die SPD zukommen würde. Nichts geht voran. Kommunales Wahlrecht für Ausländer, die SPD lehnt ab. Nur bei der Neuen Heimat Südwest, die das Land Hessen kaufen will, erleben wir Bewegung, Engagement und Initiative des verehrten Koalitionspartners. Mir stinkt die ganze Szene gewaltig! Die Sozis spielen sich auf wie die Kings, lassen uns hängen, solange es um unsere Themen geht oder halten uns hin. Aber sobald ihre Interessen im Spiel sind, flutscht der Laden hervorragend. Höhepunkt des Irrwitzes: Kuhnert ist dabei, die Neue Heimat Südwest umsonst an die SPD zu verscherbeln! Das sehen wir anderen aber gar nicht ein, entweder wird es ein Geschäft auf Gegenseitigkeit oder gar keins.

*Mittwoch, 20. August 1986*

Große Mülldebatte im Hessischen Landtag. Auf Anraten der Fraktion beginne ich als erster, attackiere sofort die überraschte Opposition, ohne deren Angriffe abzuwarten. Es wird diesmal eine gute Rede, ein gelungener Auftritt. Zum erstenmal rede ich frei, über eine Stunde lang, demonstriere und zitiere die Doppelbödigkeit der hessischen CDU in der Müllfrage. Ich bin nicht mehr der Anfänger aus Bonn, jetzt bin ich voll im Thema drin: Herfa, Biebesheim, Mainhausen - der CDU fliegen die Brocken ihrer eigenen Heuchelei um die Ohren. Die Müll-Debattiererei im Landtag macht mir zum erstenmal richtig Spaß. In der Sache habe ich allerdings bisher wenig an praktischen Lösungen anzubieten, wie auch? Die Suche und Auswahl erster Standorte wird noch bis Herbst/Winter dauern. Vermeidungsansätze werden noch länger auf sich warten lassen, weil es kaum praktische Erfahrung gibt. Die Probleme aber werden mit jedem Tag drückender. Keine angenehme Zukunftsaussicht, aber ich bin sicher, wir werden es packen.

Der Opposition geht es heute nur vordergründig um den Müll. In Wirklichkeit will sie den Fischer zum Leinen machen, daher schließe ich meine Rede mit den Worten: „Sie schauen doch mit glänzenden Augen an die Saar. Sie würden doch am liebsten Messen lesen lassen, Wallfahrten veranstalten und notfalls selbst an Springprozessionen teilnehmen, auf daß nur der Herr den Würgeengel herabfahren lasse und den Fischer unter Tonnen stinkenden Fisches begrabe!" Diese Runde im Landtag geht an mich.

*Montag, 25. August 1986*

Das Atomkraftwerk Cattenom in Lothringen ist abgesoffen, steht unter Wasser, was Genaues weiß man nicht. Seit Tschernobyl sind vier Monate vergangen, und der atomare Wahnsinn geht munter weiter. Gott sei Dank ist der Reaktor noch nicht am Netz. Trotzdem schockiert mich der Gedanke: Cattenom liegt vom Rhein-Main-Gebiet und von Frankfurt nur 200 Kilometer Luftlinie in westlicher Richtung entfernt. Wenn dort einmal wirklich etwas schiefgeht, dann gute Nacht.

Ätzendes am Rande: Auch ihn mußte es mal geben, meinen ersten Spatenstich! So geschehen heute am Main bei Hochheim, wo eine neue Meßstation der Hessischen Landesanstalt für Umwelt (HLFU) entstehen soll. Ach, wie herrlich ist das Ministerleben ...

*Donnerstag, 28. August 1986*

Der hessische Verwaltungsgerichtshof in Kassel hat im Eilverfahren den Planfeststellungsbeschluß für die Sonderabfalldeponie Mainhausen für nichtig erklärt. Unglaublich, aber wahr! Zehn Jahre haben drei sozialdemokratische Vorgänger im Umweltministerium die Inbetriebnahme dieser Deponie als die Lösung für Hessens Sondermüllprobleme ausgegeben, haben weit über 50 Millionen DM investiert, und nun ein donnerndes „Stopp" vom Gericht. Jetzt würde ich gerne Welteke sehen und hören, von wegen nichts zustande gebracht beim Müll! Andererseits bleibt dieser Murks wohl wieder an mir hängen, da gebe ich mich keinen Illusionen hin. Als Grüner freue ich mich, denn unsere Zweifel scheinen bestätigt worden zu sein. Für den Umweltminister aber wird die Erblast beim Giftmüll noch drückender, und praktische Lösungen werden noch länger auf sich warten lassen.

Auf dem Nürnberger SPD-Parteitag ist die Wutz los. Heute haben sie mit großer Mehrheit den Atomausstieg innerhalb von zehn Jahren beschlossen, und gestern hat der Kandidat eine Grundsatzrede gehalten, die zu hymnischen Reaktionen in der Öffentlichkeit, der links gestimmten, führte. Ich verstehe das nicht. Für mich als Fernsehzuschauer hatte der Auftritt von Rau eher etwas Kabarettistisches, Loriot-Artiges, Peinliches an sich: „Ich bin verliebt ins Gelingen!" brüllte er in den Saal und gebärdete sich dabei hinter dem Mikrophon wie ein Freistilringer. Wie gesagt, ich verstehe es nicht, aber vielleicht liegt es an meinen Vorurteilen. Ich würde auf jeden Fall solch schlechten Krakeel nicht wählen, Karl Valentin war besser.

Der Unfall von Cattenom enthüllt sich nach und nach in seinem ganzen Ausmaß: Erst sollten es 500 Kubikmeter Wasser sein, die den Keller des Atomkraftwerks zum Absaufen brachten, dann 8000 und jetzt 400 000. Elektrische Installationen wurden schwer beschädigt, die Mosel hat sich in ein Atomkraftwerk verirrt, und Wallmann redet im Fernsehen süßsauer von Kontaktpflege mit den Franzosen. Zum Kotzen!

*Montag, 1. September 1986*

Abends Treffen mit einem Mitglied des Vorstands der HOECHST AG. Das Gespräch verläuft unergiebig. Seit der Einigung im BASTA-Verfahren und dem Aufstand von rechts, von der IG Chemie und der alten IG Farben-Mafia im Vorstand gegen die Reformer sind die Kontakte eingefroren. Großchemie und Unternehmerverbände sträuben sich gegen das Chemiesymposion wie die Schweine, die zum Metzger sollen. Auch heute abend lediglich eine Absage. Ansonsten wird mir mitgeteilt, daß die Ansprechpartner wechseln werden und daß sich vor der Landtagswahl wohl kaum noch etwas werde bewegen lassen. Eiszeit zwischen Umweltministerium und der HOECHST AG.

*Montag, 8. September 1986*

Abends mit Koenigs bei Krollmann und Giani, Börner ist im Urlaub. Wir verhandeln über den Ankauf der Neuen Heimat Südwest und wollen die Zustimmung von Krollmann und der SPD zu einem Nachtragshaushalt zur Energiewende, das heißt zur Ausweitung des Energiesparprogramms und zum Aufbau einer landeseigenen Energiesparagentur. Das Unternehmen soll die öffentlichen Hände und auch Private bei Energiesparmaßnahmen beraten, soll die Rekommunalisierung der Energieversorgung fördern und ein erster Schritt hin zum Aufbau einer eigenen hessischen und atomstromfreien Energieversorgung sein.

Die Verhandlungen sind zäh und kommen nicht vom Fleck. Es ist einfach herrlich zu beobachten, wie unsere beiden Sozis die mehreren hundert Millionen DM für die Neue Heimat wie selbstverständlich aus dem Staatssäckel zaubern, unseren Energiewendehaushalt aber beweinen und bewehklagen: von wegen zu teuer, irreal und nicht machbar. Und dann, in einem zweiten Schritt, schimpfen sie wie die Rohrspatzen über Erpressung. Mir blutet das Herz ob der Krollmannschen Eruptionen wegen Erpressung, ansonsten aber sind Koenigs und ich wenig beeindruckt.

Hans Krollmann ist ein merkwürdiger Mensch, grüblerisch – cholerisch im Temperament, dunkel bis verquast in der Rede, aufgeladen mit einer kräftigen Prise Arroganz in Duktus und Mimik, dabei einem provozierenden intellektuellen Rationalismus huldigend, der mit logischer Schärfe sprachlichen Kompromissen nicht allzuviel abzugewinnen vermag. Anders als Börner ist Krollmann im zwischenmenschlichen Umgang schwierig und kompliziert, andererseits ist er aber einer der wenigen in der weiten Runde des Kabinetts, mit dem die Auseinandersetzung auch Gewinn verheißt, Anregung und allemal klugen Widerspruch. Wenn er nur nicht immer so sauertöpfisch einherkäme, als wenn ihn seit frühesten Kindheitstagen der Magen drücken würde. Das Verhandeln mit ihm bedarf gewisser Ruhe, denn in einer Stunde springt er dreimal auf oder droht es zumindest an, um die Verhandlung zu verlassen oder gar abzubrechen. Es geht trotzdem immer weiter, bis zum süßen oder bitteren Ende, wie an diesem Abend. Wir trennen uns zu später Stunde ohne Ergebnis. Es darf also weiter gepokert werden.

*Mittwoch, 10. September 1986*

Morgens Petitionsausschuß mit wahrhaft erhabenen Themen. Die Anwesenheit des Ministers ist ausdrücklich erwünscht, denn es geht um das Recht, in einem Schutzgebiet mehr als einmal im Jahr eine Jagd – und zwar eine Gesellschaftsjagd auf Karnickel! – abzuhalten, und auch um einen Ende der siebziger Jahre illegal errichteten Zaun im Außenbereich der Stadt Wiesbaden. Dieser Zaun hat nicht nur die Stadtverwaltung der Landeshauptstadt in langjährigem Atem gehalten, sondern auch die Gerichte bis hin zum Hessischen Verwaltungsgerichtshof. Er war, ist und bleibt illegal und muß also weg! Jetzt diskutiert ein leibhaftiger Parlamentsausschuß und ein Staatsminister nebst dessen Beamten dieses corpus delicti der Naturzerstörung. Man lernt als Minister eben täglich Neues dazu.

Nachmittags Umweltausschuß, dann Koalitionsgespräch. Atomausstieg und Neue Heimat. Die SPD will uns beim letzteren mit einem fertigen Zeitplan zur Beschlußfassung in

Kabinett und Parlament unter Druck setzen, aber wir verweigern jede Zusage, bevor wir nicht ein unabhängiges Gutachten eines Wirtschaftsprüfers zu Gesicht bekommen haben. Zudem liegt unser „Energiewendehaushalt" auf dem Tisch. Ohne eine Zusage der SPD zu diesem Bereich wird es keine Vereinbarung über die Neue Heimat geben, auch wenn Kuhnert das ganz anders sieht. Grotesk, dieser grüne Fundamentalismus. Dem SPD-Projekt „Ankauf der Neuen Heimat Südwest" will er zustimmen, dem grünen Projekt „Energiewendehaushalt" aber nicht, denn hier beginnt der grüne Realoverrat!

Die Steger-Kommission zum AKW-Biblis wird mehr und mehr zum Gespött in der Öffentlichkeit. Experten springen ab, andere beschweren sich, es ist zum Lachen oder Weinen, je nachdem. Wallmann hingegen zieht seine Kommission schnurgerade durch. Steger hat sich jetzt mit der Reaktor-Brennelement Union GmbH (RBU) in Hanau angelegt und droht mit deren Schließung, wenn das Management nicht ausgewechselt würde. Hintergrund: Der Zustand von Anlage und Genehmigungsunterlagen muß selbst Steger skeptisch stimmen, und das will etwas heißen. Zudem fürchtet er die ALKEM-Anklage. Aber ausgerechnet RBU stillegen? Die wichtigste, die größte und für die SPD am wenigsten antastbare Brennelementefabrik, die alle deutschen und auch einige ausländische Atomreaktoren mit Brennelementen versorgt? Von uns glaubt das dem Uli Steger ernsthaft niemand. Hier fährt wohl jemand einen Entlastungsangriff, juristisch und politisch. Sollte Stegers Angst vor dem Staatsanwalt wirklich so groß sein?

*Dienstag, 16. September 1986*

Das Geulen-Gutachten zu den Hanauer Atombetrieben liegt seit letzter Woche vor. Aufmacher in der FRANKFURTER RUNDSCHAU: „Gutachten gegen Hanauer Atomfirmen – Geulen nennt Betrieb illegal." Geulen kommt in der Tat in seinem umfänglichen Gutachten zu ebenso schlichten wie phantastischen Ergebnissen: Alle Hanauer Nuklearbetriebe hatten und haben keine Errichtungs- und Betriebsgenehmigung für ihre Anlagen! Unglaublich, aber wahr: Es sind die größten und gefährlichsten Schwarzbauten der Republik! Noch toller: Der Betrieb nichtgenehmigter Anlagen sowohl nach dem Atomgesetz als auch nach dem Bundesimmissionsschutzgesetz ist strafbar, und die beteiligten Firmen und Ministerien wußten dies seit vielen Jahren!

Geulen durchdringt endlich den Nebel und klärt unseren Rechtsstandpunkt in dieser ganzen Affäre. Unsere Aktenkenntnis ist zwar nach wie vor äußerst beschränkt, aber bereits anhand des Wenigen, was wir herausgefunden haben, gehen Geulens Schlußfolgerungen weit über das Papier des Doppelvierers hinaus. Diese Expertenkommission mußte ohne jegliche offizielle Aktenkenntnis - sie wurde ihr vorenthalten - und allein anhand abstrakter Rechtserwägungen ihre Position finden. Beeindruckend auch, wie Geulen klar herausarbeitet, daß es vor allem materielle Gründe des Standorts und des Zustandes der Anlagen waren und sind, die Betreiberin und Genehmigungsbehörden bisher so lange haben zögern lassen, Genehmigungsverfahren einzuleiten und damit die Öffentlichkeit zu beteiligen. Geulen räumt auch mit der Theorie auf, daß die Umgangsgenehmigungen nach §9 Atomgesetz eine ausreichende gesetzliche Grundlage für den Betrieb der Atomfabrik hergäben. Es verschlägt einem richtiggehend den Atem, denn der gesamte Hanauer Sumpf ist tiefer und schlimmer, als selbst wir es uns gedacht haben.

*Donnerstag, 18. September 1986*

Der Minister wird erwachsen: erste Grundsteinlegung in meinem Leben! Grundgesteinigt wird ein neues Heizkraftwerk der Energieversorgung Offenbach in Offenbach am Main. Es wird mit Wirbelschichtfeuerung und Kraft-Wärme-Koppelung betrieben werden, und das Land fördert mit Millionenbeträgen. Alles sehr stilecht: Blaskapelle in Bergmannsuniform aus dem Ruhrgebiet, Reden über Reden, mit Gummistiefeln ab in die Baugrube, dortselbst Grundsteinlegung, dann Büfett, und schließlich in den Wahlkampf nach Bayern, nach Amberg und Schwandorf.

In Amberg alarmierender Anruf von Christiane Kohl aus dem Ministerium. In Bonn seien Zeitungsfritzen hinter mir

her, denn ich habe angeblich eine Stromrechnung über 532 DM nicht bezahlt! Ein grüner Energieminister, der Stadtwerke prellt, ist in der Tat eine Story. Anruf bei Claudi: Es scheint schon so zu sein, daß nach dem Umzug keine Rechnung mehr bezahlt wurde, zumal ich in Bonn mein Konto aufgelöst habe, von dem die Stromrechnungen jeweils abgebucht wurden. Ei, wie peinlich.

*Samstag, 27. September 1986*

Bundesversammlung in Nürnberg. Gestern abend kamen wir (Claudi, Dagobert und ich) erst spät auf der Bundesversammlung an, die Realos tagten bereits in einer Vorbesprechung. Eigener Antrag oder Unterstützung des Zentraloantrags aus NRW um Antje Vollmer und Chista Nickels, das war die Frage. Ich war für den Verzicht auf einen eigenen Antrag, da ich der Meinung bin, wir sollten uns bedeckt halten, die Fundis gegen die Zentralos marschieren lassen, und schließlich uns zu möglichst günstigen Bedingungen in das Parteitagsgemetzel werfen, um den Zentraloantrag zu unserem zu machen. Die Koalitionsfrage steht dank Rau allen Ernstes nicht zur Debatte, also können wir uns zurückhalten. Aber ich

konnte mich nicht durchsetzen, Hubert Kleinert und Jo Müller wollten unbedingt einen eigenen Realoantrag, fast identisch mit dem Zentralopapier.

Nebenbei erfuhr ich, daß man von mir einen Bericht zum Ausstieg erwartete, da ein Fundiantrag aus Baden-Württemberg dazu vorlag. Gesagt, getan, ich erhielt nachmittags ausgiebig Redezeit und berichtete also dem Parteitag. Viel Beifall nach der improvisierten Rede. Die Fundis werden mich so schnell nicht wieder zu einem Bericht auffordern, nehme ich an.

*Sonntag, 28. September 1986*

Antje Vollmers „Brief an die Wähler", in Stil und Diktion sehr ihrer protestantischen Ergriffenheit huldigend, erhält die Mehrheit in der entscheidenden Abstimmung gegen den Fundiantrag von Trampert und Ebermann. Kleinerts Realoantrag ging zuvor erwartungsgemäß mit einem Drittel der

Stimmen unter, eine unnötige, vorhersehbare Niederlage. Wie auch immer, zum erstenmal gibt es innergrün eine neue Mehrheit im Bundesverband, bestehend aus Realos und gemäßigten Radikalen, vor allem aus NRW. Ein echtes Ereignis in der Parteigeschichte. Wir Grüne machen der SPD ein Angebot zur Zusammenarbeit, das auf zwei Bedingungen beruht: Die Wahl eines sozialdemokratischen Kanzlers und seiner Minderheitsregierung wird von uns unterstützt, wenn der Ausstieg aus der Atomenergie innerhalb einer Legislaturperiode und der Abzug der amerikanischen Mittelstreckenraketen zugesagt werden. Der Nürnberger Parteitag bedeutet einen wichtigen Schritt nach vorn für unsere Partei. Das vorliegende Angebot an die SPD begrenzt für die Bundestagswahlen den Flügelkonflikt und bringt uns dennoch aus der Verweigerungsecke; zum erstenmal gibt es eine neue Mehrheit in der Bundespartei gegen Trampert und Ditfurth; und die Bayern haben jetzt optimale Voraussetzungen für eine erfolgreiche Landtagswahl. Wir alle hatten die Wiederholung des Hannoveraner Harakiri-Parteitags befürchtet mit seinen negativen Auswirkungen auf die Landtagswahl.

*Freitag, 3. Oktober 1986*

Debatte zum Energiebericht der Bundesregierung im Deutschen Bundestag. Ich werde als Landesminister reden. Als ich morgens um 9.00 Uhr den neuen Plenarsaal im Wasserwerk zum erstenmal betrete, traue ich meinen Augen kaum: Bruder Johannes befindet sich bereits auf der Bundesratsbank, fotogen frisiert, wie seine Wahlkampfberater es befahlen. Da sitzen wir nun also, wir zwei allein, getrennt durch den leeren Stuhl von Niedersachsen, als fleischgewordener Widerspruch zum Trugbild von der absoluten Mehrheit der SPD. Allein dies hat die Reise nach Bonn bereits lohnenswert gemacht. Des Kandidaten Rede ist schwach und bläßlich, noch schwächer ist jedoch sein Auftritt als solcher. Die SPD hat ihn wie eine geheime Kommandosache behandelt, bis zur letzten Minute versucht, ihn vor den Regierungsfraktionen zu verbergen. Meine Güte, was ist denn das für ein Herausforderer?! Anstatt dem Kohl durch sämtliche Posaunen der

Republik verkünden zu lassen, daß er komme, schleicht sich Rau morgens zwischen 8.00 Uhr und 9.00 Uhr in den Bundestag und hält eine verschlafene „Ja zur Kohle“-Rede vor dem Hohen Haus. So werden das nicht einmal vierzig Prozent werden!

*Donnerstag, 9. Oktober 1986*

Müllprobleme, nichts als Müllprobleme. Niemals hätte ich gedacht, daß ich mich mit all dem gefährlichen oder harmlosen Unrat der Industriegesellschaft einmal so heftig herumschlagen würde, wie es nun der Fall ist. Der überwiegende Teil meiner Kraft, Zeit und Phantasie wird für die Lösung der Abfallprobleme aufgebracht. Mit Grebenau, einer Ortschaft im Vogelsberg, wird jetzt ein erster Standort für eine zweite Sondermüllverbrennungsanlage und eine Klärschlammdeponie untersucht. Kaum wurde dies ruchbar, so liefen unsere Leute vor Ort Sturm. Diese ganze Standortsuche wird ja heiter werden. Wie macht man das eigentlich als Grüner? Für die Etablierten fällt die Antwort recht einfach aus: Standortfestlegung und dann Durchziehen. Für einen grünen Umweltminister kommt das natürlich nicht in Frage. Wir werden durch Offenheit, Überzeugung, Information die Proteste zu entkräften versuchen, um so das verbleibende St. Floriansprinzip in reiner Form herauszuisolieren. Und dann? Unser Koalitionspartner verfolgt unsere Bemühungen mit zunehmender Nervosität, während die Opposition vor Ort Alarm schreit und im Landtag unentwegt brüllt, der Fischer bekomme in der Abfallfrage nichts hin. Zudem drehen die in Bonn alle Hähne voll auf, so daß die Länder und Gemeinden von der Vermeidungsseite her beim Haus- und Industriemüll nichts zu erwarten haben, im Gegenteil - Wallmann beschert uns mit seinem Abfallgesetz neue Abfallberge und damit ein schlimmes Vollzugsdefizit.

*Sonntag, 12. Oktober 1986*

Oazapft is! Die bayerischen Grünen sind mit 7,5 Prozent im Landtag, die SPD mit 27,5 Prozent im tiefen Keller, die FDP außen vor, ja, und ansonsten alles wie gehabt, Strauß usw. Trotzdem ein aufregendes Wahlergebnis für uns Grüne. Nun können wir der Bundestagswahl mit Ruhe entgegensehen. So es nicht wieder irgendwelche selbstgemachten Skandale gibt, ist mir um den Wiedereinzug ins Hohe Haus nicht länger bange. Für Bruder Johannes wiederum beginnt jetzt eine Art politischer Karwoche bis zur Bundestagswahl. Der „Geist von Nürnberg" entpuppt sich für die Sozialdemokraten als schlichter Selbstbetrug, als Pfeifen im Walde. Die bayerischen Wählerinnen und Wähler haben einfach das Licht angeschaltet, und nun steht er da, der Kandidat, samt seiner absoluten Mehrheit, nackt und bloß, ganz ohne Hemd.

Der bayerische Wahlkampf hat mir von allen Wahlkämpfen bisher am meisten Freude gemacht. Die Grünen in Bayern wollten wirklich gewinnen, anders als in Niedersachsen. Die Mobilisierung war hervorragend. Kein Angriff der CSU unterhalb der Gürtellinie blieb unbeantwortet, sei es vor Gericht, per Plakat oder Zeitungsanzeige. Auf dem Nürnberger Parteitag haben die Bayern gekämpft wie die Löwinnen und Löwen, damit kein Aufruf der Grünen für die Demo in München zustande kam. Die Säle waren voll, die Plakate geklebt, es wurde einfach gekämpft. Das Ergebnis gibt den bayerischen Grünen recht.

*Dienstag, 14. Oktober 1986*

Schreiben an Börner und Steger auf Grund des Geulen-Gutachtens. Ich weise ausführlich auf dessen Ergebnisse hin, auf die Illegalität der Hanauer Nuklearbetriebe, auf deren mangelnde Genehmigungen und auf die Strafbarkeit der Hinnahme dieses Zustandes. Und auch auf die politisch folgenschweren Konsequenzen für die Koalition. Börner erklärte das Geulen-Gutachten in einem Interview für „schlicht falsch", ohne ein weiteres Wort der Begründung zu verlieren. Die Staatskanzlei und das Wirtschaftsministerium versuchen, die Illegalität auf „unterschiedliche Rechtsauffassungen" herunterzuspielen. Der Skandal der Hanauer Nuklearbetriebe wird von einer ganz großen Koalition, die von Bonn bis Wiesbaden reicht, weiterhin gedeckt. Ob das gutgehen kann, grün koalieren und mit der alten Atomkoalition praktisch paktieren? Spätestens im September 1987 wird sich die SPD entscheiden müssen.

*Freitag, 17. Oktober 1986*

Chefgespräch mit Krollmann zum Energiewendehaushalt in Bonn, in der hessischen Landesvertretung. Mir graut vor dem kommenden stundenlangen Gefeilsche, daher will ich heute einen anderen Weg versuchen. Koenigs ist mit dem Haushaltsreferenten angereist, Krollmann hat seinen für das Umweltressort zuständigen Beamten dabei. Zu Beginn der Verhandlung bitte ich Krollmann um ein Gespräch unter vier Augen, ohne Beamte. Dann sage ich ihm klipp und klar, was ich will: Mir würde das Gefeilsche stinken, denn er und ich wüßten genau, daß wir uns einigen müßten, daß für ihn die Stellen im Haushalt das schwierigste Problem seien, ich aber unter 100 Millionen DM nicht gehen würde, und frage ihn, ob man sich nicht ohne dieses stundenlange Getue einigen könne. Wir haben es dann innerhalb von zehn Minuten geschafft. Meine schnellsten 100 Millionen! Koenigs und die Beamten sind geplättet, nach weiteren zwanzig Minuten steht der Nachtragshaushalt für die Energiewende. Krollmann hat mich damit echt beeindruckt.

*Montag, 20. Oktober 1986*

Die Hanauer Staatsanwaltschaft erhebt gegen die Geschäftsführer der Firma ALKEM und gegen die wichtigsten Atombeamten aus dem Hause Steger Anklage. Na, wer sagt es denn? Mächtiges Abwiegeln auf der anderen, der sozialdemokratischen Seite, Hymnen auf die Unschuldsvermutung, Jeremiaden über Vorverurteilungen und entschlossen böses Geknurre gegenüber der Staatsanwaltschaft. Alles äußerst „Flick-artig“.

*Sonntag, 26. Oktober 1986*

Die Koalition feiert: 10 Jahre Holger Börner als Ministerpräsident, 10 Jahre Armin Clauss als Sozial- und Arbeitsminister. Festliches Abendmahl im Schloß Biebrich mit Damen bzw. Herren. Oh, wenn das jetzt unsere Fundis sähen! Abgründe, nichts als Abgründe ...

*Dienstag, 28. Oktober 1986*

Abends Treffen bei Krollmann mit dem Hausherrn, Börner, Giani, Kerschgens und Koenigs. Kein konkreter Anlaß. Auf Anregung von Giani sollen einmal unabhängig von aktuellen Entscheidungen Perspektiven einer Zusammenarbeit erörtert werden. Börner ist einfach nur ein Defensivspieler. Krollmann macht in Gegenwart des Dicken kaum den Mund auf, Giani versucht vorsichtig tastend das Gespräch zu öffnen, es kommt aber keine Diskussionsatmosphäre zustande. Börner verteidigt mehr oder weniger den Istzustand. Vision null, profiliertere Projekte der Landesregierung, etwa im Bereich alternative Energien, hübsch, aber zu theoretisch. Es ist zum Haare raufen, denn wir leben in einem der interessantesten Bundesländer der Republik. Südhessen, Frankfurt und die hessische politische Konstellation entwickeln eigentlich eine enorme Dynamik, aber die Landesregierung in Wiesbaden beschränkt sich auf bloße Verwaltung! Frustriert fahre ich mit Koenigs in dessen Ente nach Hause. „Historisch" ist dieses Regierungsbündnis weiß Gott noch lange nicht zu nennen.

*Samstag, 1. November 1986*

Bürgerhaus Borken. Anwesend sind die Vertreter der im Stadtparlament sitzenden Fraktionen, der Bürgermeister Kniest (SPD), der Landrat Hasheider (SPD) und der Landtagsabgeordnete Ernst (SPD), zudem Hans Krollmann als Vorsitzender des SPD-Bezirks Hessen-Nord und ich. Es geht um das „Zentrum für industrielle Abfallwirtschaft" in Borken, eine Idee, die mir während der Plenardebatte am 23. September einem Dritten Auge gleich aufging, als ich mich mit dem Abgeordneten Ernst über Borken als möglichen Standort für eine zweite Sondermüllverbrennungsanlage (SVA) unterhielt. Wir müssen in Hessen beim Industriemüll endlich aus der Defensive gegenüber der Industrie herauskommen, müssen Defizite an Wissen und Können schließen, brauchen die Zusammenfassung der wissenschaftlichen Grundlagen, der ingenieurmäßigen Umsetzung, der Vermeidungsmöglichkeiten und der eigenständigen Fortentwicklung des jeweiligen Standes der Abfalltechnik für industriellen Giftmüll in der engen Kooperation mit der Praxis. Neue SVA, Abfallforschung, Altlastensanierung, Pilotprojekt Hochsicherheitsdeponie, Entwicklung und Lehre sollen in einem Zentrum zusammengefaßt werden, zudem bietet sich Borken aus strukturpolitischen Gründen an. Eine Investition von 400 bis 500 Millionen DM, zudem die Möglichkeit der Anbindung an die Gesamthochschule Kassel, die im Hausmüllbereich bereits sehr aktiv ist, von den teilweise hochqualifizierten Arbeits- und Ausbildungsplätzen ganz zu schweigen.

Es ist gelungen, sowohl die Spitzen der Koalition als auch die Fraktionsvertreter sowie beide Parteien vor Ort von der Idee zu überzeugen. Eine erste Projektstudie liegt bereits vor, und heute wollen Krollmann und ich die versammelten politischen Repräsentanten von Gemeinde und Kreis endgültig und gemeinsam einweihen und zu überzeugen versuchen. Grebenau würde im Falle eines Erfolgs heute als Standort für die SVA ausscheiden. Es wird eine insgesamt erfolgreiche Veranstaltung, Gemeinde und Kreis versprechen eine wohlwollende Prüfung. Es geht also voran beim Müll, langsam zwar, aber merklich.

In Basel muß es in der Nacht zu einer großen Chemiekatastrophe gekommen sein, ein Großbrand in einer Lagerhalle des Chemiemulti Sandoz. Die Stadt scheint nochmals Glück im Unglück gehabt zu haben, es hätte wohl viel schlimmer kommen können. Spät abends, zurück in Frankfurt, erfahre ich von Koenigs, daß internationaler Rheinalarm ausgelöst worden und die Fachabteilung bereits tätig sei. Für Hessen bestehe keine unmittelbare Gefahr, da angesichts der Fließgeschwindigkeit des Rheins eine mögliche Giftwelle erst Mitte der Woche bei uns durchlaufen würde.

*Montag, 3. November 1986*

Um die Mittagszeit Pressekonferenz zum „Zentrum für industrielle Abfallwirtschaft“ in Borken im Wiesbadener Landtag. Es wird in dieser Woche erneut eine Mülldebatte geben. Für die Union wird der Müll zum Dauerthema, und so vergeht kaum eine Plenarwoche mehr ohne Mülldebatte. Diesmal wird das Schicksal der Grube Mainhausen im Zentrum der parlamentarischen Auseinandersetzung stehen. In meinem Kopf geht es nur noch um Müll! Der zuständige Abteilungsleiter berichtet mir heute, daß der Hessischen-Industrie-Müll GmbH in bezug auf die restlichen 10000 Tonnen Filterstäube, die bisher nicht nach Herfa gebracht werden konnten, ein Angebot einer Grazer Firma vorliege, und daß man nunmehr den Vertrag erfolgreich unter Dach und Fach habe und mit dem Abtransport beginnen könne. Ich bin sogleich tief erschrocken. Im Frühsommer hatten wir bereits darüber gesprochen, und es ist richtig, daß wir Herfa auf dem Weg der Kooperation mit außerhessischen Deponien einsetzen wollen, solange wir keine eigenen Vermeidungs- oder weitere Deponierungsmöglichkeiten in Hessen haben. Nur, in Österreich wurde mittlerweile das Parlament aufgelöst, und die haben dort einen heißen Wahlkampf! Nicht ein Sack werde jetzt geliefert, so meine Weisung. Alles sei anzuhalten, trotz der unterschriebenen Verträge. Oh, oh, oh!

Bezüglich der Sandoz-Katastrophe fließen die Informationen recht spärlich. Erste Fischsterben werden vermeldet, aber noch weiß niemand, welche Chemiegifte und welche Mengen mit dem Löschwasser in den Rhein gelangt sind. Die Fachabteilung hat alle notwendigen Maßnahmen veranlaßt. Gemeinsam mit Rheinland-Pfalz unterhält Hessen auf der Mainzer Seite eine Meßstation, und es ist vereinbart, daß die Rheinland-Pfälzer beim Messen und Auswerten die Federführung übernehmen und uns sofort informieren. Das einzige hessische Rheinwasserwerk in Wiesbaden ist bereits alarmiert und wird beizeiten seine Entnahme einstellen. Ansonsten sind die Anlieger zu warnen und der Durchfluß der Giftwelle abzuwarten. Mehr als passive Schutzmaßnahmen sind von unserer Seite nicht möglich, denn wenn das Gift erst einmal in den Strom gelangt ist, ist es zu spät.

Nachmittags Kabinett, abends Nachbereitung in der Viererrunde: Atomfabriken in Hanau und Giftmülldeponie Mainhausen. Börner teilt uns mit, er werde übermorgen zum Thema Hanauer Nuklearbetriebe im Landtag eine Regierungserklärung abgeben, darin das Geulen-Gutachten als falsch bezeichnen und für die Betriebe eine Stillegung ausschließen. Zudem werde er sich selbstverständlich vor die angeklagten Beamten stellen, solange diese nicht verurteilt seien. Sie würden zwar versetzt, nicht aber suspendiert werden.

Ich teile Börner mit, daß wir das Geulen-Gutachten ohne Einschränkung für richtig und dessen Konsequenzen für dringend geboten hielten und daß unser Fraktionsvorsitzender, Jochen Vielhauer, das alles, einschließlich unserer Forderung nach sofortiger Schließung der Hanauer Atomfabriken, in Erwiderung auf ihn als unsere Position vortragen werde. Hier gebe es scharfen grundsätzlichen Dissens zwischen den beiden Koalitionsparteien, das wisse er.

Zu Mainhausen müssen wir uns als Koalition nach dem Beschluß des Verwaltungsgerichtshofs im Eilverfahren vor dem Landtag erklären: An dem Standort Mainhausen soll festgehalten, das erstinstanzliche Hauptverfahren weiter betrieben werden, und die unabhängige Expertenkommission soll möglichst zügig eine abschließende fachliche Empfehlung vorlegen. Vorher - und dies stimmt mit dem Koalitionsvertrag überein - ist eine abschließende Stellungnahme seitens der Landesregierung nicht möglich. Börner wird zu Beginn der Mülldebatte eine kurze Erklärung abgeben, danach werde ich als Fachminister die Hauptlast der Debatte zu tragen haben. Börner scheint mir wegen Mainhausen nicht zu trauen.

*Mittwoch, 5. November 1986*

Die Plenardebatte über die Hanauer Nuklearbetriebe verläuft erwartungsgemäß kontrovers zwischen SPD und Grünen. Die Angriffe der Opposition richten sich vor allem gegen die Staatsanwaltschaft. Alles erinnert an den Flickskandal, bis in die Details. Wenn man heute die Klagen und versteckten Drohungen der Atomfrondeure aus drei Parteien im Landtag hört, so kann einem um die Zukunft der Anlage wg. ALKEM durchaus bange werden. Ansonsten Müll, die ganze Abfalloper ein weiteres Mal rauf und runter, mit dem Abgeordneten Weimar (CDU) als Heldentenor. Kein neues Faktum, kein neues Argument, alles sattsam bekannte Reden. Das wird den Landtag also bis zu den Neuwahlen unablässig begleiten, mindestens noch zehn weitere Mülldebatten bis zum nächsten Herbst. Einfach gräßlich, diese Vorstellung.

Im Zusammenhang mit Hanau ergeben sich für uns hausintern einige praktische Probleme: Der Aktenfluß aus dem Hause Steger war und ist gleich null; die Anklageschrift wg. ALKEM erhalten wir ebenfalls nicht; Ulrike Riedel ist mit Hanau und dem Bundesrat überlastet, vor allem wenn sie jetzt jedes einzelne der anliegenden Genehmigungsverfahren für uns aufrollen soll. Zudem stößt sie überall auf Behinderung, was sie enorm viel Kraft und Zeit kostet. Wir verfügen aber über keine zusätzlichen Stellen, und so wird Ulrike gemeinsam mit dem Gutachter weiter versuchen müssen, uns den Weg durch den Hanauer Sumpf zu bahnen. Wer weiß, auf was für Hämmer die beiden da noch stoßen werden?

Dick und die Fachabteilung verfolgen Verlauf, Auswirkungen und Maßnahmen der Sandoz-Katastrophe. Der baden-württembergische Umweltminister Weiser erklärt heute in den Zeitungen, „daß kein Anlaß zur Besorgnis bestehe". Ziemlich vollmundig, der Mann. Bis jetzt weiß man immer noch nicht, was und wieviel an Giften tatsächlich in den Rhein gelangt ist. Die Fachabteilung hält den Kontakt zu den anderen Bundesländern.

*Donnerstag, 6. November 1986*

Der Atomstreit in der Koalition füllt die Zeitungen: „Atomstreit spaltet rot-grünes Bündnis!" Hoffentlich bleibt dies eine Schlagzeile und wird nicht zur politischen Wirklichkeit. Unter der Oberfläche gibt es zwischen den beiden Koalitionsparteien ein zähes Ringen um die Schließung oder Genehmigung der Hanauer Nuklearbetriebe. Aktionen und Akteure der anderen Seite sind und bleiben schwer kalkulierbar und kaum durchschaubar, nur mühselig zusammengehalten von Formelkompromissen, von denen niemand zu sagen vermag, wie lange sie noch zu tragen vermögen.

Sandoz-Katastrophe: von wegen kein Anlaß zur Besorgnis! 150 000 tote Aale, der Oberrhein scheint ökologisch tot zu sein! Die Giftwelle soll heute Hessen passieren, von Fischsterben im hessischen Rheinabschnitt wird noch nichts berichtet, wohl aber von einer Beschädigung der Mikroorganismen. Anfang der Woche hat in Colmar (Frankreich) die internationale Rheinschutzkommission getagt, Hessen war durch unseren zuständigen Fachabteilungsleiter vertreten. Die Schweiz konnte dort keinerlei konkrete Informationen vorlegen. Wir erwägen kurz die Einberufung der deutschen Rheinschutzkommission, deren Vorsitzender ich als hessischer Umweltminister bin, aber angesichts der dürftigen Informationslage wird davon abgeraten. Die Kommission trifft sich zudem eh in einer Woche zu einer turnusmäßigen Sitzung in Frankfurt am Main. Bis dahin haben wir vielleicht genauere Informationen aus der Schweiz, so unsere Hoffnung. Ansonsten hat die Zusammenarbeit der Länderbehörden im Vollzug absoluten Vorrang, und diese funktioniert bisher reibungslos.

Heute Umweltministerkonferenz in Berlin. Eine unnütze Veranstaltung mit äußerst mäßigen Ergebnissen. Schwerpunkt bildet eine Atomresolution, über die es keine Einigung gibt. Diese Reise nach Berlin hätte ich mir sparen können.

*Freitag, 7. November 1986*

Morgen Großdemonstration in Hanau. Bürgerkriegsängste werden geschürt: „Alarm! Die Gewalttäter kommen!" Fenster werde vernagelt, Mutmaßungen über das Ausmaß der Gewalt angestellt. Wenn das man gut geht.

Bei Sandoz sollen bis zu dreißig Tonnen Chemikalien mit dem Löschwasser in den Fluß gelangt sein, darunter eine erhebliche Menge an hochgiftigen Quecksilberverbindungen, deren Verwendung in Agrogiften hierzulande nicht zugelassen ist. Exportgifte also für die Dritte Welt. Abends dann die Schreckensnachricht von der zweiten Giftwelle im Rhein. Was kommt da noch auf uns zu? Koenigs wird sich gleich morgen am Samstagvormittag mit der Fachabteilung in Verbindung setzen, jetzt müssen wir sofort die Rheinschutzkommission einladen. Die in Basel noch vorhandenen Risiken bedürfen der sofortigen Klärung. Ich ärgere mich maßlos über mich selbst. Welch ein politischer Fehler, das Thema „Sandoz“ gestern auf der Umweltministerkonferenz nicht offensiv aufzugreifen!

*Sonntag, 9. November 1986*

Bürgerschaftswahlen in Hamburg mit sensationellem Ausgang: Die SPD verliert die absolute Mehrheit, sackt unter die CDU ab, die GAL mit einer reinen Frauenliste über zehn Prozent, die FDP bleibt draußen. Ein schwieriges Ergebnis für unsere Fundis in der GAL, denn wie soll jetzt regiert werden? Insgeheim gingen unsere Hamburger davon aus, daß die SPD weiter allein regieren könne. Christina Kukielka, die Spitzenkandidatin der GAL und eine harte Hardlinerin unter den Fundis, ist entsetzt: „Wenn die CDU ein Prozent mehr hat als die Sozialdemokraten, ist das eine Katastrophe für Hamburg. Wir werden Opposition bleiben.“ Das ist eine wahrhaft systemüberwindende politische Logik.

Der eigentliche Verlierer heißt von Dohnanyi. Der vornehme Herr trägt selbst in der Niederlage die Nase noch einen Zentimeter höher als der Rest der Welt. „Keinen Millimeter mit der GAL“, hat er gesagt, und nun ohne sie meterweise rückwärts. Der allereigentlichste Verlierer aber heißt Johannes Rau. Er könnte jetzt getrost zurücktreten, denn seine Strategie ist gescheitert, die Strategie der Ausgrenzung der Grünen und des Kampfs um die absolute Mehrheit der SPD, gründlich und definitiv gescheitert. Die SPD wird durch den heutigen Wahlausgang erdbebengleich erschüttert. Konnte man in Bayern noch auf die traditionelle Schwäche der dortigen Partei verweisen, so fällt hier und heute in Hamburg eine sozialdemokratische Hochburg. Gegen die Grünen wird es keine Mehrheit links von der Union geben bei der nächsten Bundestagswahl, und ob es sie mit der SPD geben wird, ist nach dem heutigen Ergebnis mehr als fraglich. So lautet die Botschaft des Hamburger Wahlergebnisses.

Ansonsten ist in Hanau der Kelch an uns noch einmal vorübergegangen. Die Polizei muß sich überaus besonnen verhalten haben.

*Montag, 10. November 1986*

Sondersitzung der deutschen Rheinschutzkommission in Bonn im Innenministerium. Wallmann hat mich am Wochenende angemacht, ich hätte die Kommission zu spät einberufen. Unsere Fernschreiben am Samstag hatten sich gekreuzt, er hatte allerdings die Nase vorn. Künstlerpech und Lektion zugleich. Die Sitzung verläuft sachlich und instruktiv. Eine Reihe gemeinsamer langfristiger Maßnahmen werden vereinbart, erstaunlich jedoch, daß es da eine Bundesbehörde gibt, die Bundesanstalt für Pflanzenschutz, die über die meisten Stoffdossiers von Sandoz verfügt! Seit Tagen jagen die verschiedensten Landesbehörden diesen hinterher! Die Herren haben die Dossiers dabei und packen sie vor unseren erstaunten Augen auf den Tisch, einen halben Meter hoch! Töpfer (CDU) ist genauso baff wie ich. Das erste Fernschreiben, welches sie erhalten hätten, wäre die Einladung zum heutigen Termin gewesen, so die Beamten. Das wird dem Bundesumweltminister aber gar nicht gefallen.

Nach der Sitzung treffe ich einige Sozis aus dem Parteivorstand in der Kneipe beim Abendessen. Meine Güte, sind die fertig! So habe ich sie ja noch nie erlebt. In der Baracke muß der Bär los sein, Rau scheint sich mit Rücktrittsgedanken zu tragen, Stimmung Richtung Weltuntergang.

*Dienstag, 11. November 1986*

Morgens im Landtag. Erschreckter Anruf aus Bonn von Hannegret Hoenes. Wieso ich nicht in die Sitzung des Umweltausschusses des Deutschen Bundestages gekommen wäre? Dort würden von Wallmann, seinem Staatssekretär und den Koalitionsabgeordneten schwere Angriffe gegen mich gefahren. Der Vorsitzende habe mich eingeladen. Mich? Ich weiß von nichts! Nach heftiger Befragung des ganzen Büros stellt sich heraus, daß heute morgen um 9.00 Uhr die verschlafene Stimme eines Ausschußmitarbeiters am Telefon fragte, ob ich nach Bonn käme. Unsere Leute verstanden das Begehr nicht, denn in meinem Terminkalender war nichts von Bonn zu lesen. Oh, diese Schufte! Göhner heißt der Advokat an der Spitze des Umweltausschusses, und christlich leuchtet sein Parteibuch. Hannegret schlägt sich für mich. Am Nachmittag ist klar, daß es erst am nächsten Tag weitergehen wird. Ich werde also morgen gen Bonn brausen.

Wallmann fährt einen gewaltigen Krisen- und Konferenzballihoo ab, eine Sitzung jagt die andere, auf der dann jeweils berichtet wird, welche Sitzungen bereits abgehalten wurden und welche da noch kommen. Gestern Auftritt vor der Bundespressekonferenz, dann deutsche Rheinschutzkommission, heute Gespräch mit dem VCI (Verband Chemischer Industrie), anschließend Umweltausschuß, weitere Konferenzen im In- und Ausland werden folgen. Inhaltliches Ergebnis immer gleich Null, allein der Auftritt zählt. Ein widerwärtiges Schauspiel.

*Mittwoch, 12. November 1986*

Bonn, Umweltausschuß. Attacke der Union, aber mehr als die eine Stunde Zeitdifferenz haben sie einfach nicht. Ich hingegen hake mich an dem Informationsdefizit des Bundes fest, an den Stoffdossiers, an den Pilgerfahrten der Landesumweltminister von Baden-Württemberg und Rheinland-Pfalz nach Basel, weil der Bund keine Informationen beibringt. Wallmann turnt zur Stunde gerade in der Schweiz auf einer internationalen Konferenz der Rheinanliegerstaaten herum, mal sehen was er zu verlautbaren hat.

*Donnerstag, 13. November 1986*

Wir haben für den Umweltausschuß des hessischen Landtags einen umfänglichen Bericht zusammengestellt, den ich dort vorlege. Erste Sofortmaßnahmen zur Überprüfung und Sicherung der gefährlichsten Anlagen und Lager der hessischen

Großchemie liegen aufgrund der Arbeit einer interministeriellen Arbeitsgruppe der Landesregierung vor, wobei sich eine wirkliche Überprüfung vor Ort als sehr aufwendig und zeitraubend erweist. Es wird also dauern. Die Diskussion im Ausschuß verläuft in einer sachlichen Atmosphäre.

Nachricht vom Tage: Das Verwaltungsgericht in Darmstadt hebt einige hessische Transportgenehmigungen nach der Deponie Schönberg/DDR auf Antrag der Stadt Lübeck auf. Jetzt beginnt es echt eng zu werden im Industriemüllbereich. Mainhausen ohne Planfeststellungsbeschluß, Schönberg zu, und dann?

*Freitag, 14. November 1986*

Es staubt, es staubt. Im DARMSTÄDTER ECHO ist heute zu lesen: „Filterstaub in die Steiermark." Da läuft etwas höchst Ungutes auf uns zu, denn in Österreich tobt der hitzigste Wahlkampf.

*Samstag, 15. November 1986*

Die Filterstäube füllen heute die Hessenseiten der Zeitungen. Gleichzeitig werden Überlegungen von uns, hessischen Industriemüll auf die Deponie Hoheneggelsen in Niedersachsen bringen zu lassen, von den dortigen Grünen in der „taz" aufs schärfste kritisiert. So langsam komme ich mir vor wie Alexander Kluges berühmte „Artisten in der Zirkuskuppel" - ratlos.

*Montag, 17. November 1986*

Samstag hat in Grebenau eine Demonstration gegen die mögliche neue Sondermüllverbrennungsanlage und Klärschlammdeponie stattgefunden, 800 Teilnehmer. Der Bürgermeister wurde aufs heftigste angegriffen. Im SPIEGEL heute eine kleine Meldung: „JOSCHKAS DIOXINEXPORT." Aua! Jetzt wird es herb, sehr herb sogar. Joschka-Dioxin-Export, diese Assoziationskette reicht allemal für einen schönen Wahlkampfschlager gegen die Grünen in Österreich. Und den SPIEGEL liest man in der Alpenrepublik, im Gegensatz zum DARMSTÄDTER ECHO.

*Dienstag, 18. November 1986*

Mittagessen mit der Viererrunde bei Börner in dessen Residenz. Börner und Giani wollen bei ALKEM die Verfassungsklage auf den Weg bringen, offensiv werden. In einem Brief an Wallmann soll diesem mitgeteilt werden, daß man die ALKEM aus den im Doppelviererpapier genannten Gründen nicht für genehmigungsfähig halte. Anschließend wolle man dann nach Karlsruhe gehen. Wir erörtern die Weisungsfrage. Einer Weisung von Wallmann soll nicht Folge geleistet werden, solange Karlsruhe nicht entschieden hat. Wir erheben keine Einwände, denn das Verfahren entspricht den Koalitionsvereinbarungen, sind uns über die Motive der anderen Seite jedoch sehr unsicher und bitten um eine eigenständige Unterrichtung der Fraktion durch die Staatskanzlei.

*Donnerstag, 20. November 1986*

Seit zwei Tagen glühen bei uns die Telefone. Österreich hat den SPIEGEL gelesen. „Heiße Ware", kommentiert heute die „taz", „Zu Fischers geplatztem Dioxindeal." Die Reaktion der Medien und der Öffentlichkeit ist einfach nur vernichtend. Zu argumentieren brauche ich gar nicht mehr, es hört eh niemand zu. Daß in anderen Bundesländern, ja, daß in der Republik Österreich diese Stäube einfach auf Hausmülldeponien gekippt werden, wen interessiert das noch? Niemanden, eben. Daß wir hochgiftigen, PCB-belasteten Müll dafür nach Herfa übernehmen, auch nicht. „Giftmakler" lautet Jutta von Ditfurths Verdikt. Während Walter Wallmann bei den Farbwerken in Höchst auftaucht, die Werksfeuerwehr dort vor surrenden Kameras ein Schauspritzen veranstaltet und die Beherrschung einer Chemiekatastrophe auf Hoechster Art vorführt, begräbt mich eine Lawine aus Filterstaub. Am Abend dann die „Hessenschau" im Fernsehen: Filterstäube und die Absage des Grebenauer Bürgermeisters an mich wegen der Sondermüllverbrennungsanlage. Der Mann fürchtet nach der Demo am Samstag um seine politische Zukunft und ist sauer wegen Borken. Ich kann ihm nicht böse sein, allein der Eindruck ist verheerend. Jetzt bloß nicht die Nerven verlieren, Fischer! Auf der Fahrt nach Hause lese ich im WIESBADENER KURIER: „Fehler von Sandoz können sich bei Hoechst nicht wiederholen - Wallmann besichtigt Sicherheitsvorkehrungen in Chemiewerk." Na, na.

*Freitag, 21. November 1986*

Ein ausgesucht masochistisches Vergnügen, die heutige Morgenlektüre der Tagespresse. „Joschka Fischer als Mülltourist." „Hilfloser Fischer" etc. Furchtbar. Österreichs FPÖ-Chef und deutschnationaler Alpenyuppie, Jörg Haider, hat mich wegen Betrugs und Urkundenfälschung angezeigt. Ein schöner Wahlkampfgag, mehr nicht, aber schön und sicher schön wirkungsvoll. Die CDU in Gestalt des obligatorischen Müll-Weimar fordert meinen Rücktritt wegen eines „absurden Absichts-Mülltourismus nach Österreich". Schlimmer geht's nimmer.

Am frühen Nachmittag erfahre ich von einem neuen Rheinalarm. Eine Leckage bei der BASF in Ludwigshafen, ein Unkrautvernichtungsmittel, Dichlorphenoxyessigsäure, sei während der Nacht und der frühen Morgenstunden in den Rhein gelaufen. Erste Mengenangaben sind erstaunlich gering, ca. 700 kg, gegen Abend steigen sie kontinuierlich an auf 1100 kg. Wallmann fliegt per Hubschrauber ein, Töpfer ist ebenfalls vor Ort. Wallmann erklärt in den Abendnachrichten, er habe alles im Griff. Wie schön.

*Montag, 24. November 1986*

Wallmann und Töpfer wurden von der BASF in aller Öffentlichkeit vorgeführt: Insgesamt 2 Tonnen Gift sind in den Rhein gelangt, die Minister mußten ihre Aussagen ständig korrigieren. Der Regierungspräsident unterrichtete uns zudem von einer illegalen Chlorbenzoleinleitung am 12. November bei der HOECHST AG. Dick hat am Wochenende die Öffentlichkeit darüber informiert. Die Chemiekonzerne geraten durch die neuen Unfälle zunehmend unter Druck.

Heute Auftritt vor der Landespressekonferenz zu Filterstäuben, Schönberg, Müll allgemein, HOECHST und Chemieunfälle. Es ist meine bisher schwierigste Pressekonferenz in Wiesbaden, aber ich bin mit ihrem Verlauf zufrieden. Danach ein Anruf aus der Fraktion von Reinhold Weist, der meint, es gebe Verstimmung über den Verlauf der Pressekonferenz. Da gehen mir die Nerven durch, ich merke, daß ich blaß werde und beginne zu brüllen: Wenn man mir jetzt noch von hinten eine reinhauen würde, dann wäre Schluß! Dann solle man sich einen anderen suchen, ich sei mit meinen Kräften am Ende. Nur gemeinsam stehe ich, stehen wir das durch, nicht gegeneinander. Ich bin auf dem absoluten Tiefpunkt - gewesen. Ich merke, daß ich sauer werde, daß mich das dauernde Eingehacke auf meine Person aggressiv macht. Jetzt bloß nicht nachgeben! Jetzt erst recht! Die können mich alle mal!

*Dienstag, 25. November 1986*

Fraktionssitzung. Die Fraktion wird initiativ, lädt die Müllexperten der anderen grünen Landtagsfraktionen und des Bundestags zum nächsten Wochenende nach Wiesbaden ein. Gleichzeitig geben wir ein umfangreiches Fernschreiben an alle Landtagsfraktionen und Vorstände durch, in dem die Ergebnisse, unsere Lage und unsere Position dargestellt werden. Gegen Ende der Fraktionssitzung erreicht mich ein dringender Anruf aus dem Ministerium: Ölalarm auf dem Rhein, etwa zwischen Geisenheim und Eltville! Schnell beschließen wir, Genaueres ausfindig zu machen. Ich soll mir selbst einen Eindruck vor Ort verschaffen, und zwar von einem Hubschrauber der hessischen Polizei aus. Begleitet werde ich von einem fachkundigen Beamten der Wasserschutzpolizei, die am Untermain und am hessischen Rheinabschnitt die Speerspitze eines offensiven Umwelt- und Gewässerschutzes bildet, auch und vor allem gegen Großverursacher - ihr gebührt allerhöchster Respekt. Andererseits ist es schon merkwürdig, wie sich die Dinge verkehren, denn von der Polizei begeistert war ich eigentlich noch nie.

Der Fluß wirkt von oben besehen deprimierend. Eine „Bundeswasserstraße“ eben und ein europäischer Abwasserkanal. Der Ölteppich hat sich bereits in der starken Strömung mit Wasser vermischt, was nicht heißt, daß die Gewässerbelastung dadurch geringer wird. Am Ufer und an strömungsarmen Buchten und Häfen schillert uns allerdings noch die ölige Brühe entgegen. Die Polizeibeamten berichten von ihrem Alltag, zu dem solche Ölverschmutzungen fast schon routinemäßig gehören. Meistens wird hier von skrupellosen Schiffsführern preiswert ölverschmutztes Wasser in den Strom gepumpt. Erwischen sie mal einen, und kommt es dann tatsächlich zur Verurteilung, so ist die Strafe mehr als bescheiden, ein Trinkgeld gewissermaßen. Auf dem Rückflug entdekken wir auf der Rheinland-pfälzer Seite eine neue Ölspur und ermitteln per Hubschrauber den Verursacher. Ich wundere mich über gar nichts mehr.

*Mittwoch, 26. November 1986*

Die von der CDU mit großem Aplomb angekündigte Mülldebatte (Stichwort: völliges Versagen von Fischer) wird von der allerchristlichsten Opposition überraschenderweise zurückgezogen. Die Koalitionsfraktionen wollen die Chemiekatastrophen und den Müll zusammen erörtern, denn, bitteschön, irgendwo hat ja der Giftmüll mit der chemischen Industrie einiges zu tun. Die Union will aber nicht und zieht ihren Antrag beleidigt zurück, also keine Mülldebatte. Wir hatten zudem mit einem Entlassungsantrag gegen mich gerechnet, aber nichts kommt. Verabschiedet werden heute die Nachtragshaushalte für den Ankauf der Neuen Heimat Südwest und für die Energiewende.

Leben in einer phantastischen Zeit: Gestern noch durfte man den Zeitungen entnehmen, daß die BAYER AG in Leverkusen gewaltige „freiwillige“ Anstrengungen für den Umweltschutz unternehmen würde – ganz im Wallmannschen Sinne! – und alle ihre Anlagen überprüfen würde, und zudem in den ersten neun Monaten des laufenden Jahres weltweit einen Gewinn von 2,62 Milliarden DM vor Steuern gemacht habe. Heute erfährt man von einem neuen Unfall dortselbst. Am Vorabend hörte man zudem von einer weiteren illegalen Einleitung der BAYER AG in ihrem Werk in Krefeld-Uerdingen, der Staatsanwalt ermittelt bereits! Wie gesagt, unvorstellbar. Selbst unser Bundesumweltminister Walter Wallmann, ansonsten der liebste Knuddelbär der Großchemie, wird nun echt böse und droht öffentlich mit „schärferen Gesetzen". Das wird die Chemiebosse tief erschüttern.

*Donnerstag, 27. November 1986*

Chemiedebatte im Landtag. Die Opposition hat schlechte Karten wg. Wallmanns grenzenlosen Vertrauens in die Chemiekonzerne. Kanther hält wieder eine seiner politisch kaum bezahlbaren Brandreden, ansonsten nur ideologischer Seich von rechts. Ich stelle unsere politischen Konsequenzen dar und unseren Katalog an mittelfristigen und Sofortmaßnahmen vor. Die Opposition hat dem inhaltlich nichts, aber auch gar nichts entgegenzusetzen.

*Freitag, 28. November 1986*

Der Zeitung entnehme ich meine Erhebung in den Adelsstand durch Jan Kuhnert: Die Fundis fordern noch vor der Bundestagswahl eine Landesversammlung wg. nicht erfolgten Atomausstiegs und deshalb zu vollziehender Koalitionsgründung, gemäß dem Beschluß von Pohlheim. Ein zweifellos origineller Wahlkampfbeitrag unserer Fundis, die Wähler werden begeistert sein! Die Mehrheit im Landesvorstand will die Versammlung vernünftigerweise jedoch erst nach der Bundestagswahl abhalten. Wie immer bin ich der realpolitische Schurke im fundamentalen Drama: „Joschka Fischer entfernt sich wie ein mittelalterlicher Fürst von der Basis", so Jan Kuhnert laut WELT vom heutigen Tage.

*Montag, 8. Dezember 1986*

Gansessen mit der Fraktion beim Präsidenten des hessischen Landtags, eine weihnachtliche Tradition. Abends dann Zehnjahresfeier der BATSCHKAPP, dem ersten und einzig wirklich alternativen Beatschuppen in Frankfurt. Mit diesem Unternehmen bin ich über viele Jahre hinweg und durch manche heftige Keilerei mit irgendwelchen Ausgeflippten verbunden. Es wird ein feuchter Abend der Erinnerung.

In Bonn hingegen tobt die politische Auseinandersetzung um härtere Gesetze gegen die Chemiekonzerne. Auf die schlichte Idee zu verfallen, einfach mal die bestehenden Gesetze anzuwenden, etwa das Chemikaliengesetz mit seinen Möglichkeiten bis hin zu Stoffverboten, das traut sich Wallmann einfach nicht. Der Gehorsam gegenüber der Großchemie geht vor. Stattdessen will er die verschiedensten Gesetze und Verordnungen „novellieren", die teilweise eben erst novelliert worden sind. Ein echter Wallmann also, denn er kündigt nur an, Genaues und Präzises ist in Bonn hingegen nicht zu erfahren.

*Freitag, 12. Dezember 1986*

Jahrestag der Koalition. Mittagessen bei Börner in großer Runde. Dem Dicken geht es wesentlich besser als vor einem Jahr, mir jedoch wesentlich schlechter. Schwer bin ich geworden, müde und grau. Die Kommentare zum Jahrestag zeigen sich skeptisch zurückhaltend bis hin zum Verriß. Trotz der Filterstaublawine und der schwierigen Standortsuche für diverse Müllprojekte beginnt das Ministerium rund zu laufen. Die Technik des Regierens kann wohl als erlernt gelten, die Stellen sind zum größten Teil besetzt, die Zeitpläne stehen, die Dinge gehen voran. Ab März nächsten Jahres werden wir mit positiven Nachrichten aufzuwarten haben, denn wirklich bilanziert wird erst im September '87, bei den Landtagswahlen. Dennoch findet am heutigen Tag alles andere als ein Freudenfest statt, die Stimmung erweist sich als untergründig schwierig. Die beiden Wahlen des kommenden Jahres in Bund und Land scheinen ihre langen Schatten auf die Koalition vorauszuwerfen.

*Dienstag, 16. Dezember 1986*

Heute soll ich entlassen werden! Die CDU hat einen diesbezüglichen Antrag durch den Ministerpräsidenten im Landtag eingebracht, der nun zur Abstimmung ansteht. Ein merkwürdiges Gefühl, so in aller Öffentlichkeit als angeblicher Versager verhackstückt zu werden. Mulmig ist mir dabei schon. Die Debatte erweist sich aber als ausgesprochen müde. Börner verteidigt die Koalition und mich als Person; Kanther klagt an, aber seine Anklage erweist sich als lau und inhaltlich als Fälschung, denn er hat sich bei der HIM und im Umfeld des Ministeriums erkundigt, wie denn unsere konkreten Planungen im Müllbereich aussehen, und genau diese trägt er als die Alternative der CDU vor. Ein bißchen überschlau, dieses Verfahren, aber es zeigt die inhaltliche Schwäche der Union in Hessen, wenn es um konkrete Alternativen geht. Kanthers Programm besteht inhaltlich im wesentlichen aus Anti-Reflexen auf Rot-Grün: Kein Atomkraftwerk Biblis C, also Biblis C; kein Atomkraftwerk Borken, also Atomkraftwerk Borken; keine Ernstbachtalsperre, also eben diese, usw. Null eigene Ideen. In meiner Rede stelle ich nochmals die von mir vor einem Jahr angetroffene Lage beim Hessenmüll dar, vergleiche sie mit anderen Bundesländern, zeige meine Lösungswege auf und wünsche dann der Opposition alles Gute bei der Abwahl.

Kuhnert hat eine widerwärtige Rede vorbereitet, nichts als Geifer und Schaum vor dem Mund, Kanther wirkt dagegen fast fürsorglich. Es ist schon ein erhabenes Schauspiel mitzuerleben, wie sich Milde und Gerhardt, die Fraktionsvorsitzenden von CDU und FDP, für die Minderheitenrechte des Abgeordneten Kuhnert tränenreich einsetzen, weil dieser angesichts der fortgeschrittenen Zeit nicht mehr zum Zuge kommt und seine Rede daher lediglich zu Protokoll geben kann. Bei der Abstimmung stimmt Kuhnert für den Antrag der CDU und damit für meine Entlassung. Sauber. Wissen die Fundis eigentlich, was sie tun? Sie beerdigen damit endgültig jegliche innerparteiliche Solidarität.

Wallman ruft, und alle, alle kommen. Sonderumweltministerkonferenz in Bonn. Rechtzeitig vor der Wahl und vor Weihnachten läßt Walter Wallmann noch einmal zur großen Konferenzbescherung seine Kollegen aus den Ländern bitten, Thema: Folgen der Chemieunfälle. Eine reine Wahlkampfshow - Ergebnisse null, Aktivität heftig, Medienecho deftig.

Wir Hessen haben einen vorzüglichen Antrag ausgearbeitet, ressortübergreifend, im Kabinett abgesegnet, mit Stoffverboten, eingreifenden Sofortmaßnahmen, haftungsrechtlichen Konsequenzen u.v.m. Wie gehabt, sträubte sich Nordrhein-Westfalen bereits in der Vorkonferenz der Staatssekretäre, Matthiesen erweist sich heute jedoch als erstaunlich konziliant. Es gelingt uns noch ein gemeinsamer Antrag, allein dessen technische Produktion erweist sich als zögerlich. So sitzen wir in der Konferenz und warten auf unseren Antrag. Es liegt allein ein B-Länder-Antrag (CDU) vor, aber wir weigern uns, ihn allein zu erörtern. Nichts tut sich also, und so habe ich Zeit, Wallmann und seinen Knappen Christean Wagner zu betrachten. Der Bundesumweltminister arbeitet vor allem als Psychologe. Sanft und monoton der Vortrag, wer wagt da noch zu lärmen? Wir wollen doch, bitteschön, immer hübsch sachlich bleiben, keine Polemik. Der Patient wird bereits ruhiger. Dann wollen wir doch vernünftigen Argumenten zuhören, nicht wahr? Der Patient beginnt müde zu werden. Und schließlich erzählt ihm Walter Wallmann, ruhig, monoton, fest in Stimme und Mimik, daß er sich in Sicherheitsfragen nichts abhandeln lassen werde, sondern gegebenenfalls sofort zur Schließung der Gefahrenquelle greifen würde - beruhigt entschlummert der von Umweltkatastrophen und Super-GAUs hysterisierte Patient Bundesbürger. Und nun wird gehandelt, d.h. entweder gar nichts getan oder eben mal so weiter gemacht wie bisher. In der Tat, Wallmann psychologisiert die Umweltkrise. Aktivität statt Handlung, Konferenzen national und international als Therapie, Politik als Sedativum für Geängstigte. Beeindruckend mitanzusehen, wie der Minister und sein etwas brachial wirkender Staatssekretär da nebeneinander sitzen, qualmend wie zwei Schlote und vor Nervosität vibrierend. Sprechend suggeriert Wallmann den coolen Umweltpsychiater, seine Körpersprache aber verweist auf einen Gehetzten.

Höhepunkt dieses unnütz verbrachten Vormittags (unser Antrag ist mittlerweile gedruckt, allein die Tagung ist wie vorgesehen bereits nach zwei Stunden zu Ende) wird die gemeinsame Pressekonferenz der Umweltminister. In der Mitten Wallmann nebst Staatssekretär und Pressesprecher, dann der eine oder andere Landesumweltminister. Vor uns die versammelten Kameras und Mikrophone der Bonner Hauptstadtpresse. Es ergreift das Wort der Bundesumweltminister und verkündet in gewichtigem Tone – ja, was wohl? –, daß er heute einen Referentenentwurf zur Verschärfung der Störfallverordnung in den Geschäftsgang der Bundesregierung eingebracht habe! Sapperlott!! Ich bin echt platt, ein leibhaftiger Referentenentwurf als öffentlicher Leistungsnachweis von Konferenz und Minister – dankbar aufgezeichnet von der versammelten Presse. Oh, ich Depp! Was lasse ich mich da in Wiesbaden völlig überflüssigerweise von der Opposition treten? Jeder Referentenentwurf eine Pressekonferenz, und ich werde fortan meine Ruhe haben! Keine kritische Nachfrage, keine Empörung, nichts außer dankbarem Kopfnicken und sorgfältigster Niederschrift seitens der anwesenden Öffentlichkeit. So einfach funktioniert sie also, die Wallmannsche Umweltpolitik. Allein der Ritus muß stimmig sein, die Sache selbst verschwindet.

*Mittwoch, 7. Januar 1987*

Wahlkampf im Saarland. Georg Dick, der mich begleitet, berichtet schon morgens von umtriebigen Gerüchten unter den Journalisten der Landespressekonferenz. Steger wolle morgen wegen der ALKEM-Genehmigung vor die Presse, ob ich etwas wüßte? Ich beruhige Dick, indem ich ihn aufkläre: Börner und Giani haben die Absicht, Wallmann durch Steger mitteilen zu lassen, daß der Genehmigungsantrag der Plutoniumfirma ALKEM abgelehnt würde. Im Falle der dann erwarteten Weisung von Plutonium-Walter würde die Landesregierung, anstatt ihr Folge zu leisten, zum Bundesverfassungsgericht nach Karlsruhe gehen und dort einen Organstreit austragen - mit der Begründung, daß wir das Atomgesetz für den Einstieg in die weitaus gefährlichere Plutoniumwirtschaft für nicht ausreichend halten. Wir bekämen hier eine Auseinandersetzung mit Bonn und Wallmann in der Plutoniumfrage, eine echte Unterstützung für den laufenden Wahlkampf, und endlich bewiese die Koalition in der Atomfrage einmal Handlungsfähigkeit in Richtung Ausstieg.

Am Nachmittag Auftritt in Saarlouis, vorher ein Pressegespräch. Am Ende des Gesprächs kommt Dick aufgeregt zu mir, er hat mit Wiesbaden telefoniert. Es gebe wilde Aufregung in der Fraktion wegen ALKEM und Steger. Ich hänge mich sofort ans Telefon, rede mit Koenigs, später mit Messinger, erkläre und beruhige. Dann rufe ich Giani an. Er bestätigt mir, daß Steger morgen die Ablehnung der ALKEM-Genehmigung der Presse erläutern werde. Es bestehe kein Grund zur Aufregung, alles verlaufe vereinbarungsgemäß. Na also, befriedigt grunzend verabschiede ich mich, gebe in Wiesbaden nochmalige Entwarnung und wende mich fortan ganz den Saarländern zu.

100 Leute harren da meiner, für eine Nachmittagsveranstaltung nicht schlecht. Die Stimmung ist schläfrig, ich bin es auch, und so wird es ein sachlicher Vortrag ohne große Bewegung. Dennoch hört das Publikum konzentriert zu, kaum jemand verläßt vorzeitig den Saal. Ich mag sie nicht, diese Nachmittagsveranstaltungen, denn ich kann mich als Redner nur einmal am Tag so richtig ausschaffen, und das ist halt abends, die Gala, diesmal in St. Ingbert.

*Donnerstag, 8. Januar 1987*

Am späten Vormittag, auf dem Weg zum Arzt, piepst energisch das Autotelefon: Koenigs wünscht einen schönen guten Morgen und teilt mir Alarmierendes mit: Steger habe mitnichten ein Nein zum Genehmigungsantrag der ALKEM verkündet. Sein Nein sei zwar gekommen, aber gleichzeitig habe er noch einen *alternativen Genehmigungsvorschlag* vorgelegt. Jetzt sei höchste Gefahr im Verzuge, so Tom Koenigs, ich müsse sofort in den Landtag kommen, die Fraktion tage bereits und verlange nach mir.

Im Landtag angekommen, lese ich als erstes Stegers Brief, den er bereits an die Presse verteilt hat. Ulrike Riedel, Bundesratsreferentin und unsere Hanauexpertin im Ministerium, ist ebenfalls anwesend und tobt über „diese unglaubliche Sauerei“. Was war eigentlich geschehen? Eine erste Prüfung ergibt, daß der Istzustand der ALKEM genehmigt werden soll, der Antrag selbst jedoch abgelehnt wird. Oh, diese überschlaue Logik, diese erhabene juristische Spitzfindigkeit kommt mir sehr bekannt vor! Allerdings riecht das weniger nach Steger denn nach Paul Leo Giani. Ulrike Riedel meint, mit diesem Papier könnten wir uns den Gang nach Karlsruhe fortan schenken, denn warum sollten 460 Kilogramm genehmigter Umgangsmenge Plutonium (was theoretisch einem Jahresdurchsatz von bis zu 5 Tonnen entspricht, angesichts der technischen Auslegung der ALKEM auf den gegenwärtigen Jahresdurchsatz von 2,5 Tonnen Plutonium hinausläuft) in Ordnung gehen, 6 Tonnen aber durch Verfassung und Gesetze nicht mehr gedeckt sein?

Wir begreifen sehr schnell, daß hier jemand die Axt an die Wurzeln der Koalition gelegt hat, daß wir Grüne einer solchen oder wie auch immer gearteten Alternativgenehmigung für ALKEM niemals zustimmen können und werden. Jetzt geht es ans Eingemachte und damit ums Ganze. Bernd Messinger telefoniert mit Giani, der sich erwartungsgemäß in einen wahren Wortschwall verliert und nur abwiegelt. Mitten in dieses Telefonat hinein flattert die dpa-Meldung: „Steger will ALKEM eine eingeschränkte Genehmigung erteilen“. Ich lege sie Messinger vor, er verliest sie Giani, und innerhalb einer halben Minute ist das Gespräch zu Ende. Der Staatssekretär verspricht baldigen Rückruf.

Warum haben sie uns reingelegt? Glauben die wirklich, mit uns könnten sie das machen? Halten die uns für politische Selbstmörder? Oder gar für gekauft? Oder schlicht für blöde? Messinger hat es Giani bereits ins Ohr gebrüllt: „Das ist der Bruch!“ Recht hat er. In all den vielen Gesprächen zwischen Giani, Börner, Kerschgens und mir, in all den Gesprächen von Giani mit Messinger, Hinz und Vielhauer wurde niemals von einem alternativen Genehmigungsvorschlag gesprochen, niemals! Wir hätten ihnen gleich gesagt, vergeßt die Sache, das bedeutet das Ende. Genau deshalb haben die Sozialdemokraten uns gegenüber wohl auch geschwiegen, aber woher die Naivität, woher der Köhlerglaube, wir ließen solch einen Bruch des Koalitionsvertrags durchgehen? Wir kommen zu keiner begründeten Erklärung.

Da wir uns im klaren darüber sind, daß es nunmehr ums Ganze geht, beschließen wir ein behutsames Vorgehen. Öffentlich wird die Fraktion das Nein zum Genehmigungsantrag begrüßen, den alternativen Vorschlag jedoch aufs Schärfste verurteilen. Dick wird für mich erklären, daß ich auf keinen Fall einen wie auch immer gearteten Genehmigungsentwurf als mitzeichnungspflichtiger Minister unterschreiben werde. Ulrike Riedel erhält den Auftrag, sofort einen umfänglichen Vermerk zur Sache auszuarbeiten und sich mit den Atomexperten des Darmstädter Öko-Instituts rückzukoppeln. Ich bin heute nachmittag mit dem Ministerpräsidenten verabredet, zum Kaffee, und so läßt sich dieser anderweitig vereinbarte Termin gleich nutzen. Generell vereinbaren wir engste Abstimmung und sorgfältigste politische und fachliche Prüfung aller Schritte in der ALKEM-Frage, denn jeder dieser Schritte kann das Ende der Koalition bedeuten.

Nachmittags um 16.00 Uhr bin ich bei Börner in der Staatskanzlei. Der Dicke attackiert sofort. Ein Verhalten, das ich an ihm kenne, wenn er sich unsicher und in der Defensive fühlt, kurz: ein schlechtes Gewissen hat. Was ich mir denn dabei gedacht hätte, öffentlich zu erklären, daß ich nicht mitzeichnen würde? Ob ich ihn ärgern wolle? Ich knurre zurück, daß er uns ärgern würde, eine ALKEM-Genehmigung sei niemals Absprache gewesen, entspräche nicht dem Koalitionsvertrag und sei mit uns nicht machbar. Doch, hält Börner dagegen, sie entspreche dem Koalitionsvertrag, und wenn wir nicht mitzögen, dann sei eben Schluß. Die Atmosphäre im Raum ist kalt und feindselig, Börners Mund wird immer dünner und härter, ein weiteres Zeichen für Konfrontation. „Dann ist eben Schluß", grummele ich zurück. „Mit uns wird es jedenfalls keinerlei Genehmigung geben." Er verweist auf seine Regierungserklärung vom 5. November, ich sage ihm, daß es sich dabei um Worte, nicht jedoch um Taten gehandelt habe und daß Vielhauer in derselben Sitzung des Landtags ihm klipp und klar unsere völlig entgegengesetzte Auffassung über die Genehmigungsfähigkeit der Hanauer Nuklearbetriebe öffentlich dargelegt habe. Er habe gewußt, daß er weder für die grüne Fraktion noch für mich als Mitglied der Landesregierung gesprochen habe. Wir hielten diese Betriebe nach wie vor für illegal, nicht genehmigungsfähig und daher zu schließen.

Das Gespräch versackt in finsterer Konfrontation, schließlich in Schweigen, bis wir zu anderen Themen übergehen. Ob Börner den Ernst der Lage von unserer Seite her begriffen hat? Ich weiß es nicht.

*Freitag, 9. Januar 1987*

Wir diskutieren den ganzen Morgen in meinem Büro über die Auswirkungen von Stegers Attentat auf die ALKEM-Koalitionsvereinbarung. Wir, das sind Kretschmann, Koenigs, Ulrike Riedel, Christiane Kohl, Schaeffer, Dick, Kerschgens, Morgenstern und ich. Ulrike Riedel bestätigt von der fachlichen und juristischen Seite her, nach erfolgter Rücksprache mit dem Öko-Institut, unsere Befürchtungen. Stegers Vorschlag läuft auf die Genehmigung des Istzustandes hinaus, und mehr vermag ALKEM eh nicht zu verarbeiten. Zudem ist die Erstbeschickung an Plutoniumbrennelementen für den Schnellen Brüter in Kalkar fertig und liegt in Hanau herum, neue werden auf Jahre hinaus nicht mehr produziert. Bleibt also die Brennelementeproduktion für Leichtwasserreaktoren, bis der Schnelle Brüter seine Erstbeschickung verbraucht hat, und dann soll ALKEM eh in der Wiederaufbereitungsanlage in Wackersdorf ab Mitte der neunziger Jahre aufgehen. Oh, diese Schurken!

Pikantes wird aus der Staatskanzlei und dem sozialdemokratischen Umfeld berichtet: Giani himself sei der Autor, er habe seinen Atomexperten außen vorgelassen und kaltgestellt, die rechtliche Prüfung sei binnen einer Stunde erfolgt, und alles sei o.k. Der Atomexperte der SPD-Landtagsfraktion, der Abgeordnete Beuker, habe sein Plazet gegeben, ebenso Volker Hauff in Bonn. Keiner habe gemerkt, daß die zeitliche Befristung auf zehn Jahre und die Produktionszielbeschränkung schlicht rechtswidrig sind, was im Atomgesetz expressis verbis sogar drinsteht. Und der feinste Pfiff dieser ganzen Schurkerei: Das mit großem Aplomb in den Bundestag eingebrachte „Atomabwicklungsgesetz“ der SPD-Bundestagsfraktion steht im krassen Gegensatz zu Stegers Vorschlag. Laut Gerücht bezieht sich Steger wiederum auf einen Entschließungsantrag der SPD-Bundestagsfraktion, der seinerseits wieder etwas anderes verlange als der Gesetzentwurf.

Oh, Mann! Was für Idioten! Das läuft bei der SPD anscheinend nach der Devise: „Der Herr General hat gesagt...“ Am Ende weiß dann keiner mehr, worum es eigentlich geht. Dagegen ist ja unser „Biotonnenflopp“ (ein halbes Jahr nach Amtsübernahme!) ein laues Lüftchen. Sind die Sozis wirklich so chaotisch wie die Buschtrommeln es berichten? Das kann ja heiter werden.

Wir wägen in der Diskussion alle Möglichkeiten ab. Dick ist am pessimistischsten. Er hat das beste Gespür unter uns für die politische Wirkung von Symbolen und Symbolismen und hat auch ein treffsicheres Feeling für kommende Entwicklungen. Bei Tschernobyl und Sandoz lag er jedesmal richtig mit seiner Analyse und mit seinen Warnungen. Im Gespräch versuche ich, gegen ihn zu argumentieren: kein leichtfertiges Zündeln an der Koalition, denn die Fakten zählen. Und faktisch hat sich nichts verändert, denn wir behalten durch meine notwendige Mitzeichnung einen wichtigen Hebel in der Hand, obwohl wir uns dennoch nicht alles gefallen lassen dürfen. Eine tragfähige Linie entwickelt sich noch nicht aus dieser stundenlangen Diskussion, auch eine weitere am Nachmittag mit den Realos der Landtagsgruppe bringt keine neuen Erkenntnisse.

Am Spätnachmittag Wahlkampf in Michelstadt im Odenwald, abends dann im überfüllten Saal vor ca. 1000 Leuten Wahlversammlung in Heppenheim. Die CDU hat Flugblätter gegen mich verteilt, und kaum habe ich zu sprechen begonnen, da entsteht Unruhe auf dem Podium. Die Veranstalter unterbrechen mich und teilen mit, daß für 21.00 Uhr eine Bombendrohung vorliegt, der Saal müsse sofort geräumt werden. Auch das noch! Wir warten zwanzig Minuten vor der Tür in der Kälte, die Polizei sucht das gesamte Gebäude ab, und dann geht die Versammlung weiter. Stimmung bestens, Saal weiterhin zum Bersten gefüllt, und bei der Diskussion stellt sich dankenswerterweise die Junge Union zur Verfügung. Man sollte die Jungs für Wahlveranstaltungen fest unter Vertrag nehmen.

*Montag, 12. Januar 1987*

Das ganze Wochenende über kreiste mir die ALKEM-Frage im Kopf herum. Sonntag mittag stellte sich dann endlich Klarheit ein: Es gibt von unserer Seite her bei ALKEM kein Nachgeben, keine Kompromißmöglichkeiten mehr, keine Bewegungsspielräume. Ich bin nicht nur von der Sache her überzeugt - Plutonium, der Stoff aus dem die Bombe wird -, sondern weiß auch, daß wir Grüne politisch ein wie auch immer geartetes Nachgeben nicht durchstehen würden. Zum ersten Mal würden die Grünen damit ein atomares Faktum nicht nur hinnehmen, sondern sie würden auch helfen, die einzige Plutoniumfabrik der Republik zu legalisieren (in Hanau befindet sich die größte Plutoniumkonzentration der Welt). Die Grünen würden ihre Identität verlieren, zur Atompartei und damit überflüssig werden. Die innerparteiliche Mehrheit wäre dann auch dahin, und Die Grünen Hessen würden von Zieran, Kuhnert und Jutta von Ditfurth wieder zurück zur Protestpartei geführt, bangend um die fünf Prozent. Nicht nachgeben, sondern angreifen ist angesagt - bis zum bitteren Ende, wenn's sein muß. Die Koalition steuert auf ihre Entscheidungsschlacht zu. Allen Beteiligten muß dies klar gemacht werden: unseren Leuten, aber auch vor allem Börner, Giani und der SPD.

Deren Motive? Die glauben wohl tatsächlich, ein Taxifahrer, der zum Minister geworden ist, darf als gekauft betrachtet werden. Der Junge will da nie wieder weg. Zudem gibt es jetzt grüne Staatssekretäre, Ministerialdirigenten, Ministerialräte, Regierungsdirektoren etc., und die lassen sich angesichts der Alternative Koalitionsbruch schon etwas in Richtung Plutoniumgenehmigung jenseits des Koalitionsvertrags hieven, oder? Welch Irrtum! Was gewännen wir, wenn wir jetzt einknicken würden? Nichts! Gar nichts! Und das ist das stärkste Argument für Härte. Die nächsten Genehmigungen würden folgen, NUKEM, RBU und HOBEG. Der Knall mit der SPD um die Atompolitik käme spätestens dann, nur bis dahin wäre der Glaubwürdigkeitsverlust der Partei enorm, und die Grünen wären zerrissen. Und wozu? Allein um Zeit zu gewinnen. Und wofür? Um Wallmann zu verhindern? Der würde dann im Herbst bei den Neuwahlen erst recht drohen. Was unsere

Fundis nicht begreifen: Diese erste rot-grüne Koalition ist für die Mehrzahl unserer Wähler ein Wert an sich, allein dadurch, daß es sie gibt. Allerdings setzt dies politisch handlungsfähige und moralisch intakte Grüne in der Regierung voraus. Knicken wir jetzt ein, ist dieser Wert der Koalition dahin. Es gibt nicht einen einzigen politischen Grund nachzugeben. Alsdann!

Wie vorgehen? *Wir* haben uns nicht zu bewegen, wir Grüne haben keine neuen Forderungen zu stellen an die SPD und Börner, außer der Rückkehr auf den Boden des vereinbarten Koalitionsvertrags. Und der besagt, daß es eine ALKEM-Genehmigung nicht geben wird und im Falle einer Weisung von Wallmann dagegen in Karlsruhe geklagt wird. Die SPD wird sich jetzt entscheiden müssen, ob sie vertragstreu ist und wenigstens *einen einzigen praktischen Schritt* in Richtung Ausstieg zu gehen bereit ist, oder ob sie an der insgeheimen großen Koalition der Atombefürworter festhält. Loyalität gegenüber der rot-grünen Koalition versus Loyalität gegenüber der Atomindustrie, heißt die schlichte Alternative der SPD. Und wollten wir Realos sie da nicht immer haben? Wollten wir – im Gegensatz zum Sektierertum der Fundis – nicht immer den Hebel „Mehrheitsbeschaffung“ gegenüber der Sozialdemokratie zur ökologischen Öffnung ihrer praktischen Politik (nicht ihrer Programme!) einsetzen? Eben. Jetzt ist es soweit. Die Entscheidungsbataille ist eröffnet, die grüne Realpolitik in der Koalition hat sich nun zu bewähren. Auch der drohende Mehrheitsverlust gegenüber CDU/FDP darf uns nicht schrecken, er droht ansonsten sowieso. Gestern abend habe ich noch mit Hubert Kleinert telefoniert, ihm meine Überlegungen und die mögliche Entscheidung vorgetragen, ebenso Tom Koenigs. Beide stimmen mir zu, sehen keine Alternative zu einem harten Vorgehen, wenn nötig bis hin zum Bruch. Wenn überhaupt, so meine Hypothese, dann werden wir die SPD nur am äußersten Druckpunkt, an der glaubwürdig gestellten Koalitionsfrage, zu echter Bewegung bringen. Bis dahin müssen wir eisern pokern. Ich trage dies heute auch unseren Leuten im Ministerium vor, ebenso per Telefon verschiedenen Mitgliedern der Fraktion. Wir diskutieren lange, aber es regt sich kein Widerspruch, im Gegenteil. Die Stimmung wird plötzlich prächtig, als ob man heilfroh wäre, endlich sagen zu können: Schluß mit dem Taktieren! Sowohl die Fraktion als auch ich werden Börner in diesem Sinne einen Brief schreiben. Zudem will ich morgen abend auf einer Wahlveranstaltung in Frankfurt mit dem Gegenangriff in der Öffentlichkeit beginnen. Abends dann ab ins ferne Emsland, Wahlkampf gemeinsam mit Jo Müller in dessen Wahlkreis in Lingen, im Schatten zweier Atomkraftwerke: das eine nicht mehr, das andere noch nicht im Betrieb.

*Dienstag, 13. Januar 1987*

15.00 Uhr Kabinettssitzung. Steger hat eine Personalvorlage eingebracht. Er will die nach der ALKEM-Anklage versetzten hohen Beamten seiner Atomabteilung durch andere ersetzen. Dies soll durch interne Umstrukturierungen geschehen. Eigentlich ein normaler Vorgang, und es gibt gute Gründe, sich nicht in die Personalfragen anderer Ressorts einzumischen. Alarmierend ist jedoch die Begründung: Da steckt gewissermaßen der Zeit- und Fahrplan für die nächsten Genehmigungen bei den Hanauer Nuklearbetrieben drin! „Die spinnen, die Sozialdemokraten", zitiere ich Kerschgens gegenüber frei nach Asterix, „die wollen den Bruch!" Genau dieser Eindruck verstärkt sich bei uns durch Gerüchte, die Vorlage und den Verlauf der Kabinettssitzung.

Kerschgens hat die Zustimmung zu der Vorlage aus dem Hause Steger in der Vorkonferenz der Staatssekretäre verweigert, sie wird daher im Kabinett „erörtert". Allerdings hat der Wirtschaftsminister wohl gemerkt, daß die Begründung zuviel der ehrlichen Absichten enthielt, sie wurde bis zum Nachmittag geändert, verharmlost. Ich melde mich zu Wort, verlange die Vertagung der Vorlage angesichts der Intention und der gesamten Situation und komme dann auf den Stegerschen Brief an Wallmann zu sprechen. Ich verwahre mich gegen die Vorgehensweise, sage, daß dies weder mit der Fraktion noch mit mir abgesprochen war und stelle klar, daß dieser Vorschlag oder eine wie auch immer geartete ALKEM-Genehmigung mit uns nicht durchzusetzen sei. Wie immer in solchen Situationen, etwa während der Zeit von Tschernobyl, erfüllt sofort eine bleierne Stille den Kabinettssaal, ersterben alle anderen Geräusche, ziehen die meisten die Köpfe ein, und es sprechen nur noch Börner, Krollmann und der zuständige Ressortminister. Steger ergreift das Wort, versteht die ganze Aufregung nicht, schließlich wäre die Alternativgenehmigung doch in der Koalition abgesprochen. Ich melde mich sofort. Mit Steger selbst habe ich die Angelegenheit niemals erörtert, sondern lediglich mit Giani und Börner, immer in Begleitung von Kerschgens mit Ausnahme des Telefonats von Saarlouis aus. Ich weise Stegers Absprache-Behauptung scharf zurück. Börner und Giani schweigen und widersprechen mir nicht. Zudem kündige ich meinen Brief an den Ministerpräsidenten mit einer ausführlichen fachlichen Stellungnahme an. Die Personalvorlage wird vertagt, der nächste Punkt wird aufgerufen, Alltagswirklichkeit eines rot-grünen Kabinetts. Die Stille verliert sich, und Lärm kommt wieder auf - bis zur nächsten Krise.

Abends dann eine schreckliche, grauenhafte Wahlveranstaltung im Frankfurter Volksbildungsheim. Der Saal ist prall voll, alle linken Sekten und Sektierer, politischen Durchknaller und Obskuranten, über die mein geliebtes Frankfurt nunmal in großer Zahl verfügt, sind anwesend. Vorneweg eine knappe Hundertschaft der Marxistischen Gruppe (MG), dieser letzten Rache Lenins an der reformistischen Linken in der Bundesrepublik. Ich kenne die meisten vom Sehen seit vielen Jahren und Versammlungen, oh Gott. Dazu die Altszene, die sich ein gesellschaftliches Ereignis verspricht, und dann noch 600 interessierte Menschen, die sich informieren wollen. Auf dem Podium Waltraut Schoppe, Marita Haibach, Brigitte Sellach von der grünen „Römerfraktion", Otto Schily und meine Wenigkeit, zeitweilig assistiert von Dagobert. Der Abend wird ein schlichtes Desaster, chaotisch wie noch nie, Frankfurt alternativ, wie es leibt und lebt. Das mache uns Frankfurtern und Grünen erst mal jemand nach! Dennoch kommt meine „ALKEM-Botschaft" rüber, auch wenn kaum jemand unter den Versammelten bemerkt, was ich da eigentlich anspreche. Es sind jedoch genügend Journalisten im Raum.

*Mittwoch, 14. Januar 1987*

Die Botschaft vom Vorabend ist angekommen: „Genehmigung für Hanau wäre Ende der Koalition“, so die FRANKFURTER RUNDSCHAU von heute. Weiter heißt es da: „Der hessische Umweltminister Joschka Fischer (DIE GRÜNEN) hat bei einer Wahlveranstaltung seiner Partei am Dienstagabend in Frankfurt bekräftigt, daß ein Festhalten der Sozialdemokraten an der in Aussicht gestellten, befristeten Genehmigung für die Hanauer Nuklearbetriebe Nukem (?) und Alkem das Scheitern der rot-grünen Koalition bedeuten würde. Vor etwa 900 Zuhörern im überfüllten großen Saal des Volksbildungsheimes sagte Fischer: ‚Sollte die Vorstellung einer Plutonium-Schmiede in Hanau konkret werden, ist Ende.‘ Der Minister ergänzte, es werde weder seine Unterschrift noch die Unterschrift der Grünen überhaupt für die befristete Genehmigung geben. Wenn Wirtschaftsminister Steger (SPD) etwas anderes annehme, mache er sich etwas vor. Die bisherige Regierungsbeteiligung der Grünen in Wiesbaden habe er, so Fischer, als ‚Gratwanderung‘ verstanden, unter dem Gesichtspunkt, daß ohne ‚Einmischung‘ der Grünen alles so bleibe wie vorher. Wenn es aber in den nächsten Monaten keinen Ansprechpartner mehr für grüne Politik in der Landesregierung gebe, dann sei der ‚reformistische Ansatz in den Grünen in der Tat hoffnungslos‘ und es bleibe nur ‚konsequente Opposition! Fischer fügte allerdings hinzu, er sehe das noch nicht so‘.“ Dieser Darstellung ist nichts hinzuzufügen.

„Spät kommt ihr, doch ihr kommt!“ (Schiller, Die Piccolomini). Bei der „taz“ ist heute der Groschen gefallen, fünf Tage nach Stegers Pressekonferenz. Verkündete sie damals noch: „Kraftprobe um Hanauer Atomschmiede!“, so ist sie heute klüger und aufgeklärt: „Steger will die Plutoniumwirtschaft!“ Na also. Ab jetzt wird die innerparteiliche Debatte um ALKEM wesentlich schärfer werden, die nicht vorhandenen Spielräume befinden sich nun definitiv im Minusbereich. Hoffentlich liest man in der Staatskanzlei dieses alternative Weltblatt.

Die Briefe von Fraktion und mir an Börner sind fertig und gehen ab an die Staatskanzlei. Bedauerlich, daß der Brief der Fraktion eher bei der Presse vorliegt als bei Börner. So kann er fürs erste auf die Formfrage ausweichen. Inhaltlich sind beide Briefe aufeinander abgestimmt, erläutern unseren schärfsten Widerspruch gegen Stegers Genehmigungsvorschlag, widerlegen ihn Punkt für Punkt, weisen auf die Aussichtslosigkeit eines Gangs zum Bundesverfassungsgericht hin - wenn man 460 kg Plutonium für in Ordnung hält, 6 Tonnen aber nicht -, verwahren uns gegen den Bruch des Koalitionsvertrags und gegen die absprachenwidrige Verfahrensweise. Die Fraktion fordert die Einberufung des gemeinsamen Expertengremiums „Doppelvierer“, und wir machen klar, daß es mit den Grünen in Fraktion und Kabinett keine wie auch immer geartete ALKEM-Genehmigung geben wird. Das ist die offene Kampfansage an Börner und die SPD in der ALKEM-Frage. Spätestens jetzt müssen sie auf der anderen Seite den Ernst der Lage kapieren. Da der Fraktionsbrief bereits öffentlich ist, wollen wir mit der Veröffentlichung meines Schreibens bis morgen warten.

Am Spätnachmittag fahre ich zum Wahlkampf nach Langenburg, mein Geburtsstädtchen im Hohenloheschen, hoch über der Jagst. Es wird ein Abend der Erinnerung und in der überfüllten Stadthalle ein rauschender Erfolg. In Bächlingen, einem kleinen Dorf direkt unten an der Jagst, klingt dieser Tag im „Löwen“, einer urigen Bauernschänke, bei Bier und Schnaps aus.

*Donnerstag, 15. Januar 1987*

Verschreckte Anrufe aus der Staatskanzlei bei uns im Ministerium: Der Dicke würde toben! Um Gottes willen jetzt bloß nicht noch den Brief von Fischer veröffentlichen, dann würde er endgültig ausrasten, und die Koalition wäre am Ende! Meinetwegen. Die Veröffentlichung des Fraktionsbriefes allein hat bereits eine segensreiche politische Wirkung gehabt. Man kann es der Morgenpresse entnehmen: „Grüne drohen Börner wegen Alkem mit Ende der Koalition!“ In einem kurzen Interview in der „taz“ erkläre ich das „Ende der Fahnenstange“ für erreicht, sollte ALKEM genehmigt werden - eine Anleihe aus Börners Sprachschatz.

Ein weiteres „dickes“ Problem wälzt sich auf uns zu: Ostwind und eine Inversionswetterlage machen einen Smog-Alarm zum Wochenende wahrscheinlich. Noch ist der Wind stark genug, daß er ein Überschreiten der Grenzwerte zu verhindern vermag, aber die Wetterfrösche rechnen fest mit dem Ernstfall. Es wird die erste praktische Bewährungsprobe der neuen Smogverordnung, die seit ihrem Erlaß vor zwei Jahren – in diesem Jahr von uns überarbeitet – nun zum erstenmal ihre Anwendung findet. Der behördeninterne Voralarm läuft, und man versichert mir, daß alle notwendigen Vorbereitungen getroffen sind. Abends im Schnee nach Mainz. Wahlkampf im Kurfürstlichen Schloß.

*Freitag, 16. Januar 1987*

Ich bin zum Mittagessen mit Börner verabredet. Im Weggehen treffe ich auf Giani und Martin Wentz, gerate mit ihnen ins Diskutieren. Giani beschwert sich über die Fraktion, über die Vorabveröffentlichung ihres Briefes und über die Tatsache, daß die Fraktion den Brief allen SPD-Abgeordneten noch gesondert übersandt hat. „Als wenn unsere Leute von uns nicht richtig informiert würden", empört sich der Kardinalstaatssekretär. Mir geht der Hut hoch, ich knurre ihn an, in Verfahrensfragen möge er doch besser das Maul halten. Wer habe uns denn angeschwindelt? Mit gezinkten Karten gespielt bei ALKEM? Seine Empörung wäre doch jetzt und angesichts der bekannten Tatsachen lachhaft. Giani weicht dem Vorwurf aus, spricht von unterschiedlichen Interpretationen und zeigt sich tief gekränkt von dem Vorwurf, ein falsches Spiel getrieben zu haben. Ich frage zurück, was er wohl an meiner Stelle zu dieser ganzen Veranstaltung gesagt hätte, er müsse doch endlich begreifen, daß es so nicht ginge, daß wir es ernst meinten und nicht nachgeben könnten, komme was da wolle. Wentz hört unserem Geknurre zwischen Tür und Angel, alles in gedämpftem und dennoch hochaggressivem Kammerton vorgetragen, entsetzt zu. Stimmung und Atmosphäre in der Staatskanzlei erinnern zusehends an einen schweren Trauerfall.

Dann das Mittagessen mit Börner. Wir besprechen hauptsächlich die ALKEM-Frage. Börner scheint gut gelaunt, von allerhöchstem Zorn keine Spur. Ich frage ihn, warum wir über den alternativen Genehmigungsvorschlag im Steger-Brief nicht vorher informiert worden sind, und er antwortet, er habe uns nicht einbinden und damit belasten wollen. Ich sage ihm, daß ich diese Überlegung für grundfalsch halte, weil sowohl die Fraktion als auch ich ihm sofort zu verstehen gegeben hätten, daß die Grünen so etwas nicht mittragen könnten. Man hätte sich die öffentliche Debatte mit all den Belastungen und negativen Folgen ersparen können. „Mag sein, daß dies ein Fehler war", sinniert Börner. Man müsse aber jetzt nach vorne schauen und die Koalition zusammenhalten, und das heiße, jetzt die Auseinandersetzung mit Wallmann in den Vordergrund zu stellen. Es gehe jetzt nur noch um Ablehnung. Ich denke, ich höre nicht recht! Wie er das denn erreichen wolle, solange der Vorschlag Stegers auf dem Tisch liege? Das möge ich mal seine Sorge sein lassen. Na denn. Erfreut und doch auch skeptisch verabschiede ich mich. Ein Kuriosum am Rande: Franz Jakob, seines Zeichens „Atomexperte" der Fraktion und MdL, verkündet per Telefon anläßlich einer Pressekonferenz der Fundis in Hanau das Ende der Koalition. Er ist eigentlich der Kündigungsexperte der Fraktion, denn mittlerweile hat er bereits zum fünftenmal das Ende der Koalition erklärt. Der Pressesprecher der Fraktion dementiert natürlich promptemang: „Die Koalition besteht noch!" Helau! Alaf! Humba tätärä! Das Spektakel ist nicht einmal mehr zum Lachen.

Am frühen Nachmittag Landtagsgruppe im Ministerium. Ich berichte vom Menü mit Börner und vermelde zufrieden das Ergebnis: Die fangen an, die weiße Fahne zu hissen, jetzt bloß nicht weich werden. Vor der Bundestagswahl, so unsere einhellige Einschätzung, wird sich in der ALKEM-Frage nichts mehr bewegen. Anschließend ab nach Kassel, Redaktionsgespräch bei der HNA (Hessisch-Niedersächsische Allgemeine), abends Wahlkampf in Baunatal.

*Montag, 19. Januar 1987*

Der Smog hat Hessen im Griff. Seit gestern Voralarm, Alarmstufe 1 mit Fahrverboten wird morgen regional wohl folgen.

Ich denke an den großen Ärger zurück, den wir mit der Stadt Kassel beim Erlaß der jüngsten Smogverordnung hatten. Erst nachdem Börner und Krollmann von mir persönlich überzeugt worden waren (mit dem Argument, was denn die Wähler davon halten sollten, wenn vierzehn Tage vor der Bundestagswahl Smog käme und die CDU-regierte Stadt Frankfurt gesperrt würde, im sozialdemokratischen Kassel aber mit weitaus schlechterer Luft lediglich die Fußgängerzone in der Innenstadt gesperrt würde), konnten wir den Widerstand der Stadt Kassel gegen unseren Vorschlag für einen Sperrbezirk endlich beilegen, in letzter Minute sozusagen. Und nun wird diese Fiktion eine Woche vor der Wahl Wirklichkeit.

Mittagessen mit Börner, Giani und Kerschgens. Ich überreiche dem Ministerpräsidenten das gedruckte Programm und die Einladung für das Chemiesymposion. Trotz aller praktischen Meuchelversuche seitens der hessischen Unternehmerverbände, des VCI (Verband der Chemischen Industrie) und der IG Chemie (Hermann Rappe persönlich) ist diese Veranstaltung dennoch vorangekommen. Ein Stück aus dem Lehrbuch des staatsmonopolistischen Kapitalismus (Stamokap), was ich da erlebt habe an Pressionen, Einflußnahmen, Boykotten und kapitalistischem Muskelspiel. Wir reden auch über ALKEM. Kerschgens verlangt, daß die Antwort Stegers an Wallmann mit uns abzustimmen sei. Es müsse sichergestellt werden, daß nicht wieder etwas geschehe, was die Konfrontation zwischen uns noch verstärken würde. Börner und Giani sichern uns dieses zu. Ansonsten laufen die Geschäfte in guter Atmosphäre. Börner ist in großer Sorge um das Abschneiden seiner Partei bei der Bundestagswahl und ergeht sich zum wiederholten Male in dunklen Andeutungen über den Tag danach in der SPD.

Unterrichtung des Kabinetts über Smoglage und Chemiesymposion, abends Wahlkampf in Limburg an der Lahn. Vor der Abfahrt in den Wahlkampf noch eine schwierige Entscheidung: Laut Smogverordnung hätten wir für Kassel ab 18.00 Uhr die Alarmstufe 1 mit Fahrverbot ab 24.00 Uhr ausrufen müssen. Gleichzeitig gingen die Werte allerdings seit Stunden kontinuierlich zurück, so daß wir vermutlich bereits um 1.00 Uhr sowohl den Alarm als auch den Voralarm hätten wieder aufheben müssen. Dies würde mit Recht niemand mehr verstehen, geschweige denn billigen. Andererseits kann sich die Lage in Kassel innerhalb kürzester Frist wieder ändern. Es bedarf nur eines leicht auffrischenden Ostwinds, und schon werden sich die Werte wieder schnell nach oben bewegen. Wir warten daher mit der Entscheidung - Ministerentscheidung, verlangen die Beamten - bis 17.45 Uhr, dann wird die Ausrufung der Alarmstufe 1 ausgesetzt. Bis 24.00 Uhr sinken die Werte weiter, wir haben also richtig gehandelt.

*Donnerstag, 22. Januar 1987*

Heute abend findet mein Wahlkampfabschluß in Weinheim statt. Ein letztes Mal eine rappelvolle Stadthalle, prima Atmosphäre, aber ich kann mich einfach schon selbst nicht mehr hören, und Neues fällt mir seit geraumer Zeit auch nicht mehr ein. Dennoch hat sich der volle Einsatz gelohnt. Der Zuspruch in den Versammlungen war überwältigend. Jetzt darf gewählt werden. Ich habe getan, was ich konnte: tagsüber die normale Arbeit im Ministerium mit all den politischen und bürokratischen Bananenschalen und Ölflecken und nachts die zahlreichen Wahlkampftouren in der ganzen Republik bei Eis und Schnee. Herr Beil und ich sind nur noch fertig. Dennoch hat es Spaß gemacht, für Sonntag habe ich ein gutes Gefühl.

*Sonntag, 25. Januar 1987*

Welch ein Wahlergebnis! Die Grünen bei 8,3 Prozent, die SPD mit 37 Prozent und nur (nur!) 1,2 Prozent minus, an der erwarteten absoluten Mehrheit vorbeigeschrammt, die FDP hat 9,1 Prozent, die CDU/CSU hat 4,5 Prozent verloren und liegt im Keller bei 44,3 Prozent. Für eine rechtskonservative Wende gibt es keine Mehrheit, im Gegenteil. Es reicht eben nicht, nur auf den Geldbeutel hin Politik zu machen und ansonsten dumme bis rechtsradikale Sprüche als „Zukunft“ zu verkaufen. Kohl wirkt bei seiner ersten Stellungnahme im Fernsehen konsterniert, ja angeschlagen, Rau hingegen heilfroh, den Bettel endlich hinwerfen zu können, was er in seiner ersten Erklärung auch sofort tut. Die Sozis scheinen richtiggehend erleichtert, daß die Niederlage nicht herber ausgefallen ist. Es fehlen zwar noch 13,1 Prozent bis zum Erreichen des Wahlziels, der absoluten Mehrheit, aber bitteschön, wer wird denn an einem solchen Abend kleinlich sein! Die FDP und Genscher sind die eigentlichen Sieger dieser Wahl, die Grünen mit ihren 2,7 Prozent Zuwachs die Gewinner (man beachte den semantischen Unterschied!).

In Bonn wird ein rauschendes Fest gefeiert bei den Grünen, zumindest bekommt man es so via TV vermittelt. Mann, sind die weggedröhnt! Ob Schily oder von Ditfurth, Trampert oder Antje Vollmer, sie sind heute abend die stärkste der Parteien. Nun gut, heute abend flippe ich auch aus, aber morgen brauchen wir wieder Bodenhaftung.

Welch eine Wahlnacht! Eine langweilige „Bonner Runde“ wird durch Strauß erst schön, und wie! Erst verweigert er sich, der Bildschirm aus München bleibt dunkel. Die Moderatoren verabschieden sich bereits, ich sage zu Messinger, jetzt müßte der Bazi aus München auf dem Schirm erscheinen und finde mich dabei besonders witzig, da erscheint der große Vorsitzende in den Abspann hinein tatsächlich, assistiert von der lichtigsten Lichtgestalt des öffentlich-rechtlich entbeinten Journalismus, dem zähnebleckenden Wolf Feller, Chefredakteur des bayerischen Rundfunks und Spezi von Franz Josef Strauß. Die erstaunte Republik erlebt das Medienereignis des Jahres 1987, der doppelte Neujahrskohl war nichts dagegen. Strauß ist außer Rand und Band, besoffen oder nicht, auf jeden Fall vollkommen von der Rolle. Sendezeit hin oder her, jetzt komm i und a Rua is, Herr Schulze! Wer sind Sie eigentlich? Wir liegen flach auf unseren Stühlen im Presseraum des Innenministeriums, das deutsche Kabarett kann endgültig einpacken. So prall, so schön kann Leben manchmal sein. Und eines muß man Strauß voller Neid lassen: Selbst im hohen Alter stellt er in Sachen Chaos noch jeden Vollautonomen satt in den Schatten.

Apropos Chaos. Die rot-grüne Landesregierung versagt wieder einmal auf der ganzen Linie: Es gibt keine hessischen Wahlergebnisse, keine Hochrechnung für Hessen, nichts! Unglaublich, aber wahr. Fernsehdebatte im Dritten, dem hessischen Fernsehprogramm, noch ohne wirkliche Fakten. Krollmann redet erstaunlich viel von der FDP. Nachtigall, ick hör dir trapsen. Selbst um Mitternacht weiß noch niemand was Genaues. Liegen wir unter, im oder aber über dem Bundesdurchschnitt? Nichts, Fehlanzeige. Es ist ein Kreuz mit den hessischen Bundestagswahlergebnissen. Vor vier Jahren ging ich zu Bett und wußte nicht, ob ich nun Abgeordneter war oder lediglich Nachrücker. Jetzt weiß ich nicht, ob mich morgen die Fundis schlachten werden oder nicht.

*Montag, 26. Januar 1987*

Ich habe gut geschlafen. Das Erwachen ist noch süßer, denn ein automatischer Radiowecker holt mich zur vollen Stunde mit den hessischen Wahlergebnissen in die Realität zurück: Welch ein Erwachen! Die Grünen haben in Hessen über dem Durchschnitt mit 3,4 Prozent zugelegt (Bund 2,7 Prozent), in Frankfurt sogar um satte 5 Prozent. Der Wahlkreis Frankfurt III (Ost) ist mit 15,5 Prozent der stärkste grüne Bundestagswahlkreis. Dort kandidierte Volker Hauff, der hessische „Enkel“ der SPD, und unser Mann dort, Dietrich Wetzel, bekam immer noch mehr als 10 Prozent der Erststimmen!

Die SPD ist in Hessen überdurchschnittlich eingebrochen, vor allem in Südhessen und in Kassel, Nordhessen hat sie gehalten. In Südhessen, aber auch in den großen Dienstleistungsmetropolen wie Frankfurt, Hamburg, München, Stuttgart erlebte die SPD ein regelrechtes Debakel. Die Ausklammerung der Machtfrage durch die „Neue Bescheidenheit“ des Johannes Rau mit seiner absoluten Mehrheit und auch seine persönliche und politische Präsentation als „Superbirne“ haben für uns Grüne einmalig günstige Bedingungen geschaffen. So einfach wird es nie wieder werden.

In der hessischen Koalition kommen schwere Wetter auf uns zu. Börners Integrationsversuch der „rebellierenden Jugend“ ist für die hessische SPD wohl etwas zu gut gelungen. In einer ersten Stellungnahme noch gestern abend im Innenministerium habe ich darauf hingewiesen, daß die Grünen mit dem Wiedereinzug in den Bundestag die Überlebensdebatte als Partei nun fürs erste vom Halse haben, daß wir ein stabiler politischer Faktor geworden sind, und daß damit in unserem Verhältnis zur SPD „die Zeit der Formelkompromisse zu Ende geht". Wir brauchten jetzt eine Ausstiegspolitik in der Atomfrage, und es müsse nun allen Beteiligten klar sein, daß wir Grüne für eine Koalition unsere Grundsätze nicht aufzugeben bereit seien. Eine ALKEM-Genehmigung gebe es mit uns nicht, dann eben ab in die Opposition.

In der Tat, die Spielräume in der Atomfrage sind nach unserem hervorragenden Abschneiden in Hessen noch enger geworden. Die Wählerinnen und Wähler wollen rot-grün, mit Stärkung des grünen Teils. Daß wir gemeinsam unter 50 Prozent liegen, erschreckt mich nicht. Vor vier Jahren hatten die beiden Rechtsparteien sogar noch ein Prozent mehr bei der Bundestagswahl, ein halbes Jahr später bei der Landtagswahl waren sie unterlegen. Nachdenklich allerdings macht, daß die SPD in Hessen doppelt soviel wie im Bundesdurchschnitt verloren hat, die CDU jedoch nur halbsoviel. Immerhin haben wir Grüne die FDP überholt und sind mit unseren 9,4 Prozent drittstärkste Kraft im Land geworden.

Gründe für die grünen Gewinne? Ausklammern der Machtfrage, dadurch ein Optimum an innerparteilicher Geschlossenheit, ruhiger Wahlkampf ohne Skandale und inszenierten Bürgerkrieg; das strukturelle Durchschlagen unserer Themen, wie Atomausstieg, Chemiekatastrophen etc.; eine Stammwählerschaft in den Dienstleistungsmetropolen von erheblicher Zahl; hoher Erst- und Jungwähleranteil; insgesamt eine Wahl, in welcher zum erstenmal die sogenannten „postmaterialistischen" Probleme und Themen neben den materiellen Lebensfragen wie Arbeitslosigkeit, Einkommen, Renten etc. die Wahlen mitentschieden haben. Die Partei hat glänzende Möglichkeiten der weiteren Entwicklung: Vier Jahre können wir uns jetzt als Organisation weiterentwickeln, können den frustrierenden Flügelkonflikt, der inhaltlich soviel blockiert, unter Kontrolle bringen, um ihn schließlich als Realo-Fundi-Kontroverse endgültig zu überwinden. Die nächsten Landtagswahlen bieten die Chance neuer rot-grüner Kooperationen oder gar Koalitionen, möglicherweise läßt sich in Rheinland-Pfalz oder in Schleswig-Holstein die rechte Bundesratsmehrheit kegeln und damit die „Wende" endgültig runterbremsen. Die Begrenzung des Flügelstreits vor der Bundestagswahl war ein entscheidendes Plus. Wenn wir uns jetzt in kluger Zurückhaltung üben – *wenn*, wohlgemerkt!! –, so werden wir erleben, wie die verdrängten Widersprüche und strategischen Entscheidungen in der SPD explodieren werden, und dies ist unabdingbare Voraussetzung dafür, daß es auf Bundesebene jemals eine rot-grüne Mehrheit, ein qualitatives Reformbündnis zwischen Grünen und Sozialdemokraten geben wird, das mehr ist als die schlichte machtpolitische Konsequenz aus der Wahlarithmetik. Wir Hessen werden diese Entwicklung wohl als erste mitbekommen.

*Dienstag, 27. Januar 1987*

Lafontaine wirft seinen Hut in den Ring im Kampf um die Nachfolge von Willy Brandt, Rau verzichtet. Mit der jetzt beginnenden Debatte um Großvater, Söhne und Enkel drückt die SPD die Depression der Niederlage weg. Man kann doch immer wieder etwas lernen! Ob die Konzentration auf die Personen allerdings der Partei gut tun wird, ist eine ganz andere Frage. Es geht doch nicht vorrangig um eine Öffnung zu uns Grünen hin, sondern die SPD leidet an sich selbst, an dem Verlust sozialdemokratischer Definitionen der sozialen Mitte. Und das unter den Bedingungen der Umweltkrise, Massenarbeitslosigkeit, nuklearer Hochrüstung, globaler Hegemoniebestrebungen, ungelöster Nord-Süd-Konflikte und einer Auflösung der klassischen Arbeitsgesellschaften. Die SPD ist die Reformpartei der Mitte und muß eine solche auch bleiben. Eine ökologische Linkspartei bekommen wir Grüne besser hin, weil wir sie nunmal sind. Ich werde den Verdacht nicht los, daß man in der SPD jetzt unter der „Öffnung zu den Grünen" lediglich meint, mit Koalitionsangeboten „à la Lafontaine" die Grünen kaputtmachen zu können, nachdem die Ausgrenzungsstrategie von Rau gescheitert ist. Beide haben ja mit unterschiedlichen Strategien bei ihren jeweiligen letzten Landtagswahlen die Grünen vor den Landtagen gehalten. Sollte ich recht haben, so kommt die Karte Lafontaine allerdings um eine Bundestagswahl zu spät, denn 1990 werden die Grünen innerparteilich stabil genug sein und über genügend politische Erfahrung verfügen, um mit jedem Koalitionsangebot der SPD, ohne zu zerbrechen oder unglaubwürdig zu werden, fertigzuwerden. Hätte die SPD schon

jetzt, 1987, auf Lafontaine gesetzt, ich weiß nicht, wie wir Grüne dann abgeschnitten hätten. Wie auch immer, das sind allesamt Erwägungen im Konjunktiv, die Realität ist eine andere.

Koalitionsgespräch, 18.00 Uhr, in Börners Residenz in der Rosselstraße. Die CDU hat einen Antrag mit Fragen an die Landesregierung zur ALKEM-Genehmigung gestellt, und wir wollen diesmal genau wissen, wer was im Namen der Landesregierung im Landtag zu sagen gedenkt. In der internen Vorbesprechung haben wir uns auf eine harte Linie geeinigt, das heißt, wir - Fraktion und Minister - werden keine Erklärung mittragen, die auf der Linie des Briefs von Steger argumentiert. Börner teilt uns mit, daß Steger sprechen wird, und für die Landesregierung seinen Brief an Wallmann rechtfertigen und dies als Meinung der Landesregierung darstellen wird. Vielhauer widerspricht dem energisch, und ich sage Börner, dann würde er mich ebenfalls zu einer Stellungnahme vor dem Landtag zwingen, da dies nicht meiner politischen Auffassung entsprechen würde. Jochen Vielhauer weist auch noch einmal darauf hin, daß Steger nur die Meinung der SPD und des sozialdemokratischen Teils der Landesregierung vertreten würde, nicht aber die der Koalition insgesamt, und dafür gäbe es folglich keine Mehrheit.

Man hört und sieht bei Börner richtiggehend die psychischen Rolläden herunterkrachen, er wird finster und stocksauer, knurrt etwas von Schluß, wenn Fischer reden würde, dann gäbe es gleich anschließend auf dem Flur die Entlassungsurkunden. Mit ihm nicht! Im Gegensatz zu Börner, der körperlich einen fertigen Eindruck macht, wirkt Krollmann entspannt, fast heiter und beschwingt. Er sieht die Dinge, wie so oft, formal und verkürzt. „Mit hessischen Bordmitteln", wie er dies nennt, sei in Hanau nichts zu machen, die Kompetenz habe der Bund. Dies habe man bisher gemeinsam verdrängt, und nun käme eben die Stunde der Wahrheit früher als erwartet. Richtig herzig, der Hans Krollmann. Daß es einen Koalitionsvertrag gibt, daß die Staatsanwälte drohen, daß da manifeste Interessen im Hintergrund arbeiten und daß der gesamte Komplex Hanauer Nuklearbetriebe mit „Recht und Gesetz" (Börner) nichts, aber auch gar nichts zu tun hat, sondern ausschließlich mit der Macht des Faktischen und faktischer Macht - wer wird sich an solchen Petitessen denn heute noch aufhalten? Giani sitzt schweigend dabei, erläutert lediglich zum fünfunddreißigstenmal seine dienende Leistung als Kaffeeholer bei den Tagungen des „Doppelvierers". Er macht politisch einen angeschlagenen Eindruck, als ob man ihm höherenorts den Brief an Wallmann wg. ALKEM doch sehr krumm nehmen würde.

Priska Hinz, Jochen Vielhauer und ich weichen keinen Millimeter, und so geht die Koalitionsrunde, ohne eine Entscheidung getroffen zu haben, auseinander. Für uns Grüne wartet in Frankfurt das hessenweite Realotreffen, wo die Konsequenzen der Bundestagswahlen für Hessen und die nächste Landesmitgliederversammlung am 8. Februar besprochen werden sollen. Wir vereinbaren mit unseren Koalitionspartnern am nächsten Tag ein weiteres Treffen im kleinen Kreis am Rande der Landtagssitzung. Die Situation erinnert an die Zeit nach Tschernobyl: Erneut soll mir von Börner ein Maulkorb umgebunden werden, wieder dieser verfluchte Streit um mein Rederecht! Aber diesmal geht es um mehr, viel mehr sogar. Diesmal geht es offen um die Machtfrage in Koalition und

Regierung, geht es darum, ob wir Grüne an der Plutoniumfrage domestiziert werden durch Börner oder nicht. Wir werden nicht nachgeben, weil wir nicht nachgeben können und dürfen. Begreift das die andere Seite nicht? Kann sie es nicht begreifen? Oder ist es zum Begreifen bereits zu spät?

*Mittwoch, 28. Januar 1987*

Morgens Debatte um das „Einspeisungsgesetz" für Kabelprogramme in Hessen. Die SPD wird an diesem Tag politisch fremdgehen und das Gesetz gemeinsam mit der Opposition gegen die Stimmen der Grünen verabschieden. Nach der Verabschiedung des Nachtragshaushalts zum Kauf der Neuen Heimat Südwest und zur Aufstockung der Energiesparprogramme um 100 Millionen DM fühlt sich die SPD nicht mehr sehr gebunden. Das beweist auch ein Gesetzentwurf zur Legalisierung von Schwarzbauten im Außenbereich, der faktisch auf eine Amnestie hinausläuft. Ärgerlich für uns, aber keine Koalitionsfrage. Dennoch wird das Klima in der Koalition immer mieser.

Am späten Vormittag, während der Ministerpräsident seine Regierungserklärung zum Einspeisungsgesetz verliest, sitze ich im Foyer des Landtags mit einigen Leuten aus der Fraktion bei einer Tasse Kaffee. Plötzlich kommt Jürgen Engel angelaufen: „Börner ist eben im Plenum zusammengebrochen!" In der Tat, es sieht schlimm aus für Holger Börner. Er wird ins Krankenhaus gebracht. Wir sind alle zutiefst schockiert. Einige aus der Fraktion erinnern sich an Börners Kollaps nach dem Bruch der Tolerierung. Wir alle fragen uns, was dies für das erste rot-grüne Regierungsbündnis bedeuten wird, wenn der Steuermann von Bord muß, mitten in den schwersten Stürmen. Wir hören, daß Börner gestern in der Fraktion und zuvor in Bonn im Parteivorstand auf Grund des schlechten Abschneidens der hessischen SPD und des grünen Erfolgs schwer angegriffen worden ist. Nachmittags ein improvisiertes Koalitionsgespräch. Börner scheint es wieder besser zu gehen, so Krollmann, was mich sehr erleichtert. Krollmann führt die Verhandlungen, und wir kommen schnell zum Punkt: entweder Einigung oder Darstellung zweier Positionen in der Landesregierung. Ich bin mir sehr unsicher, ob ich morgen im Falle der Nichteinigung reden soll. Börner ist nicht da, liegt gesundheitlich schwer angeschlagen darnieder, und ich mache in seiner Abwesenheit einen Aufstand. Steger soll daher versuchen, beide Positionen darzustellen, so wie ich es auch im Bundestag damals bei der Tschernobyl-Debatte getan habe. Ich behalte mir aber vor, falls dies unzureichend ausfällt, auf jeden Fall selbst zu reden. Krollmann stimmt zu. Am Abend noch ein Gespräch mit Kerschgens und nachts ein Telefonat mit Koenigs. Beide dringen darauf, Koenigs apodiktischerweise, daß ich morgen im Landtag rede. Dick schließt sich diesem Votum am nächsten Morgen an, aber da habe ich mich bereits entschieden. Ich teile dies der Fraktion mit, sie stimmt zu. Ich unterrichte auch Krollmann, der ebenfalls keine Einwände erhebt. Ihm sei seit gestern klar, daß ich reden müsse.

Die ALKEM-Debatte des hessischen Landtags wird zu einer Premiere des deutschen Nachkriegsparlamentarismus, zumindest wenn man den zornigen Bekundungen der allerchristlichsten Opposition Glauben schenkt: „Unglaublich!" „Unerhörter Vorgang!" „Noch nie dagewesen!" Steger argumentiert auf Grundlage seines Briefs. Ich halte mit meiner Argumentation dagegen, daß der alternative Genehmigungsvorschlag sachlich falsch, rechtlich fragwürdig und politisch nicht abgesprochen und konsensfähig in der Koalition sei. Die Opposition randaliert richtiggehend während meiner Rede, ich kann mir bisweilen kaum Gehör verschaffen. Als ich dann mit den Worten meine Rede beende, „wenn die Landesregierung an einem wie auch immer gearteten Genehmigungsvorschlag für ALKEM festhält, ist die Koalition extrem gefährdet". „Halbschwanger!" ruft mir Kanther höhnisch entgegen. Seltsam, die scheinen noch gar nicht bemerkt zu haben, wie dicht die Koalition auf den Bruch hinsteuert.

Meine Rede ist alles andere als glänzend, dennoch in ihrer politischen Wirkung durchschlagend. Spätestens die Reaktion der Opposition macht es deutlich. Die Fraktion ist sauer, da ohne mein Zutun die Reihenfolge der Redeliste am Präsidium vertauscht wurde und ihr mein Auftritt zudem nicht gefallen hat. In Wirklichkeit ist es wohl die psychologische Situation im Plenarsaal. Wir Grüne sind plötzlich wieder die kleine Fraktion, allein gegen den Rest des Hauses. Der psychische Druck ist enorm, ich selbst habe ihn während meiner Rede und danach zentnerschwer verspürt. Beim gemeinsamen Mittagessen werden die Differenzen beigelegt. Übrigens: Franz Jakob kündigt im Landtag ein weiteres Mal die Koalition. Der Bart wird immer länger.

Die Reaktion der SPD ist erstaunlich moderat. Giani findet den Verlauf des Tages prima. Abends telefoniere ich mit Börner in Kassel, wünsche ihm baldige Genesung, und auch er macht einen zufriedenen Eindruck. Nun gut.

*Freitag, 30. Januar 1987*

Bereits gestern abend hat die „Hessenschau" Dokumente vorgelegt, die beweisen, daß es einen fertigen Genehmigungsentwurf zu ALKEM aus dem Hause Steger gibt, der Wallmann bereits im November in Bonn überreicht worden ist. Die Fotokopien kommen direkt aus dem Bonner Umweltministerium. Der Entwurf umfaßt 161 Seiten, sieht auf der letzten Seite die Mitzeichnung des Ministers für Umwelt und Energie – also meine Unterschrift – vor und geht von einer genehmigten Umgangsmenge von 2,5 Tonnen Plutonium aus. Morgens Alarm in der Fraktion. Reinhold Weist, der Pressesprecher der Fraktion, hat die inkriminierten Seiten mittlerweile vorliegen.

Uns hat man dies alles vorenthalten: Weder haben wir den Entwurf jemals gesehen, noch wurden wir über Fakten und Stand der Gespräche mit Wallmann auch nur andeutungsweise informiert. Ab sofort werde ich jede Wette auf den Fortbestand der Koalition ablehnen, das überstehen wir niemals. Wieso auch? Hier wird von der SPD wohl nur noch falsch gespielt, anders kann man die Fakten einfach nicht mehr interpretieren. Selbst wenn wir die SPD jetzt noch zur Rückkehr auf den Koalitionsvertrag bewegen könnten, wer von uns kann denn noch guten Glaubens garantieren, daß sie uns beim Gang zum Bundesverfassungsgericht nicht im formalen Verfahren ebenso hemmungslos reinlegen? Was ist denn, wenn sie eine Weisung absprachewidrig sofort vollziehen mit dem Argument, die Rechtslage erzwinge dies, und wir dann abbrechen müssen an einem Punkt, wo sich Börner hinstellen und behaupten kann, die Grünen verlangten Rechtswidriges von ihm? Was hat Steger mit Wallmann noch alles vereinbart? Jetzt ist äußerste Vorsicht angesagt.

Wir verlangen eine sofortige Koalitionssitzung, aber wie so oft in Wiesbaden ist der sozialdemokratische Teil der Landesregierung in alle Winde zerstreut. Börner krank in Kassel, Stellvertreter Krollmann unauffindbar, Görlach (Hessen Süd) und Welteke (Fraktionsvorsitzender) auf der Grünen Woche in Berlin, ja und Steger, einfach traumhaft, Steger fliegt heute abend nach Japan und Südkorea für zwölf Tage. Während Vielhauer am Telefon hängt und versucht, Krollmann auszugraben, betritt ein feixender Reinhold Weist den Raum: „Wißt ihr, wo der Krollmann steckt?" fragt er triumphierend in die Runde und wedelt dabei mit dem Wochenplan der Landesregierung durch die Luft. „Krollmann eröffnet in Kassel die 11. Bundesrammlerschau!" Tatsächlich. Langsam glaube ich selbst an das rot-grüne Chaos, es ist schöner als Kino. Die erste rot-grüne Koalition ist aufgrund der Plutoniumfrage am Zerplatzen, und der stellvertretende Ministerpräsident spricht weise Worte anläßlich der 11. Bundesrammlerschau. Die Karnickel werden es ihm zu danken wissen. Ob Geschichte aus der Nähe besehen immer so und nicht anders abläuft?

Vor Montag, 11.00 Uhr, läßt sich kein Koalitionsgespräch mehr zustande bringen. Ich verstehe jetzt auch, wieso Peter Glotz seine Partei einen Tanker genannt hat, nur diesmal hat die Besatzung auch noch Bordurlaub. Ich telefoniere nachmittags mit Krollmann und frage ihn, ob wir denn den Genehmigungsentwurf jetzt wenigstens mal bekämen. Er sichert mir dies zu, und ich bitte Karl Kerschgens, sich mit seinem Kollegen im Wirtschaftsministerium in Verbindung zu setzen. Die Antwort von dort ist ein glattes Nein. Kerschgens könne ins Wirtschaftsministerium kommen und den Entwurf dort einsehen, außer Haus werde er aber nicht gegeben. Oh, Mann, es reicht! Die können mich alle mal! Was glauben diese Idioten eigentlich, mit wem sie es zu tun haben?

*Montag, 2. Februar 1987*

11.00 Uhr Koalitionsgespräch. Es geht auf die bekannte Weise wieder hin und her, rund um den Tisch, vorwärts und rückwärts, nur in der Sache null Bewegung. Krollmann und ich geraten so aneinander, daß die verbalen Fetzen fliegen, auch dies ist nichts Neues. Er lasse sich nicht erpressen, brüllt er herum, als wenn die Rückkehr zum Koalitionsvertrag irgendetwas mit Erpressung zu tun hätte. Der Staatssekretär im Wirtschaftsministerium, Bernd Kummer, legt uns den Genehmigungsentwurf für ALKEM vor und berichtet, daß es sich dabei nicht einmal um einen „Referentenentwurf", sondern lediglich um einen „Referatsentwurf" handele - welch feine Differenz! -, noch nichts Endgültiges also, nichts Unterschriebenes. Letzte Woche hatte man noch den Eindruck, es würde sich lediglich um uralte Schmierzettel handeln, zumindest, wenn man den Auslegungen des Wirtschaftsministeriums folgte.

Nach zwei Stunden wird das Koalitionsgespräch ergebnislos abgebrochen, und wir Grüne gehen gemeinsam zum Mittagessen. Weitere Fraktionäre gesellen sich dazu, und wir diskutieren konkret die Perspektive eines Bruchs der Koalition und seine Folgen. Die meisten mögen daran noch nicht glauben, man kann es an den Gesichtern ablesen, aber dennoch wird der Gedanke vom vorzeitigen Ende der Koalition immer konkreter. Wenn überhaupt, so meine Auffassung, dann wird sich die SPD nur am alleräußersten Druckpunkt bewegen. Wohlgemerkt: wenn überhaupt! Mit großer Wahrscheinlichkeit wird aber das Gegenteil der Fall sein, und daraufhin gilt es jetzt konkret zu planen. Allzulange dürfen wir den ALKEM-Konflikt nicht mehr in der Schwebe halten, die Zeit läuft gegen uns, schafft unkalkulierbare Risiken durch weitere Tricks der anderen Seite und zusätzliche Offenbarungen aus Bonn. Wir müssen die Entscheidung suchen.

Weise Worte, weittragende kluge Gedanken, allein die Wirklichkeit ist anders. Bereits auf der Rückfahrt ins Ministerium piepst das Autotelefon. Georg Dick hat sensationelle Neuigkeiten: „Hast du schon gehört? Krollmann hat eine Pressekonferenz im Landtag abgehalten. ALKEM erhält in dieser Legislaturperiode keine Genehmigung!" Rumms!! War da was? Perplex kratze ich mich am Kopf und schaue wohl recht blöd aus der Wäsche. Dabei habe ich noch Glück so ganz allein im Dienstwagen. Priska Hinz wird vom Hessischen Fernsehen im Landtag abgefangen, ohne daß sie irgendetwas von der Pressekonferenz weiß. Welche Ergebnisse das Koalitionsgespräch denn gehabt habe? Keine? Wieso keine? Krollmann habe doch eben auf seiner Pressekonferenz verkündet, daß es keine Genehmigung für ALKEM in dieser Legislaturperiode geben werde, die Kuh sei damit doch vom Eis. Arme Priska! Ja, wenn das so sei, dann habe die SPD wieder den Koalitionsvertrag erreicht und alles wäre gut. Eine großartige Reaktion, aber als Eingeweihter kann ich noch am Abend im Fernsehen hinter diesen Worten die maßlose Überraschung im Gesicht von Priska Hinz erkennen. Reinhold Weist, der Pressesprecher, ruft mich empört an: Die SPD habe ja einen Schlag, uns aus der Sitzung gehen zu lassen, ohne uns von ihrem Einknicken zu informieren. So dürften wir uns doch nicht behandeln lassen! Recht hat er, nur angesichts des erfreulichen Ergebnisses rate ich zur Mäßigung. Sollten wir uns wirklich durchgesetzt haben?

Die „taz" erscheint heute mit der Schlagzeile: „SPD-Linke gegen ALKEM-Fan Steger." Im Blatt ein Interview mit Heidi Wieczorek-Zeul, Mitglied des Unterbezirksvorstands Hessen Süd und neue Hoffnungsträgerin dortselbst, die knackig fordert: „Die Entscheidung von Steger (muß) revidiert werden." Sowas. Gleichzeitig tobt auf allen Kanälen und in allen Blättern auf Bundesebene die Debatte hochmögender Sozis, wie sie ihr Verhältnis zu uns Grünen denn nun zu gestalten trachteten. Sollten die Genossen in Wiesbaden von der Bundesebene zur Vernunft gebracht worden sein? Ich kann es mir kaum vorstellen, aber das hat angesichts der jüngeren Entwicklung in der SPD eh nichts mehr zu bedeuten. Bei denen muß man jetzt nur noch das Unmögliche denken, damit man intellektuell dranbleibt...

Zwei Minister des Kabinetts Börner, Görlach und Clauss, sollen auf der letzten Unterbezirksvorstandssitzung von Hessen Süd einem Antrag für den nächsten Parteitag zugestimmt haben, in welchem ausdrücklich die Rücknahme des Vorschlags von Steger verlangt wird! Eieiei, da wird aber jemand toben in der Staatskanzlei. Wir betrachten uns noch im Ministerium die „Hessenschau" und werden endlich gläubig angesichts des Originaltons von Hans Krollmann: keine Genehmigung in dieser Legislaturperiode, Arbeitsplätze in nicht allzu langer Frist dahin – wahrhaft offene Worte von einem Sozialdemokraten. Gleich danach ein Interview mit dem Betriebsrat der ALKEM, in dem dieser der SPD vorwirft, vor den Grünen in die Knie gegangen zu sein. „Koalitionskrise in Hessen beigelegt!" vermelden die 19.00 Uhr-Nachrichten im ZDF und die Tagesschau um 20.00 Uhr unisono an herausgehobener Stelle. Ich lade alle Versammelten zum Bier ein, das muß begossen werden.

*Dienstag, 3. Februar 1987*

„Grüne setzen sich durch: Aus für ALKEM!" So oder ähnlich lauten die Schlagzeilen der Zeitungen. Kaum zu glauben, aber wahr, ich träume nicht. Begreifen will ich dieses „Wunder in der Cafeteria" (im Landtag) allerdings immer noch nicht, aber wie pflegte der Pfarrer uns Kindern solch gar wundersame Marienerscheinungen, wie in Fatima und in Lourdes, immer zu erklären: „Die Wunder des Herrn, meine Kinder, kann man nicht verstehen, an sie muß man glauben!" Also glaube ich.

Fraktionssitzung um 10.00 Uhr. Jan Kuhnert ist auf das Höchstlichste irritiert, er wittert schlimmsten Realoverrat, ohne ihn jedoch konkretisieren zu können. Ich gratuliere auch unserem „Atomexperten" zu seinem überraschenden Erfolg, denn mit seinen mutigen Aufkündigungen der Koalition habe er die Sozis offensichtlich in die Knie gezwungen. Oder? Unser Bericht vor der Fraktion über die Koalitionsverhandlungen steht allerdings in einem merkwürdig krassen Widerspruch zum öffentlich dargestellten Nachgeben der SPD bei ALKEM. Irgendetwas stimmt da nicht.

Zum Mittagessen verabredet mit Krollmann, Giani und Kerschgens. Karl Kerschgens und ich müssen auf die beiden Sozialdemokraten einige Zeit warten, was mehr als ungewöhnlich ist. Bei denen in der Fraktionssitzung soll es mächtig rummsen, hörten wir bereits im Landtag, und in der Tat. Die beiden Herren haben die noch laufende Fraktionssitzung verlassen müssen, um uns nicht zu versetzen. Weia! Es sei alles falsch verstanden worden, erklärt uns Hans Krollmann. Noch nie habe man ihn so falsch interpretiert, er wisse auch nicht, wie es dazu gekommen sei. (Ich denke an den berühmten Blackout, schweige aber höflich.) Im wesentlichen habe er doch nur gesagt, was Steger auch gesagt habe. Er habe zudem festgestellt, daß er nach dem Geschäftsverteilungsplan der Landesregierung Stellvertreter von Steger sei, und daher werde er morgen im Ausschuß für Wirtschaft und Technik diese fatalen Mißverständnisse aufklären und richtigstellen. Gute Nacht, Koalition! Damit sind wir wieder an den Ausgangspunkt der ganzen Affäre zurückgekehrt. Krollmann absolviert hier politisch einen „doppelten Rittberger" mit Gesäßaufschlag. Abends bei Otto Schily in Bonn. Zum ersten Mal besuche ich die neue Bundestagsfraktion, höre mir deren quälend lange Debatten als Außenstehender an und merke, wie weit das alles von mir entfernt ist. Mächtig wird mir die Schulter geklopft, prima gemacht usw., aber ich lächle nur gequält und wehre dankend ab. „Nicht doch, nicht doch, das ist ja alles gar nicht so." Die halten mich plötzlich für bescheiden.

*Mittwoch, 4. Februar 1987*

Nachmittags in der Fraktion. Chris Boppel berichtet von Krollmanns Auftritt im Ausschuß für Wirtschaft und Technik. Krollmann habe alles zurückgenommen, Stegers Brief gelte nach wie vor, eine weitere Antwort an Wallmann werde „in Kürze" erfolgen. Krollmann hält anschließend erneut eine Pressekonferenz in der Landtagscafeteria ab, aber die Journalisten laufen ob des doppelten Einknicks des stellvertretenden Ministerpräsidenten nur noch kopfschüttelnd davon. Es bleibt also noch geringer Verhandlungsspielraum, wenn auch nicht mehr viel. Wir beschließen, unverändert an unserem Kurs festzuhalten: Auch wenn es echt ätzend wird, die ganze ALKEM-Sause wieder von vorne zu beginnen, es geht nicht anders. Mit uns keinerlei Genehmigung! Man kommt sich hier in Wiesbaden in der Tat so langsam wie im Montenegro der Jahrhundertwende vor. Fragt sich nur, wer hier den Hadschi Halef Omar mimt?

Abends grünes Dezernententreffen (unsere Hauptamtlichen auf Stadt- und Kreisebene) in Offenbach. Auf der Fahrt dorthin läßt mich eine dunkle Ahnung zum Autotelefon greifen und den Chef der Staatskanzlei, Paul Leo Giani, anklingeln. Ich erreiche ihn, und es geht gleich zur Sache: Das Medienecho der letzten Tage sei ja katastrophal gewesen, Börner sei heute aus Kassel zurückgekehrt und habe entschieden, daß die Antwort an Wallmann sofort rausgehe. Kummer habe sie fertiggestellt, und sie bekräftige die ALKEM-Auffassung der Landesregierung auf der Grundlage der 460 kg Plutonium Umgangsmenge, befristet auf zehn Jahre. Ich sage ihm in ruhigem Ton, sie müßten wissen, was sie damit anrichten würden, denn das sei das Aus für die Koalition. Dies genau sei eine halbe Umdrehung zuviel an der Schraube und bringe sie unweigerlich zum Abreißen. Es gehe nicht anders, meint Giani, die katastrophale Wirkung in der Öffentlichkeit, Börner krank, Steger von Krollmann demontiert, Krollmann irritiert, die Gewerkschaften in Aufruhr, Wallmann ante portas mit Recht und Gesetz und den Arbeitsplätzen unter dem Arm, der Aufstand der Linken in Hessen Süd, und die Grünen als Sieger – das gehe so nicht. Börner müsse jetzt Flagge zeigen, auf den Tisch hauen und klar Schiff machen, sonst fliege ihm der Laden auseinander.

Alsdann, die Entscheidung ist gefallen. Wieder wurde eine Zusage nicht eingehalten, denn nichts sollte an Wallmann rausgehen, was nicht zuvor in der Koalition abgesprochen war. Aber was soll's, darauf kommt es jetzt auch nicht mehr an. „Nun gut", beende ich das Gespräch, „ihr wißt, was ihr getan habt. Gute Nacht." Ich nutze die Gelegenheit und schenke unseren versammelten grünen Dezernenten gleich reinen Wein über den Zustand der Koalition ein. Das Erschrecken ist groß, aber so recht glauben tut mir niemand.

Trotz alledem, die Nachricht des Tages ist eine andere. Die SÜDDEUTSCHE ZEITUNG berichtet Bizarres aus der Umweltpolitik und von meinem bayerischen Amtskollegen Alfred Dick: „UMWELTMINISTER VERSPEIST VERSEUCHTES MOLKEPULVER!" Ob sich das mit Bier verträgt?

*Donnerstag, 5. Februar 1987*

ALKEM wird von der Strahlenmolke aus Bayern verdrängt, Wallmann wird zum Atommilchminister, recht geschieht es ihm. Da stellt er uns ein Atomkraftwerk nach dem anderen hin, und jetzt rangiert er die Molke von einem Abstellgleis aufs nächste, weil er nicht weiß, wohin damit. Man stelle sich einmal all die radioaktive Molke nach einem Super-GAU in oder in der Nähe der Bundesrepublik vor, das westdeutsche Schienennetz nebst rollendem Material würde dafür kaum ausreichen. Aber bitte, Atomenergie ist unverzichtbar, sauber, harmlos. So unser Walter Wallmann. Molke müßte er fressen, wie Dick! Bis an das Ende seiner Tage...

Vormittags erreicht uns der „Kummer-Brief" in Ministerium und Fraktion, gleichzeitig wird er an die Presse verteilt. Das Getöse im Landtag ist enorm, die Lawine ist krachend ins Rollen geraten, jetzt hält sie niemand mehr auf. Nachmittags Umweltausschußsitzung in fast peinlich ruhiger Atmosphäre. Ich begrüße gutgelaunt den umweltpolitischen Hoffnungsträger der CDU-Fraktion, den Abgeordneten Weimar, einer aus Wallmanns Meßbubenriege: „Jetzt werden Sie ja bald Umweltminister, Herr Weimar!" Der Arme verschluckt sich vor lauter Schreck und lehnt entsetzt ab. Die Rechten scheinen immer noch nicht an das politische Christkind namens Holger Börner zu glauben, nicht zu fassen.

Nach dem Ausschuß Lagebesprechung in der Fraktion. Uns ist klar, daß wir durch Börners Brief in Zugzwang geraten. Was machen wir, wenn die CDU einen Mißtrauensantrag gegen Steger stellt? Oder gegen Börner? Oder Börner die Vertrauensfrage stellt? Dann gibt es keine Mehrheit mehr für diese Landesregierung! Langsam setzt sich dieser folgenschwere Satz in den Köpfen durch. Im Klartext: Dann sind wir am Ende. Als geschäftsführender Minister im Amt bleiben? Nach der hessischen Verfassung wird die Landesregierung nach einer verlorenen Vertrauensfrage oder nach einem gewonnen Mißtrauensantrag geschäftsführend bis zur Wahl eines neuen Ministerpräsidenten, und das kann in Hessen erfahrungsgemäß manchmal sehr lange dauern. Mit dem Amtsbonus also Wahlkampf machen oder vorher zurücktreten? Die Argumente werden hin- und hergewogen. Die

Fraktion kann selbst keinen Mißtrauensantrag stellen, dazu ist sie zu klein. Wohl aber einen Antrag auf Selbstauflösung des Landtags. Er soll vorbereitet werden. Irgend jemand wirft ein, die „Ästhetik des Bruchs“ würde bis in die kleinsten Details stimmen: Der entscheidende Brief heiße ja der „Kummer-Brief“! Wohl wahr.
Wie weiter verfahren? Ich meine, die Möglichkeiten der Fraktion sind ausgereizt unterhalb des parlamentarischen Mehrheitsverlusts. Jetzt muß ich als Mitglied der Landesregierung offensiv werden. Wir beschließen, daß Vielhauer heute dem Fernsehen gegenüber eine kurze harte Erklärung abgibt. Tenor: „Die SPD will den Bruch!“ Dick läuft mit dieser Parole bereits seit längerem durch die Pressezimmer und tut was er kann. Zudem werden wir morgen eine Pressekonferenz abhalten, auf Vorschlag der Fraktion „um fünf vor Zwölf“. Sehr gut. Im Ministerium sitzen sie bereits an einem Briefentwurf an Börner.
Dennoch bleibt die entscheidende Frage offen: Worin besteht der nächste Schritt? Daß unsere Position: keine Genehmigung für ALKEM mit uns Grünen! nach dem zweiten Brief an Wallmann nicht mehr ausreicht, ist allen Beteiligten klar. Chris Boppel wirft als erster die Forderung auf, die SPD müsse ihre Position „zurückholen“. Mehrheitsverlust und Rückholbarkeit werden also die beiden entscheidenden Begriffe auf der Pressekonferenz werden. Danach geht dann allerdings nicht viel mehr als der Bruch selbst. Genauer: Wir sind bereits mitten im Bruch, da diese Forderung ohne Rücktritt Börners irreal ist. Alle im Raum spüren die Last der Entscheidung, alle kämpfen in sich einen einsamen und doch so gleichartigen Kampf: Handeln wir richtig? Haben wir alle Optionen richtig bedacht und voll ausgeschöpft? Vergeben wir hier zur Unzeit eine große historische Chance, weil wir die Nerven verlieren? Alle, die wir hier zusammensitzen, haben Monate und Jahre an Kraft, Energie und Hoffnung in diese Koalition investiert, die Entscheidung quält uns alle – und doch ist sie schon längst gefallen, definitiv mit dem „Kummer-Brief“. Nicht wir haben uns gegen die Koalition entschieden, nein, es waren vielmehr Börner und seine SPD, die uns übertölpeln wollten. Immerhin, diese Koalition geht in einer bizarren sozialdemokratischen Springprozession zugrunde.

Wir Grüne erscheinen dagegen als ein Musterbild an politischer Rationalität und Handlungsfähigkeit. Wer hätte das vor einem Jahr auch nur zu denken gewagt?

*Freitag, 6. Februar 1987*

Pressekonferenz mit Jochen Vielhauer um fünf vor Zwölf. Klare Aussagen: Wenn Holger Börner an dem Genehmigungsvorschlag für ALKEM festhält, hat er keine Mehrheit mehr im hessischen Landtag! Die SPD muß zurückkehren auf die Grundlagen des Koalitionsvertrages, muß ihre Position und den Brief „inhaltlich zurückholen"! Wir verlangen nicht mehr als Vertragstreue und Tariffähigkeit. Wir Grüne werden uns durch niemanden und nichts zu einer Plutonium- und Atompartei machen lassen. Wer von uns verlangt, daß wir für eine Koalition und Regierungsbeteiligung unsere Grundsätze als grüne Partei aufgeben, der zwingt uns in die Opposition. Wir wollen diese Koalition, solange für uns die Richtung stimmt, und das heißt, diese Koalition braucht eine vereinbarte Politik des Atomausstiegs. Die Zeit der Formelkompromisse ist zu Ende, und allen Beteiligten muß klar sein, daß es diesmal, wenn wir in die Opposition gehen, keine schnelle Rückkehr mehr auf der Grundlage von Formelkompromissen geben wird. Für diese Doppeloption werde ich in zwei Tagen auf der Landesmitgliederversammlung antreten und um eine Mehrheit kämpfen. Zusammengefaßt: Wir Grüne wollen jetzt eine schnelle Entscheidung, und wir werden diese Entscheidung im nächsten Plenum des hessischen Landtags in der übernächsten Woche suchen. Und: Die SPD lädt schwere Schuld auf sich, daß sie eine so große historische Chance aus Loyalität zur Plutoniumwirtschaft kaputtschlägt.

Ich habe alle Termine absagen lassen. Nachmittags entwerfen einige von uns Realos einen Antrag für die Landesmitgliederversammlung, abends dann hessenweites Realotreffen in Frankfurt. Die Debatte ist zäh, ätzend, chaotisch und runterziehend. Bohrende Kopfschmerzen lassen mir fast den Schädel zerspringen, ich bin total übermüdet und fix und foxi, Nullpunkt erreicht. Ergebnis: Der Antrag soll morgen nachmittag von einer kleinen Gruppe nochmals überarbeitet werden, ansonsten hoffen wir das Beste.

*Samstag, 7. Februar 1987*

Geburtstag von Holger Börner. Ich rufe ihn morgens in Kassel an, wünsche ihm trotz allem alles Gute und baldigste Genesung. Börner eröffnet mir, daß es ihm wesentlich schlechter gehe, als die Öffentlichkeit wisse, er klingt müde und abgekämpft. Er bedauere die Entwicklung sehr, aber ich wisse ja, wir beide seien eben abhängig von Interessen und nicht immer frei in unseren Entscheidungen. Am Montag nach unserer Landesversammlung würde man sich sehen und dann wie unter Vollkaufleuten bilanzieren, was noch gehe und was nicht.

Ich merke an diesem Vormittag, daß für mich die Trennung vom Amt innerlich noch nicht ausgestanden ist. Gerade jetzt, wo wir, beginnend mit dem Chemiesymposion, die positiven Erträge des ersten Jahres hätten vorlegen können, wie die Novelle zum Abfallgesetz mit den wichtigsten Richtlinien und Verordnungen, ein Altlastensanierungsgesetz, eine Kabinettsvorlage zur Vorbeugung gegen Chemiekatastrophen, die ihresgleichen in anderen Bundesländern sucht, die umfängliche Novelle zum Hessischen Wassergesetz, die ebenfalls Pionierarbeit beinhaltet, ein Vermeidungserlaß für industriellen Giftmüll, konkrete Vermeidungsmöglichkeiten bei einem Großverursacher, das Hearing in Borken zum dort geplanten „Zentrum für industrielle Abfallwirtschaft", die Alternativplanungen für die Sonderabfalldeponie Mainhausen, der Aufbau der Energiesparagentur „Hessenenergie", ein Gesetzentwurf als Bundesratsinitiative zum Umwelthaftungsrecht, über die Fraktion ein weitgehendes Akteneinsichtsgesetz im Umweltbereich u.v.m., alles jetzt umsonst. Dann die Mitarbeiterinnen und Mitarbeiter, die teilweise aus anderen Städten nach Wiesbaden gekommen sind, um beim ersten grünen Umweltministerium mitzumachen. Fühlen sie sich jetzt im Stich gelassen? Und schließlich das Risiko CDU-Staat und Wallmann. Wer sagt denn, daß Neuwahlen gut ausgehen werden?

Wieder und wieder und noch ein drittes und viertes Mal

rechne ich alle Optionen durch, bewerte die Fakten immer neu, krame selbst in den entlegensten Winkeln meines Gedächtnisses und meiner politischen Phantasie, vergebens. Das Ergebnis bleibt am Ende immer dasselbe: Wir befinden uns mit der rot-grünen Koalition bereits in der Abwicklungsphase, denn nur ein Rücktritt von Börner und Steger könnte nach dem „Kummer-Brief" eine Umkehr der SPD noch ermöglichen. Und ob die Sozialdemokraten dann im Herbst noch mehrheitsfähig wären, darf mit Fug und Recht bezweifelt werden. Am Nachmittag bin ich innerlich mit mir im reinen. Meinetwegen könnte ich jetzt sofort zurücktreten.

*Sonntag, 8. Februar 1987*

Parteitag in Langgöns bei Gießen. Die Halle platzt aus allen Nähten, über siebenhundert Mitglieder holen sich ihre Stimmkarten ab, dazu jede Menge Presse. Die Fundis wollen es heute wissen, jetzt oder nie. Sie verlangen von der Versammlung, daß sie das sofortige Ende der Koalition erklärt, wir hingegen wollen den zeitlichen Spielraum bis zur nächsten Plenarwoche erhalten, wollen den Konflikt in die SPD hineintragen. Ansonsten einmal mehr das übliche Fundi-Realo Hick-Hack, mittlerweile von der Originalität der Wasserstandsmeldungen, nur heftiger vorgetragen.

Ich verteidige in meinem Rechenschaftsbericht - mein wohl letzter als Minister! - den bisherigen Kurs, unsere Politik des Sich-Einmischens in Parlamenten und Regierung, aber auch der Grundsatzfestigkeit, wenn man aus uns Grünen eine andere Partei machen will. In der ALKEM-Frage wiederhole ich meine Position von der Pressekonferenz am Freitag, wiederhole also das Ultimatum an Börner. Die Versammlung, die Fundis vorneweg, scheinen den Ernst der Lage nicht zu begreifen oder aber nicht begreifen zu wollen, denn sie suchen immer noch nach versteckten Fallen und Tricks. Chris Boppel kommt mit dem Vorschlag, die mögliche Prozedur des Bruchs in der Plenumswoche in den Antrag reinzuschreiben, ihn damit wesentlich anzuschärfen und die Handlungsmöglichkeiten zu verengen, auch wenn es praktisch nichts mehr zu verengen gibt. Ich stimme sofort zu, denn ich will die Entscheidung zum frühest möglichen Zeitpunkt und ohne weitere Formelkompromisse. Seit Freitag denke ich auch und vor allem an meine Eigensicherung, denn ich will persönlich aufrecht aus dieser Koalition herauskommen. Je länger sich dieses Ultimatum hinziehen wird, desto eher werden wir Grüne uns die „politische Krätze" von der SPD holen, der Minister vorneweg.

Die Fundis machen die Stimmung im Saal, wie so oft. Als es zur entscheidenden Abstimmung kommt, verlangen Stimmen aus dem Fundi-Lager lauthals: „Schriftliche Abstimmung!" Sie hätten es besser unterlassen, denn das Ergebnis fällt eindeutig aus: 277 Stimmen für den Antrag der Fundis, 477 Stimmen für den Realoantrag. Kristallklar das Ergebnis. Jutta von Ditfurth schaut versteinert vor sich hin. Hessen bleibt realpolitisch, selbst in dieser schwierigsten Situation. Es ist allerdings ein bitterer Sieg, den wir Realos heute errungen haben, denn das Ende der Koalition ist damit besiegelt. Zugleich ist es aber auch unser politisch wichtigster Sieg über die Fundis gewesen: Hätten Zieran und von Ditfurth heute mit ihrem Antrag gewonnen, so hätte die SPD sofort und mit Aplomb die Koalition beendet, die Verratslegende wäre uns um die Ohren geflogen, und wenn sich dann noch Wallmann in Hessen durchsetzen würde, dann Gnade Gott den Grünen in den anderen Bundesländern bei den Neuwahlen! Und in Hessen wären wir mit diesem Fundi-Antrag wieder bei den Fünf-Prozent-Ängsten vergangener Tage angelangt. Die Basis hat heute mehr als weise entschieden.

Nachts noch ein Telefonat mit Giani, der mit hohem Fieber im Bette darniederliegt und sich erbarmungswürdig anhört. Wir reden über die Abwicklung. Auch er präferiert Neuwahlen, alles andere würde das Elend nur verlängern. Ich kann ihm da nur zustimmen. Im übrigen habe ich mich entschieden, auf keinen Fall geschäftsführend im Amt zu bleiben, das heißt, ich werde spätestens am übernächsten Dienstag zu Beginn der Plenarwoche des Landtags zurücktreten. Das Risiko, in eine geschäftsführende Landesregierung eingebunden zu sein, aus der man dann nicht mehr zurücktreten kann – und dies vielleicht auf viele Monate –, und Entscheidungen hinnehmen zu müssen, die ein Grüner kaum mittragen kann, ist viel zu groß, zu unkalkulierbar. Zudem sieht es sehr nach

Sesselgeklebe aus, und das ist so ziemlich das allerletzte, was ich will. Es darf nicht der Hauch eines solchen Eindrucks entstehen, und das heißt im Klartext: Rücktritt vor einer Landtagsauflösung oder einem Mißtrauensantrag.

*Montag, 9. Februar 1987*

„Rot-grüne Koalition in Hessen am Ende!“ So oder ähnlich dröhnt es von den Titelseiten des deutschen Blätterwalds. Ich teile Koenigs und den anderen meinen definitiven Entschluß mit, spätestens vor Beginn der nächsten Plenarsitzung zurückzutreten, alle stimmen zu. Während eines Telefonats mit dem Bonner SPIEGEL-Büro kommt Schaeffer in mein Zimmer. Der persönliche Referent von Börner wolle mir persönlich einen Brief überreichen. „Laß ihn dir geben“, sage ich zu Roland, und er entschwindet. Gleich darauf kommt Georg Dick durch die Tür und übergibt mir das Kuvert mit den Worten: „Ein Dankeschön für das Geburtstagsgeschenk.“ Nein. Oh, nein! Der Brief ist dazu viel zu schwer und zudem vom Dicken handschriftlich an mich adressiert!

Von wegen ein Dankeschön. Börner schickt mir vielmehr ein Angebot, das ich nicht ablehnen kann. Er verweist auf meine Parteitagsrede, macht dabei aus meinem „letzten Rechenschaftsbericht als Minister“ meine „letzte Rede“ als solcher, kommt dann aber zum politischen Kern der Sache: „Eine Streichung von Arbeitsplätzen ist mit der SPD nicht zu machen.“ Und fährt fort: „Es ist sicherlich nicht üblich, Rücktrittsangebote auf Parteikongressen und damit über die Medien zu erklären. Dies mag zum neuen, unkonventionellen Stil gehören. ICH NEHME IHR RÜCKTRITTSANGEBOT AN.“

Klasse, der Dicke! Ich hole einmal tief Luft, dann sage ich am Telefon Tschüß bis später, wichtiges Gespräch und so. Irgendwie habe ich es geahnt, daß heute noch etwas passiert. Als mir vor einer Stunde mitgeteilt wurde, Willi Görlach, der Vorsitzende von Hessen Süd und zugleich Landwirtschaftsminister, habe die Vorverlegung seines Parteitags um eine Woche auf das nächste Wochenende im Radio verkündet, da rechnete ich mit irgendeiner Aktion. Klar, wenn Börner weiter wartet, fliegt ihm die Partei auseinander. Genau darauf zielt ja unser Ultimatum mit der letzten Einigungsfrist bis zur nächsten Plenumswoche. Die Widersprüche in der SPD sollten zum Tragen kommen, die innerparteiliche Opposition ihren Druck entfalten können. Nur so war noch eine Umkehr möglich. Das alles ist jetzt vorbei, die Linken in der SPD kommen wieder einmal einen entscheidenden Schritt zu spät. Börner hat - ein letztes Mal? - das Gesetz des Handelns ergriffen. Es wird dies sein politischer Untergang werden, aber zu seinen eigenen Bedingungen. Mein Rausschmiß heißt auch, daß sich Börner definitiv für Neuwahlen entschieden hat. Mit der Zuchtrute der Neuwahlen wird er die innerparteiliche Opposition plattbügeln, die Rechten werden die Parteiführung in Hessen behalten - wenn auch ohne Holger Börner.

Ich lasse alle zusammenrufen, Kerschgens, Koenigs, Schaeffer, Dick, Wenzel Mayer, Manfred Morgenstern, Winfried Kretschmann und Ulrike Riedel, unterrichte sie von Börners Kündigungsschreiben und teile ihnen meine Entscheidung mit, heute um 17.00 Uhr meine Entlassungsurkunde abzuholen. Ich bitte Tom Koenigs, Börners Bürochef mitzuteilen, daß er zwischen 15.00 Uhr und 16.00 Uhr dem Ministerpräsidenten einen Brief von mir überbringen würde. Für den Nachmittag wird eine letzte Abteilungsleitersitzung einberufen, anschließend eine außerordentliche Personalversammlung. Ansonsten heißt es jetzt packen. Dick muß die Medienszene vorbereiten, und Schaeffer, Koenigs und ich setzen uns hin zur Formulierung des Antwortbriefs an Börner.

„Sehr geehrter Herr Ministerpräsident, ich nehme Ihr Schreiben vom heutigen Tage zur Kenntnis. Dort nehmen Sie meinen nichterklärten Rücktritt an. Ich stimme zu: Dies bedeutet faktisch meine Entlassung durch Sie, und es entspricht weder meiner Art noch der politischen Situation, mich jetzt hinter Verfassungs- und anderen Paragraphen zu verbergen... ICH BITTE SIE, MIR HEUTE UM 17.00 UHR DIE ENTLASSUNGSURKUNDE AUSZUHÄNDIGEN."

Die Fraktion kommt, wir haben sie von Marita Haibachs Geburtstagsfeier weggerufen. Ich gebe der Fraktion die faktische Entlassung durch Börner zur Kenntnis, informiere sie über meine Entscheidung, um 17.00 Uhr zurückzutreten. Börner wolle offensichtlich Neuwahlen, deswegen meine unverzügliche Entlassung. Die Fraktion wird noch heute mit einem Auflösungsantrag für den hessischen Landtag reagieren, um so die Initiative unsererseits für Neuwahlen zu ergreifen. Jemand verlangt eine Abstimmung über meinen Rücktritt: Bei einer Enthaltung sind alle dafür. Für mich ergibt sich aus diesem Tag die definitive Konsequenz, daß ich mich nun um einen Listenplatz für den hessischen Landtag bemühen werde, um die einmal begonnene Politik fortführen zu können - sei es in einer erneuten Koalition, sei es aus der Opposition heraus. Karl Kerschgens und Marita Haibach bitten wir, bis zur Neuwahl auszuharren - so sie nicht entlassen werden oder in schwere Loyalitätskonflikte geraten. Sie sind die Option auf einen Neuanfang, denn das rot-grüne Experiment in Hessen wird erst nach den Neuwahlen definitiv zu Ende sein oder aber erst richtig weitergehen, keine Sekunde vorher. Wir alle versichern unserer Staatssekretärin und unserem Staatssekretär unsere volle Solidarität gegen die zu erwartenden Angriffe aus den Reihen der Fundis. Anschließend bin ich mit Karl allein, wir sind beide plötzlich sehr gerührt. Es war nie einfach gewesen mit uns beiden, zu gegensätzlich die Temperamente, zu entwickelt die Egos, zu stur die Dickköpfe, aber wir haben uns gerade in den letzten Monaten zusammengerauft. Vorbei jetzt.

Fassungslosigkeit in den Vorzimmern und auf den Fluren. Ich will, daß jetzt gepackt wird, und zwar schnell. Um 16.45 Uhr werde ich mein Büro endgültig verlassen. Dann habe ich erst einmal Hunger, es ist hohe Mittagszeit. Am frühen Nachmittag, ich sitze gerade an meinem Schreibtisch und will die Endfassung meines Briefs an Börner unterschreiben, steht Otto Schily vor mir im Zimmer. Er hat mit dem Dicken für heute ein seit Wochen festgelegtes Zusammentreffen vereinbart und ist im IC von Bonn nach Wiesbaden von den Ereignissen überholt worden. Nachdem er Börners Brief an mich gelesen hat, widerspricht er mir nicht länger.

Letzte Abteilungsleitersitzung: kurze Erklärung, Verlesen des Briefs von Börner, Zusammenfassung meiner Antwort an den Ministerpräsidenten, Dank an alle, Ende der Sitzung. Dann Personalversammlung: Fast alle sind gekommen, eine betretene Stimmung. Bloß keine Begräbnisgefühle aufkommen lassen, ich hasse Leichenbegängnisse wie die Pest, auch politische. Das letzte Jahr war mehr als eine Episode, wir haben gemeinsam das hessische Umwelt- und Energieministerium aufgebaut, ich merke es an der Reaktion der Mitarbeiterinnen und Mitarbeiter. Das ging oft bis an die Grenze des Zumutbaren für alle Beteiligten, aber es wird rückblickend wohl von vielen als ein überaus spannendes Jahr angesehen werden. Ich bin mit Vorurteilen über die Beamtenschaft hierher gekommen - mein ganzes Lebens als Freak erklärt sich aus dem eisernen Berufswunsch meiner Mutter, mich unbedingt zum pensionsberechtigten Beamten machen zu wollen -, und ich gehe eines Besseren belehrt. Vielleicht gilt das auch umgekehrt. Dank allen, Entschuldigung bei jenen, die sich zu Unrecht auf die Füße getreten fühlten, und ich sage nicht Adieu, sondern vielleicht auf ein Wiedersehen. Es ist mir der wichtigste Beifall seit langem. Blumen. Dann spricht noch der Personalratsvorsitzende, der Staatssekretär - Ende der Veranstaltung.

17.00 Uhr. Letzte Fahrt als Minister mit Herrn Beil. Begleitet von Dick und Koenigs fahren wir an der Staatskanzlei vor, zwängen uns durch eine dichtgedrängte Menge von Journalisten. Kein Kommentar. Dr. Sammler, der Büroleiter von Börner, geleitet uns zu den Amtsräumen des Ministerpräsidenten mit Leichenbittermiene, Koenigs und Dick bleiben vor der Tür. Die Atmosphäre erinnert an ein Begräbnis.

Eine bewegende letzte Begegnung mit dem Dicken. Er erinnert an einen alten Elefantenbullen, der seinen letzten Kampf ficht, verletzt und aus vielen Wunden blutend, gefährlich aber bis zur letzten Sekunde. Er sieht verflucht schlecht aus, sein Gesicht ist voller Bewegung, erschüttert. Wir drükken uns lange schweigend die Hand, setzen uns. Auf die Frage, was ich trinken wolle, sage ich: „Nur nichts Trauriges." Und also beschließen wir, die Koalition mit einem Glas Sekt zu beenden. Wir sprechen über die jüngste Entwicklung, keinerlei Vorwürfe, dazu ist es jetzt sowieso zu spät. Börner ist mit der Zusammenarbeit und mit der Koalition mit uns Grünen ein hohes politisches Risiko eingegangen. Er hat Mut bewiesen und seine eigene Überzeugung hintenangestellt, um Hessen und die Staatskanzlei für die SPD zu halten. Erst hat Brandt in Bonn die Mehrheit links von der Union kreiert, anschließend durfte der Dicke dann alleine sehen, wie er im

Zeichen des Kandidaten Rau mit dieser Mehrheit zurechtkam. In der Bundespartei haben sie ihn, hat er sich selbst auch versteckt, wollte die Abrechnung nach der Bundestagswahl, und sie fiel für ihn nicht gerade schmeichelhaft aus. Nur, verrückte Dialektik, jetzt schreien alle anderen nach rot-grün, und Börner macht in Hessen die Kiste zu! Er, der so gerne als treuer Soldat seiner Partei bis zum letzten kämpfen würde, ausgerechnet er kämpft wider Willen gegen sie. Die hessischen Verhältnisse sind halt anders.

Börner läßt die Erinnerung aufsteigen, an die Zeit der ersten öffentlichen Verhandlungen, an die Tolerierung, den Bruch, die Koalition. „Was hat dagegen der Johannes Rau schon erlebt?" In der Tat. Während Börner spricht, ich ihm zuhöre, taucht in mir die Erinnerung an die Startbahn auf. Ohne diese gravierendste Fehlentscheidung des Politikers Holger Börner säßen wir uns heute und hier nicht gegenüber, der Ministerpräsident und der Freak aus der Frankfurter Szene. Seit damals hat die Auseinandersetzung kein Ende gefunden, im Gegenteil. Gewiß, die Formen, die Orte und die Mittel haben sich verändert, sehr sogar. Der Konflikt ist in seinem Wesen jedoch derselbe geblieben. Börner wollte uns integrieren, weil er es wollen mußte. Die Wählerinnen und Wähler waren nicht auf Dachlattenkurs zu trimmen, dreimal nicht. Und wir wollten und wollen uns durchsetzen, damals wie heute. Mit der Integration ist es nichts geworden, im Gegenteil. Wie damals an der Startbahn auf Wasserwerferdistanz, so sitzen wir uns heute auf Tischdistanz gegenüber, unbeugsam, keinen Millimeter Spielraum gebend. Börner hatte die Kraft, die erste rot-grüne Koalition zustande zu bringen. Dem Kind aber eine Zukunft zu geben, eine Perspektive, die mehr ist als der bloße Zwang der Wahlarithmetik, dazu fehlte ihm schließlich die Kraft, vielleicht auch der Wille und die Vision. Er hat seine Gesundheit für dieses Bündnis darangegeben, er kann einfach nicht mehr.

Börner spricht von Treulosigkeit in den eigenen Reihen, dem Schlimmsten, was einem Politiker widerfahren kann. Er erinnert sich an die Startbahn, als er nicht wußte, ob er den Schießbefehl erteilen müßte – die damalige Qual ist ihm noch heute ins Gesicht geschnitten –, und wie man ihn damals mit seinen Problemen höchsten Ortes in Helmut Schmidts Kanz-

leramt kalt habe abblitzen lassen. Börner will nicht mehr. Er will den ganzen Idioten in Bonn endlich einmal zeigen, was geschieht, wenn er, der alles für seine Partei gab und auch alles durch sie geworden ist, wenn er, der Parteisoldat, nicht mehr weiter macht. Mögen die Enkel über Rot-Grün reden, er hat die erste rot-grüne Koalition gemacht! Ihm die Prügel, den anderen der Ruhm, damit ist jetzt Schluß! Komme was da wolle, und selbst wenn es Wallmann heißt. Schluß.

Die Zeit verrinnt. Ich empfinde tiefen Respekt vor diesem wankenden Monument, einen Respekt, der mich wenig sagen läßt. Was auch? Hier tritt einer endgültig von der politischen Bühne ab, ein ehemaliger Feind und alter Gegner, einer, von dem ich viel gelernt habe und der mich selbst in diesem Augenblick meine Vorsicht nicht vergessen läßt. Ein Spiel geht zuende, in dem wir uns nichts geschenkt haben. Börner teilt mir mit, daß er morgen vor der Fraktion seinen Rücktritt als Parteivorsitzender und als nächster Spitzenkandidat der hessischen SPD bekanntgeben werde. Er stehe nicht mehr zur Verfügung. Wir kommen zum Schluß. Wollte er bei meiner Ernennung die Urkunde nicht aus der Hand geben, so versucht er jetzt, den Augenblick der Überreichung des Entlassungspapiers hinauszuzögern. Irgendwann nach 18.30 Uhr bin ich dann entlassen, Staatsminister a. D. Börner begleitet mich noch zur Tür, ein letzter Händedruck, und vor der Tür der Staatskanzlei, in der Menge der Journalisten, Fotografen und Kameraleute beginnt der Wahlkampf, um Hessen und um Rot-Grün.

# IM NAMEN DES LANDES HESSEN

entbinde ich hiermit

Herrn Staatsminister Joseph F i s c h e r

geb. am 12. April 1948

mit Wirkung vom 9. Februar 1987
von seinen Amtspflichten, nachdem er auf Grund
des Artikels 113 der Verfassung des Landes Hessen
seinen Rücktritt von dem Amt des Ministers für
Umwelt und Energie erklärt hat.

Für seine dem Lande Hessen geleisteten Dienste
spreche ich ihm Dank und Anerkennung aus.

WIESBADEN, DEN 9. Februar 1987

DER HESSISCHE MINISTERPRÄSIDENT

# Personenverzeichnis
(Stand: Anfang Februar 1987 – vor Ende der rot-grünen Koalition)

Albrecht, Ernst: niedersächsischer Ministerpräsident, CDU

Beck, Werner: Bezirksleiter der IG Chemie Hessen
Beckmann, Lukas: Sprecher des Bundesvorstandes der Grünen
Beil, Norbert: Ministerfahrer im Umweltministerium
Biedenkopf, Kurt: MdL, Vorsitzender der CDU Nordrhein-Westfalen
Blaul, Iris: MdL Hessen, Die Grünen
Blüm, Norbert: Bundesminister für Arbeit und Sozialordnung, CDU
Börner, Holger: hessischer Ministerpräsident, SPD
Boppel, Chris: MdL Hessen, Die Grünen
Brandt, Willy: MdB, Parteivorsitzender der SPD
Bresser, Klaus: ZDF-Redakteur

Clauss, Armin: hessischer Minister für Arbeit, Umwelt und Soziales, SPD
Cohn-Bendit, Daniel: Herausgeber des „Pflasterstrand“, Aktivist der Studentenbewegung
Cronenberg, Julius: Vizepräsident des Bundestages, FDP

Daum, Heinz: Frankfurter Umweltdezernent, Vorsitzender der Frankfurter CDU
Dick, Alfred: bayerischer Staatsminister für Landesentwicklung und Umweltfragen, CSU
Dick, Georg: Pressesprecher des Hessischen Ministeriums für Umwelt und Energie (HMUE), Die Grünen
von Ditfurth, Jutta: Sprecherin des Bundesvorstandes der Grünen (Fundamentalistin)
von Dohnanyi, Klaus: Erster Bürgermeister von Hamburg, SPD

Ebermann, Thomas: MdB, Fraktionssprecher der Grünen im Bundestag (Ökosozialist)
Ehmke, Wolfgang: Abteilungsleiter im Hessischen Ministerium für Umwelt und Energie (HMUE), Die Grünen
Engel, Jürgen: MdL Hessen, Die Grünen
Ernst, Karl-Heinz: MdL Hessen, SPD

Fack, Fritz Ullrich: Herausgeber der Frankfurter Allgemeinen Zeitung
Feller, Wolf: Chefredakteur des Bayerischen Rundfunks (ARD)
Fritsche, Uwe: Öko-Institut Darmstadt
Fromme, Friedrich Karl: Redakteur der Frankfurter Allgemeinen Zeitung

Geil, Rudi: rheinland-pfälzischer Minister für Wirtschaft und Verkehr, CDU
Geißler, Heiner: MdB, Generalsekretär der CDU
Geulen, Reiner: Rechtsanwalt, Gutachter für die Hanauer Nuklearfabriken
Giani, Paul Leo: Staatssekretär, Leiter der Hessischen Staatskanzlei, SPD
Glotz, Peter: MdB, Bundesgeschäftsführer der SPD
Göhner, Reinhard: MdB, Vorsitzender des Umweltausschusses des Deutschen Bundestages, CDU
Görlach, Willi: hessischer Minister für Landwirtschaft und Forsten, SPD
Günther, Herbert: hessischer Justizminister, SPD

Haibach, Marita: Staatssekretärin für Frauenfragen Hessen, Die Grünen
Haider, Jörg: Parteivorsitzender der Freien Partei Österreichs (FPÖ)
Hasheider, Jürgen: Landrat des Schwalm-Eder-Kreises, SPD
Hauff, Volker: MdB, SPD
Helmensdorfer, Erich: Lokalchef der Frankfurter Allgemeinen Zeitung
Hensel, Caritas: MdB, Die Grünen
Herles, Wolfgang: ZDF-Redakteur
Hinz, Priska: MdL Hessen, stellvertretende Fraktionsvorsitzende der Grünen im Landtag
Hoenes, Hannegret: MdB, Fraktionssprecherin der Grünen im Bundestag
Honecker, Erich: Vorsitzender des Staatsrates der DDR
Horacek, Milan: MdB, Die Grünen

Jakob, Franz: MdL Hessen, Die Grünen
Janßen, Karl-Heinz: ehemaliger Tarifexperte im Vorstand der IG Metall

Kanther, Manfred: MdL Hessen, Generalsekretär der hessischen CDU
Kelly, Petra Karin: MdB, Die Grünen
Keppel, Raphael: Fraktionsmitarbeiter der grünen Landtagsfraktion in Hessen
Kern, Roland: MdL Hessen, Die Grünen
Kerschgens, Karl: Staatssekretär des Hessischen Ministeriums für Umwelt und Energie (HMUE), Die Grünen
Kiesewetter, Manfred: Kreisvorsitzender des DGB-Frankfurt
Kleinert, Hubert: MdB, Die Grünen
Kniest, Heinz: Bürgermeister von Borken (Nordhessen), SPD
Koenigs, Tom: Leiter des Hessischen Ministerbüros für Umwelt und Energie, Die Grünen
Kohl, Christiane: Öffentlichkeitsreferentin des Hessischen Ministeriums für Umwelt und Energie (HMUE)
Kohl, Helmut: Bundeskanzler, CDU
Kostedde, Norbert: Mitglied des Bundesvorstandes der Grünen
Kretschmann, Winfried: Grundsatzreferent des Hessischen Ministeriums für Umwelt und Energie (HMUE), Die Grünen
Krollmann, Hans: hessischer Finanzminister und stellvertretender hessischer Ministerpräsident, SPD
Kuhnert, Jan: MdL Hessen, Die Grünen (Fundamentalist)
Kukielka, Christina: Mitglied der Bürgerschaft Hamburg, Grüne Alternative Liste (GAL), Hamburg

Lafontaine, Oskar: saarländischer Ministerpräsident, SPD
Langmann, Hans-Joachim: Präsident des Bundesverbandes der Deutschen Industrie e.V.
Lehmann, Frank: Moderator der Hessenschau (ARD/Hessischer Rundfunk)
Leinen, Jo: saarländischer Umweltminister, SPD

Maier, Hans: ehemaliger bayerischer Staatsminister für Unterricht und Kultus, CSU
Matthiesen, Klaus: nordrhein-westfälischer Minister für Umwelt, Raumordnung und Landwirtschaft, SPD
Mayer, Wenzel: Parlamentsreferent des Hessischen Ministeriums für Umwelt und Energie (HMUE), Die Grünen
Messer, Hans: IHK-Präsident, Frankfurt
Messinger, Bernd: MdL Hessen, Vizepräsident des Hessischen Landtages, Die Grünen
Metzger, Günther: Oberbürgermeister von Darmstadt, SPD
Milde, Gottfried: MdL Hessen, Fraktionsvorsitzender der CDU
Mischnik, Wolfgang: MdB, Fraktionsvorsitzender der FDP

Morgenstern, Manfred: Mitarbeiter des Hessischen Ministeriums für Umwelt und Energie (HMUE), Die Grünen
Müller, Jo: MdB, Die Grünen (Realo)
Müller, Knut: Regierungspräsident in Gießen (ehemaliger Polizeipräsident Frankfurt)

Nickels, Christa: MdB, Die Grünen

Pawlik, Sieghard: MdL Hessen, SPD
Pleß, Philipp (†): ehemaliger Vorsitzender des DGB-Frankfurt
Pollak, Wolfgang: BILD-Redaktion, Frankfurt
Pützhofen, Dieter: Vorsitzender des CDU-Landesverbandes Rheinland, Oberbürgermeister von Krefeld

Rappe, Hermann: MdB, SPD, Vorsitzender der IG Chemie
Rau, Johannes: nordrhein-westfälischer Ministerpräsident, SPD
Riedel, Ulrike: Bundesratsreferentin und Juristin des Hessischen Ministeriums für Umwelt und Energie (HMUE), Die Grünen
Riesenhuber, Heinz: Bundesminister für Forschung und Technologie, CDU
Reents, Jürgen: MdB, Die Grünen (Ökosozialist)

Sailer, Michael: Öko-Institut, Darmstadt
Sare, Günter: von einem Wasserwerfer tödlich verletzter Demonstrant (28.9.1985)
Schaeffer, Roland: Persönlicher Referent des Hessischen Ministeriums für Umwelt und Energie (HMUE), Die Grünen
Schilling, Gertrud: MdL Hessen, seit 1987 MdB
Schily, Otto: MdB, Die Grünen
Schneider, Karl: hessischer Kultusminister, SPD
Schmidt, Helmut: ehemaliger Bundeskanzler, SPD
Schoppe, Waltraud: MdB, Die Grünen
Schröder, Gerhard: MdL, Oppositionsführer im niedersächsischen Landtag, SPD
Seipel, Matthias: Rechtsanwalt der Hanauer Bürgerinitiative gegen Atomkraftwerke
Sellach, Brigitte: Frankfurter Stadtverordnete, Unabhängige in der Fraktion Die Grünen
Späth, Lothar: baden-württembergischer Ministerpräsident, CDU
Steger, Ulrich: hessischer Minister für Wirtschaft und Technik, SPD
Steinkühler, Franz: Vorsitzender der IG Metall
Stoltenberg, Gerhard: Bundesminister der Finanzen, CDU
Strauß, Franz Josef: bayerischer Ministerpräsident, CSU
Süssmuth, Rita: Bundesministerin für Jugend, Familie, Frauen und Gesundheit, CDU

Tandler, Gerold: MdL Bayern, Fraktionsgeschäftsführer der CSU
Tischer, Udo: MdB, Die Grünen
Töpfer, Klaus: rheinland-pfälzischer Minister für Umwelt und Gesundheit, CDU
Trampert, Rainer: Sprecher des Bundesvorstandes der Grünen, (Ökosozialist)

Vetter, Horst: ehemaliger Berliner Senator für Stadtentwicklung und Umweltschutz, FDP
Vielhauer, Jochen: MdL Hessen, Fraktionsvorsitzender der Grünen im Landtag
Vogel, Axel: MdB, Die Grünen
Vogel, Bernhard: rheinland-pfälzischer Ministerpräsident, CDU
Vollmer, Antje: MdB, Die Grünen

Wagner, Christean: Staatssekretär im Bundesministerium für Umwelt, Naturschutz und Reaktorsicherheit, CDU
Waigel, Theodor: MdB, Vorsitzender der Landesgruppe der CSU in Bonn
Walde, Eberhard: Bundesgeschäftsführer der Grünen
Wallmann, Walter: Bundesminister für Umwelt, Naturschutz und Reaktorsicherheit, ehemaliger Oberbürgermeister von Frankfurt, CDU
Weimar, Karlheinz: MdL Hessen, CDU
Weiser, Gerhard: baden-württembergischer Minister für Ernährung, Landwirtschaft, Umwelt und Forsten, CDU
Weist, Reinhold: Pressesprecher der hessischen Landtagsfraktion, Die Grünen
Welteke, Ernst: MdL Hessen, Fraktionsvorsitzender der SPD im Landtag
Wentz, Martin: Vorsitzender der Frankfurter SPD
Wetzel, Dietrich: MdB, Die Grünen
Wieczorek-Zeul, Heide: MdB, SPD
Wiesenthal, Helmut: Mitglied des Bundesvorstandes der Grünen
Wilke, Otto: MdL Hessen, FDP
Winterstein, Horst: hessischer Innenminister, SPD

Zieran, Manfred: ehemaliger Stadtverordneter in Frankfurt, Die Grünen (Fundamentalist)
Zimmermann, Friedrich: Bundesminister des Innern, CSU

Johann Philipp Freiherr von Bethmann
DIE
Zins
KATASTROPHE
DAS BUCH ZUR KRISE
6. ERWEITERTE AUFLAGE
athenäum